Gerard Hoffnung
Hoffnungs Musikalische Bibliothek

Steidl
Pocket

Musikalische Bibliothek

Steidl Pocket

Hoffnungs

Maestro

Sinfonieorchester

Musikfestival

Musikalisches ABC

Zwischenspiel

Klänge

Hoffnungs

Maestro

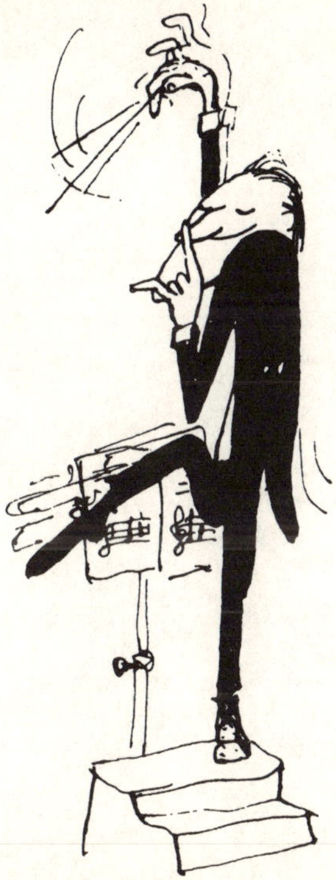

Für
meine Frau
Annetta

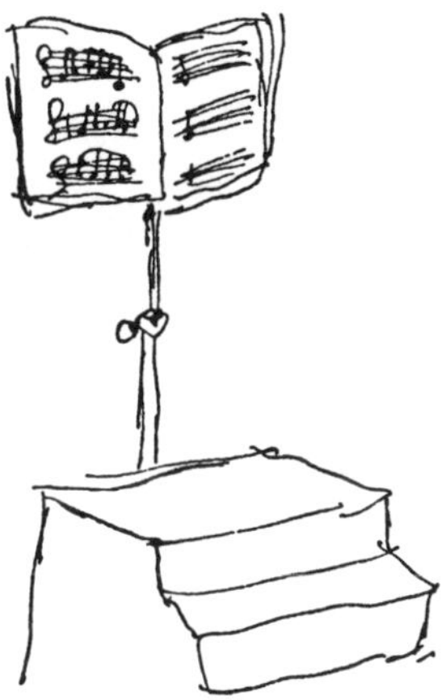

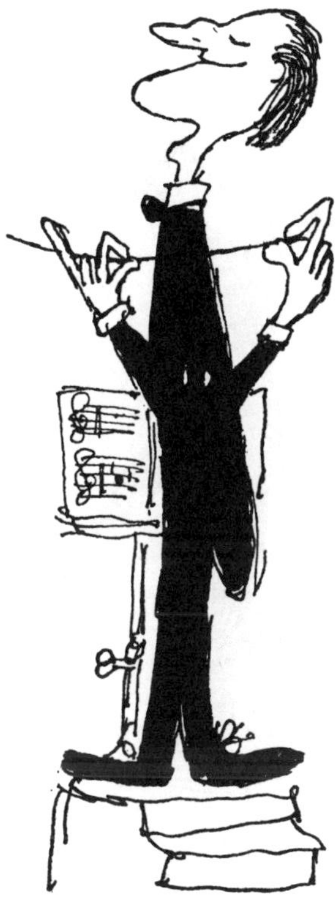

Alerto

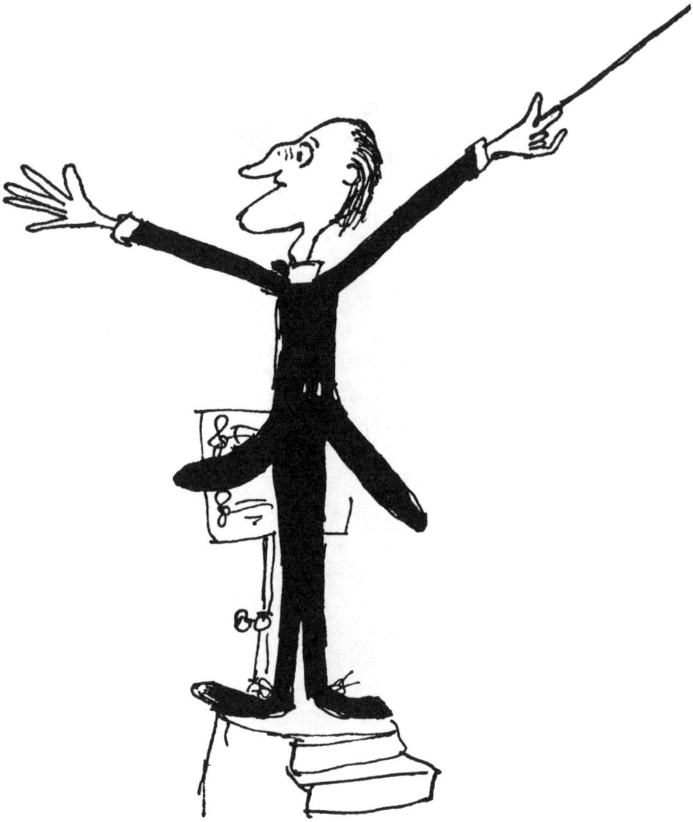

Introduzione

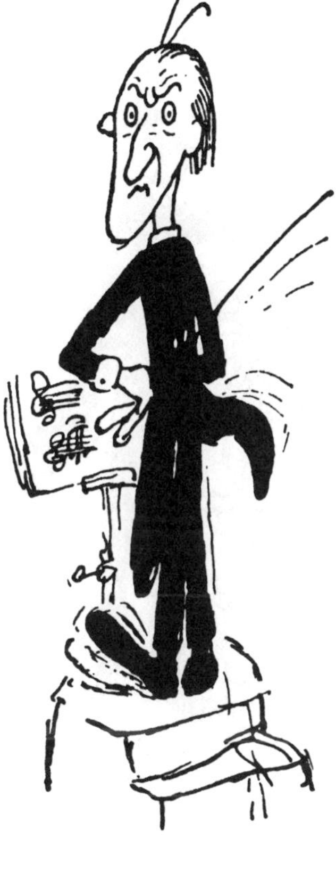

Interruzione

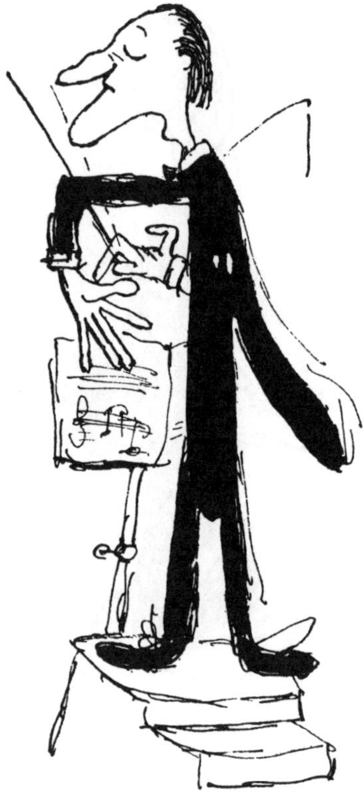

Preciso

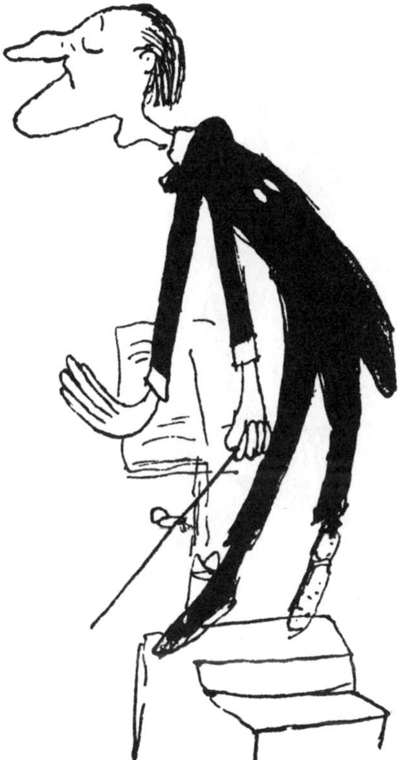

Rallentando

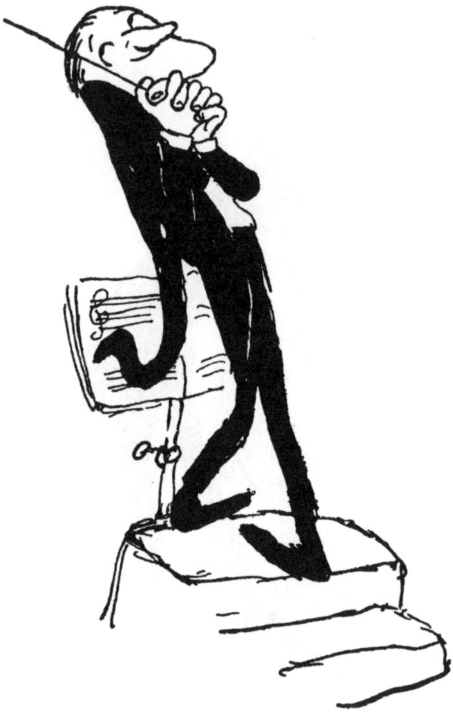

Dolce

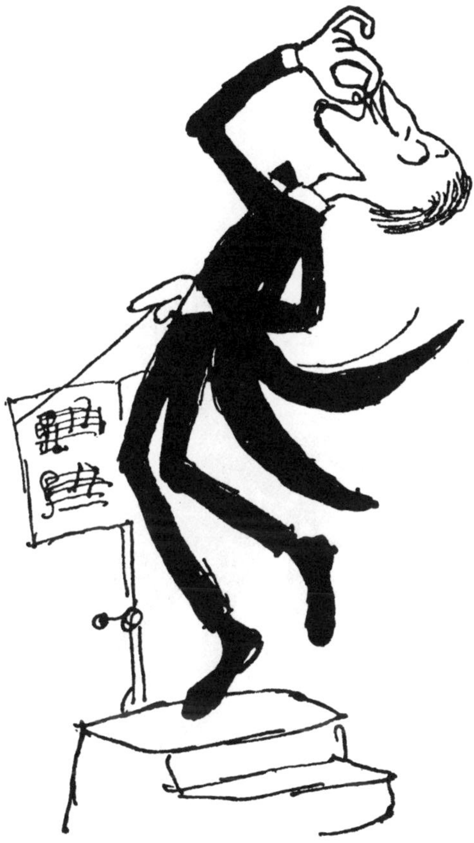

Affetuoso

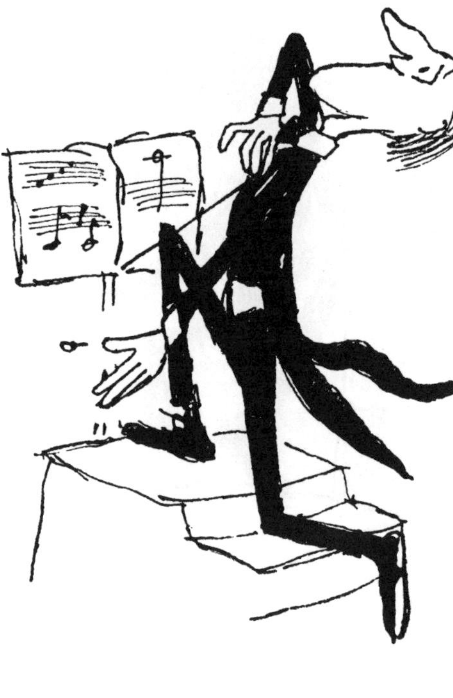

Con amore

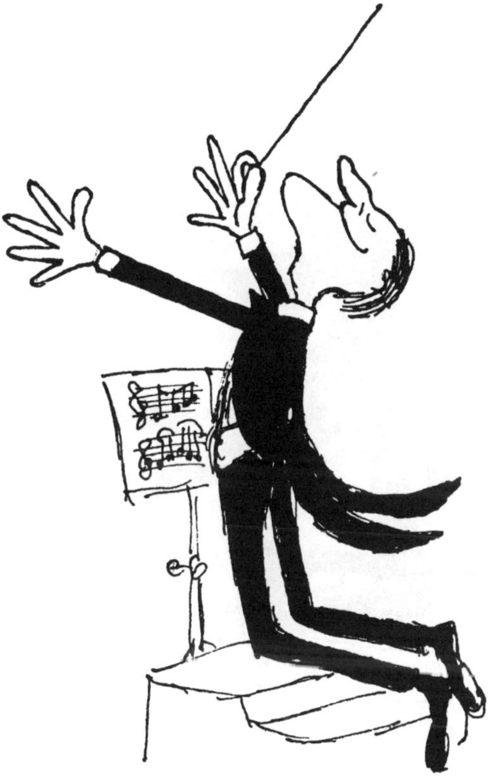

Con anima

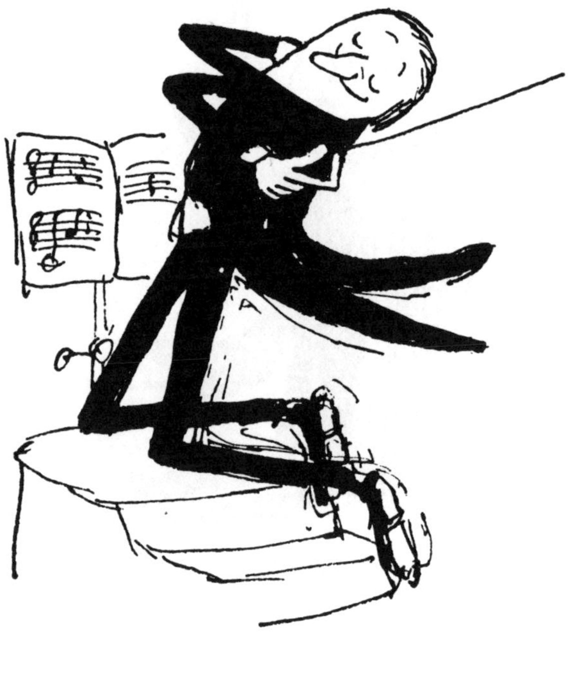

Amoroso

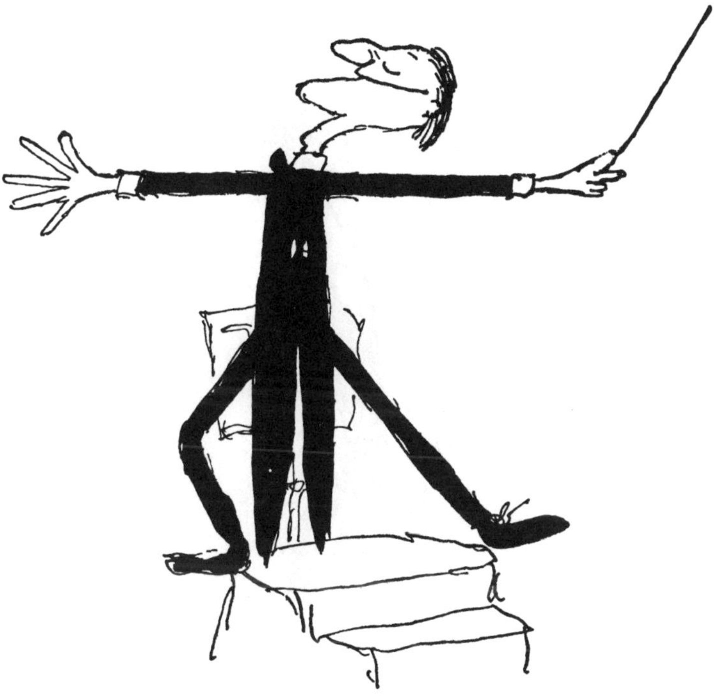

Risoluto

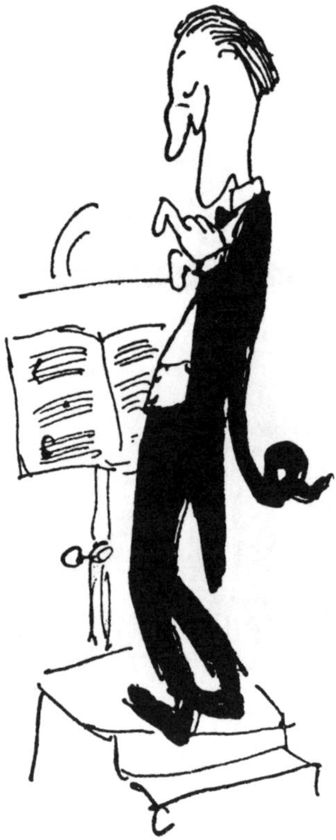

Lusingando

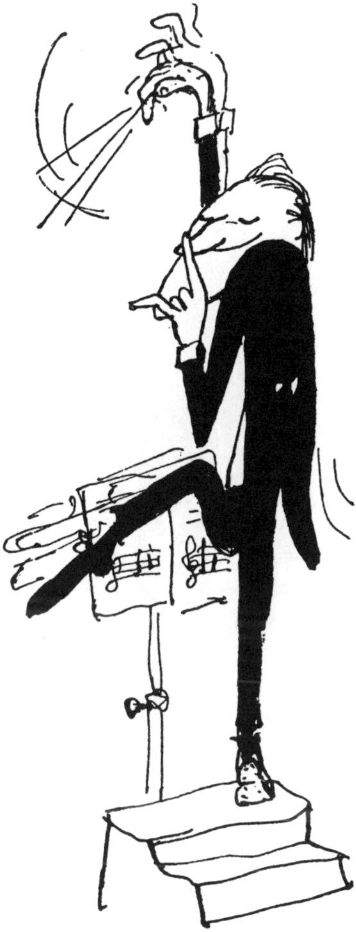

Con delicatezza

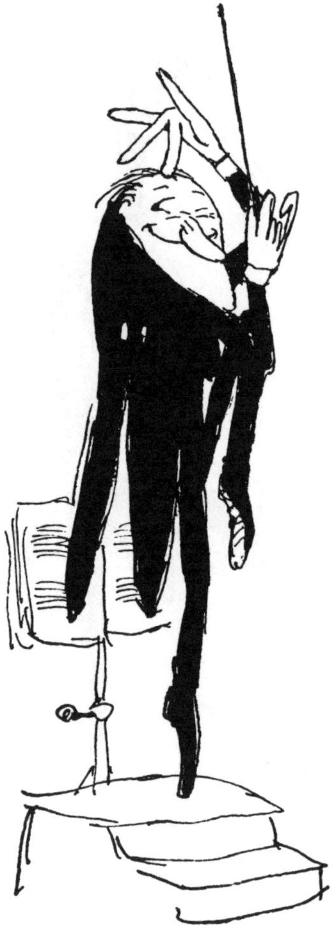

Pizzicato

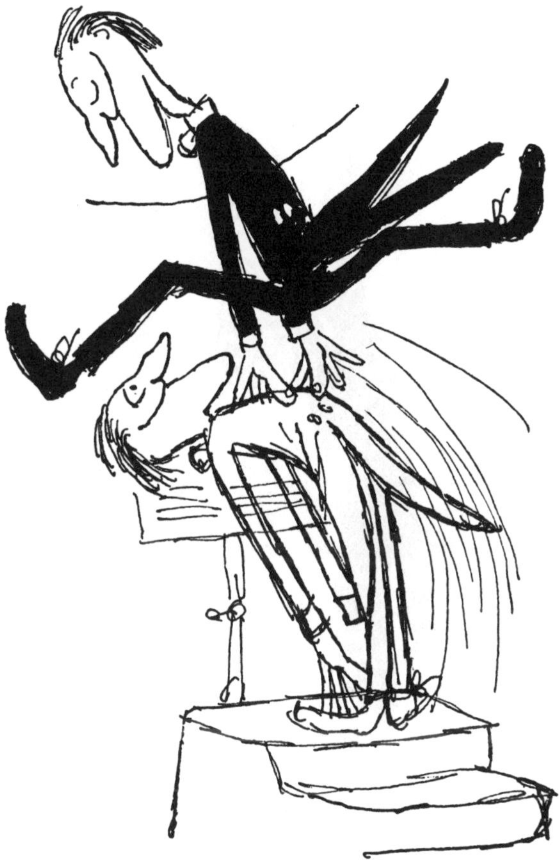

Scherzando

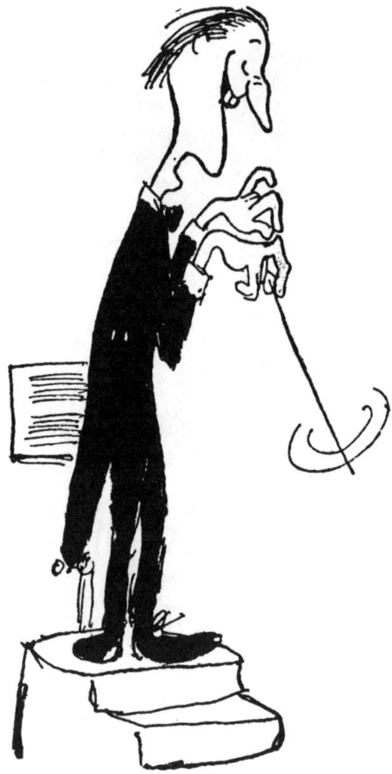

Giocoso

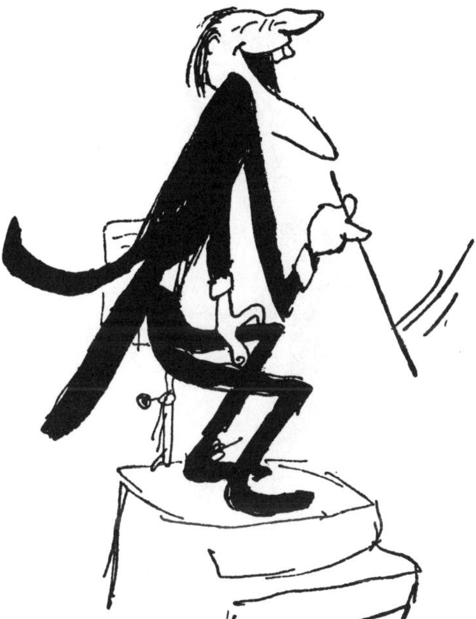

Scherzo

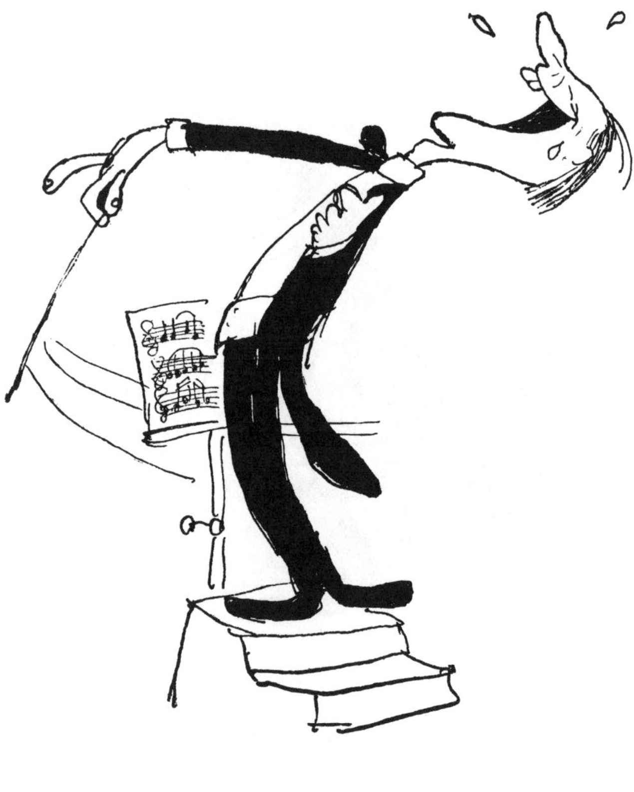

Giojoso

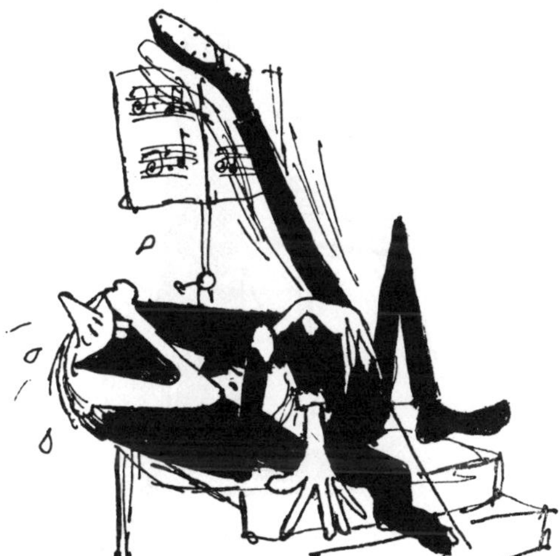

Allegro giocoso

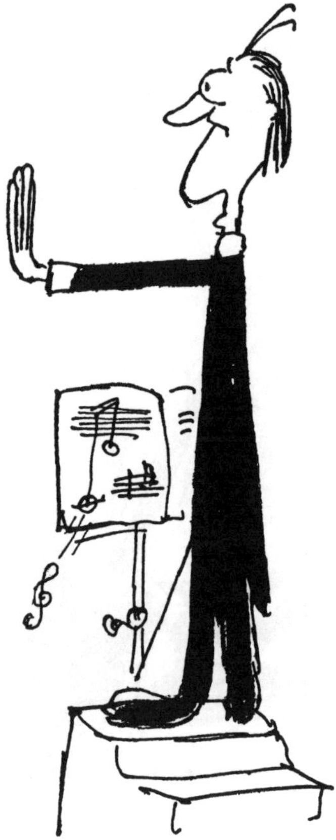

Non troppo

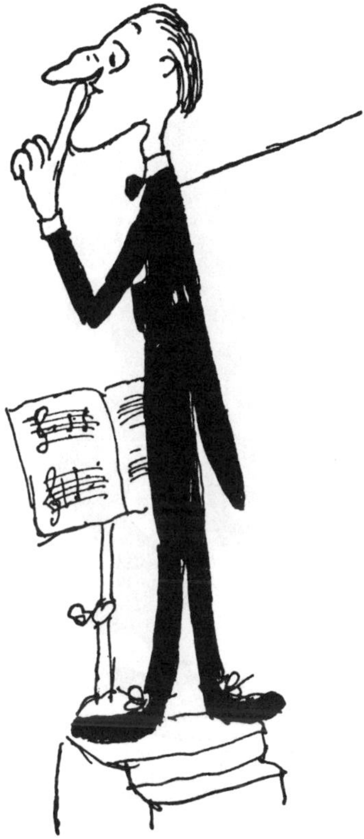

Sotto voce

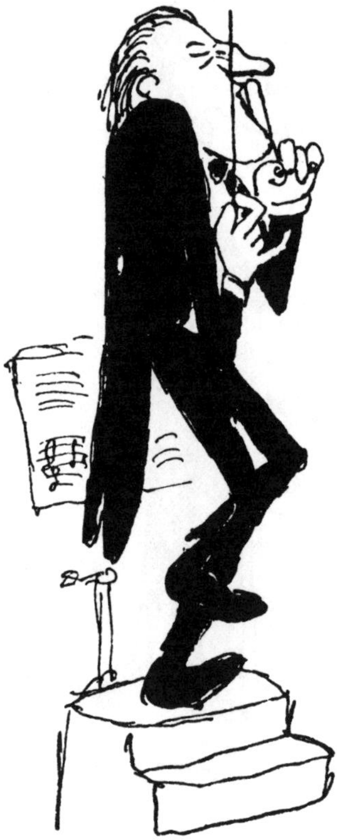

Piano

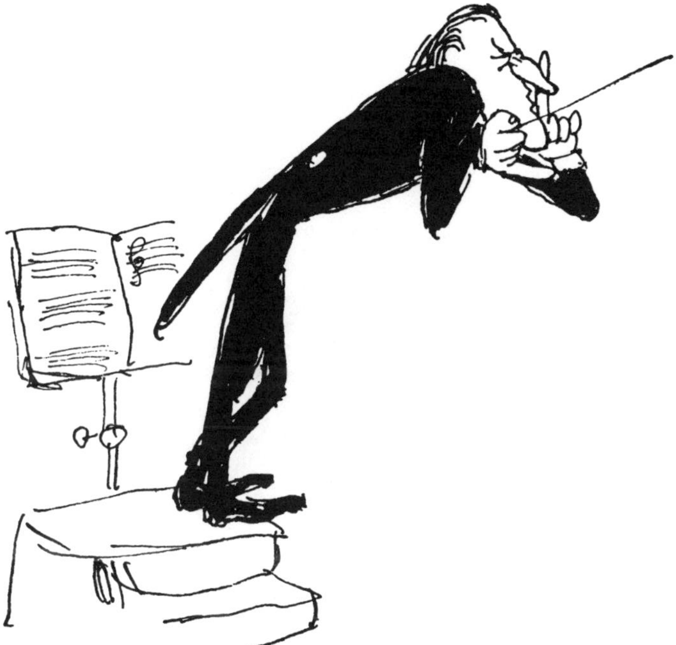

Pianissimo

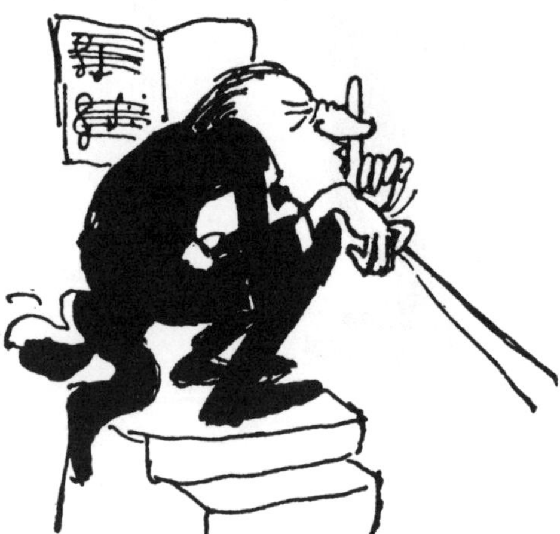

Diminuendo

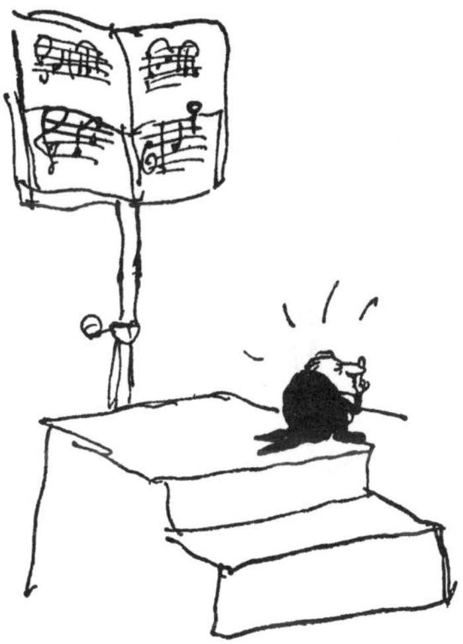

Molto diminuendo

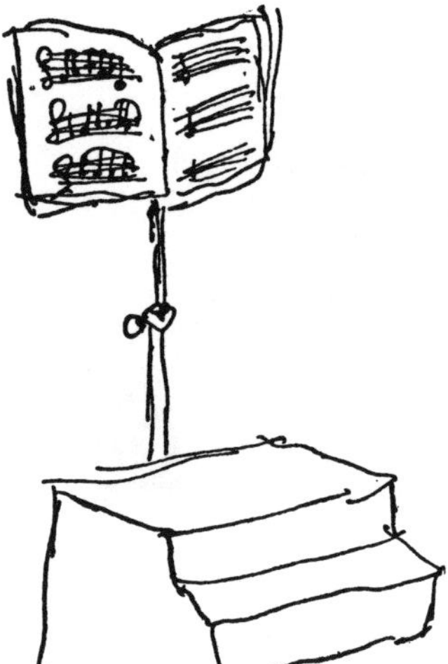

Tacet

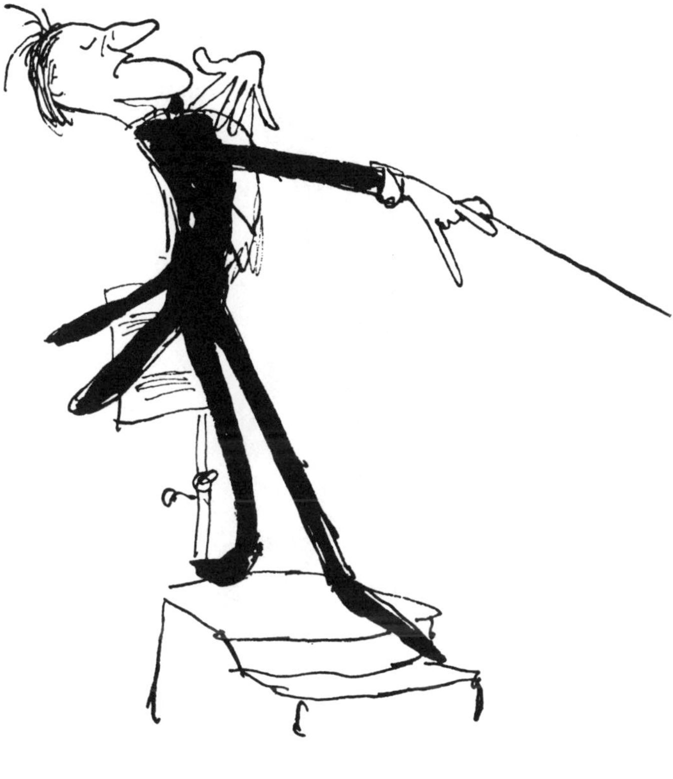

Pomposo

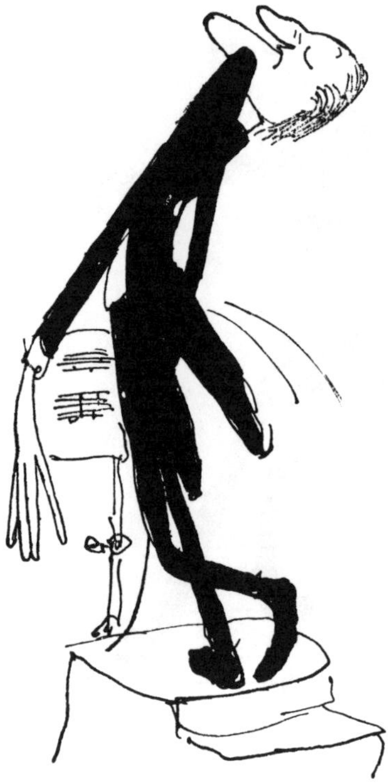

Molto pomposo

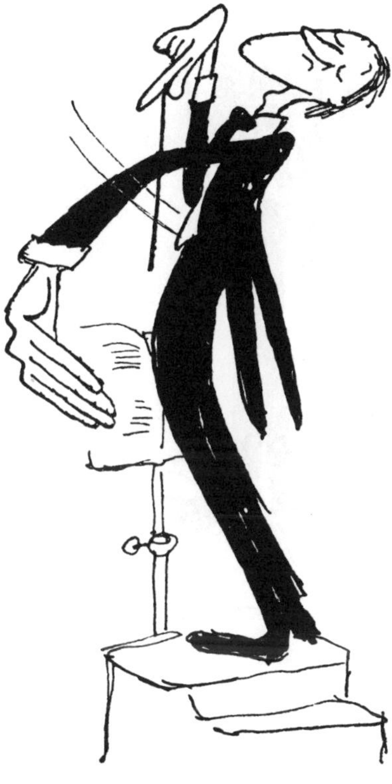

Subito piano

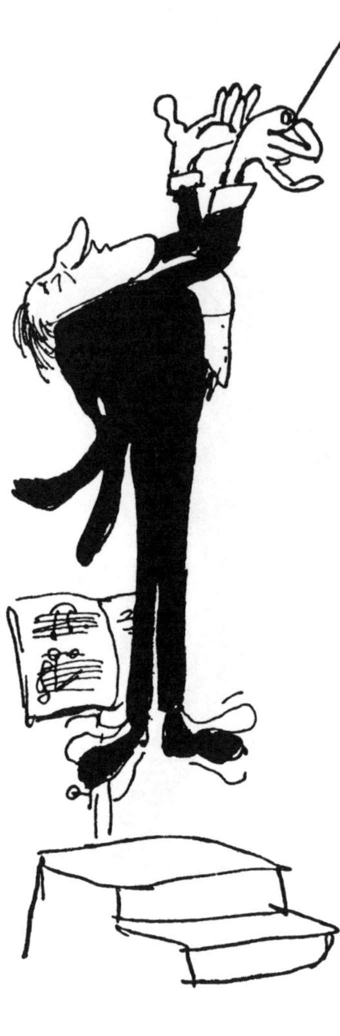

A cappella

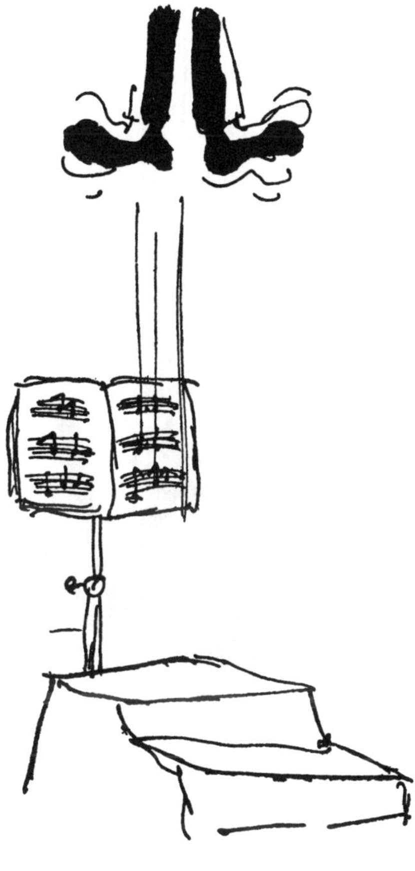

A cappella continuoso

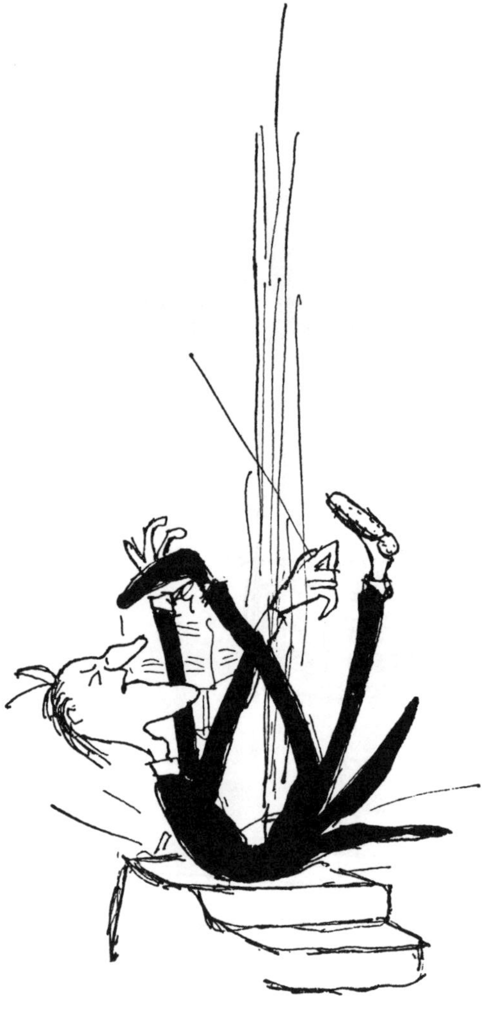

Martellato

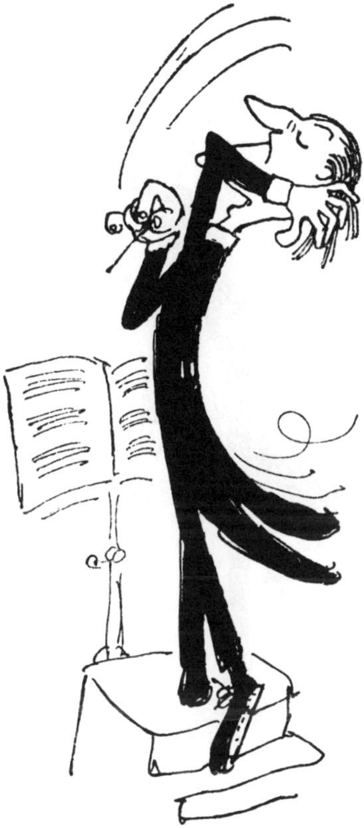

Tempo primo

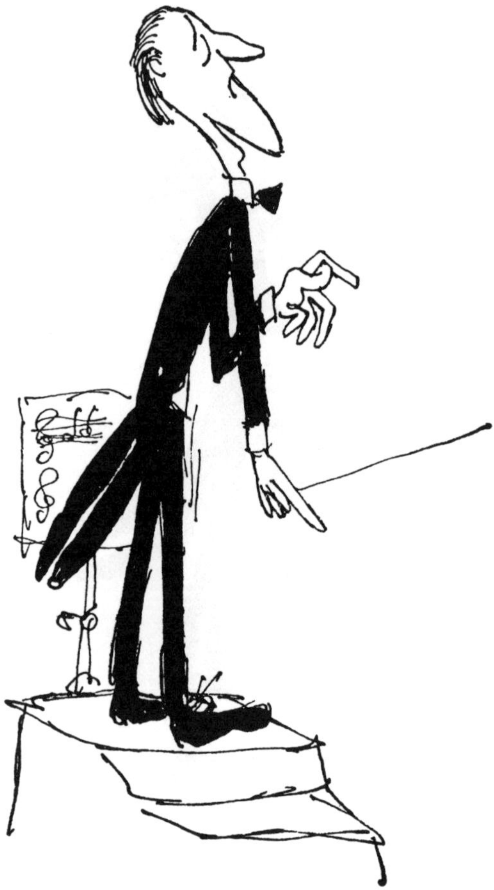

Serioso

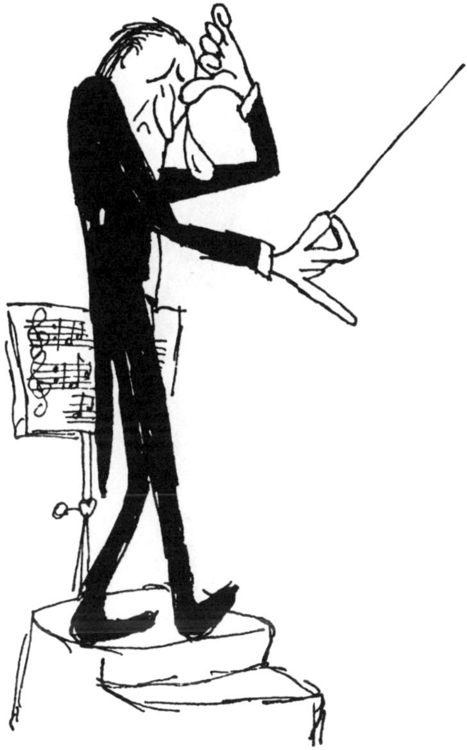

Mesto

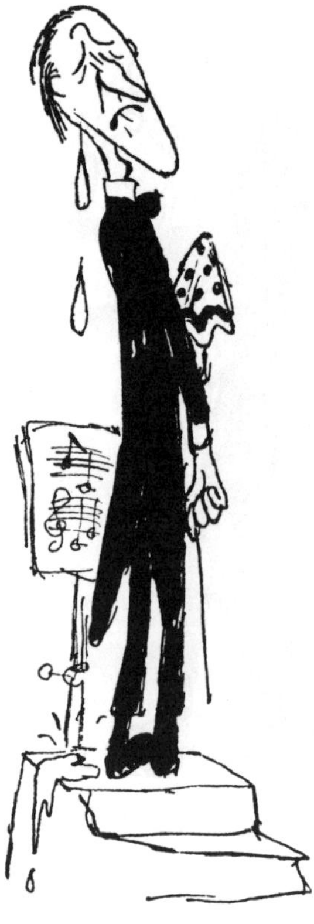

Doloroso

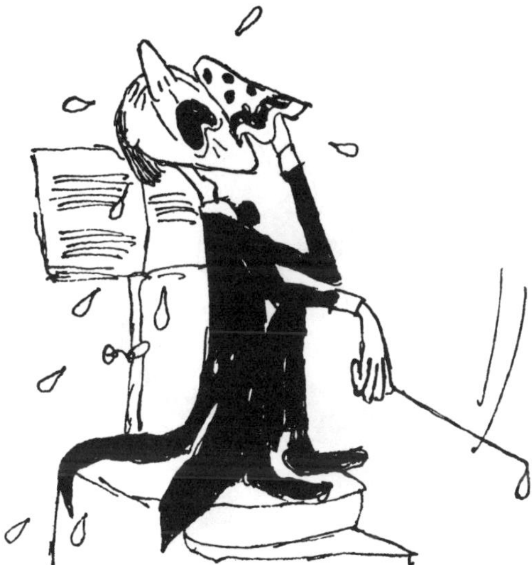

Molto doloroso

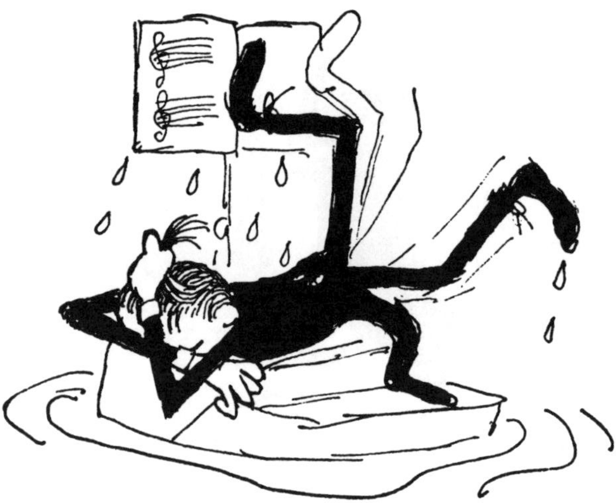

Troppo doloroso

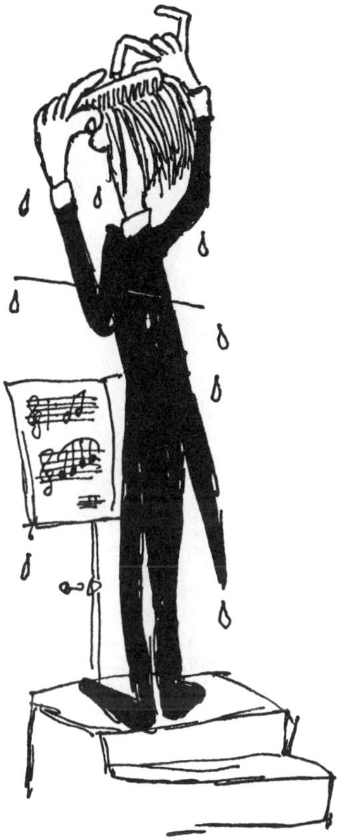

G. P.

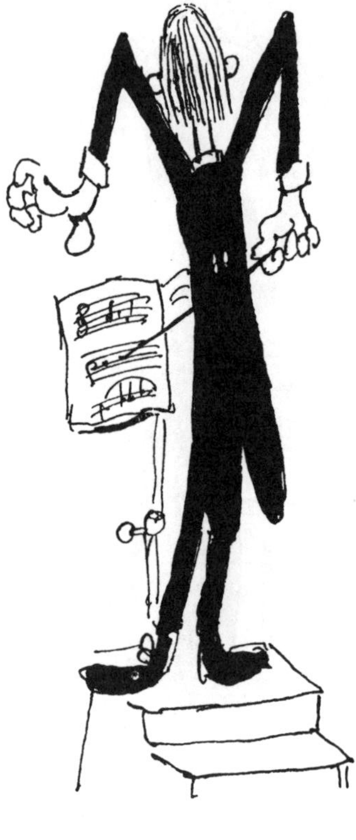

Affrettando

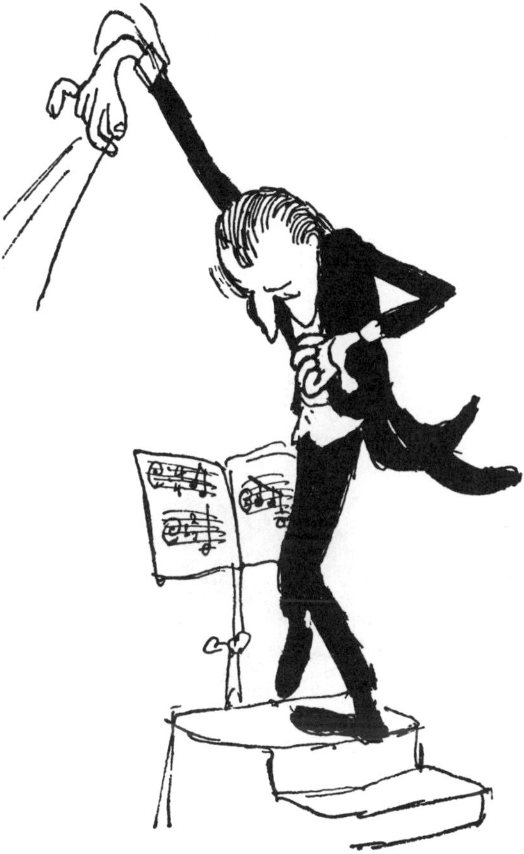

Appassionato

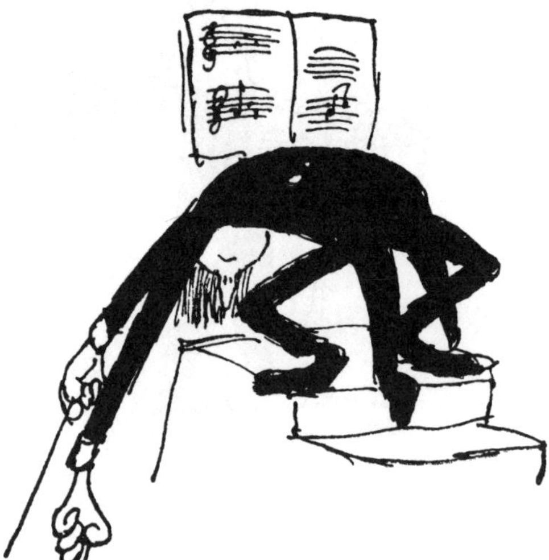

Basso

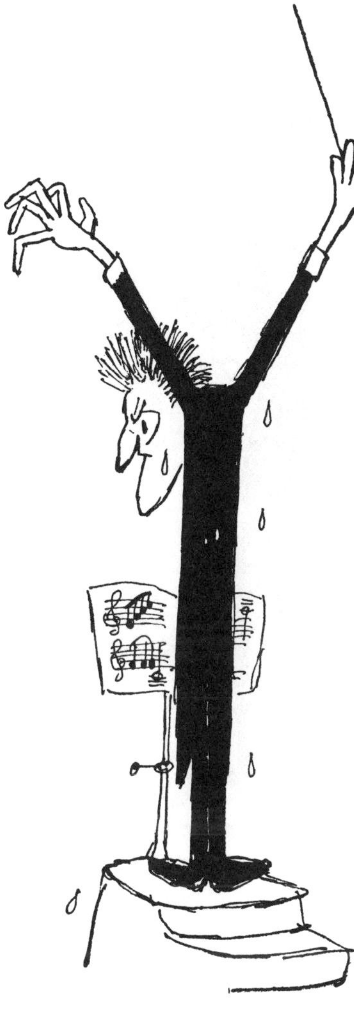

Vigoroso

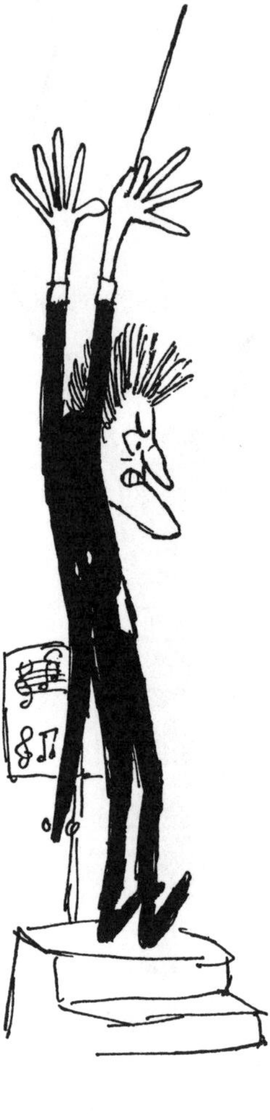

Con forza

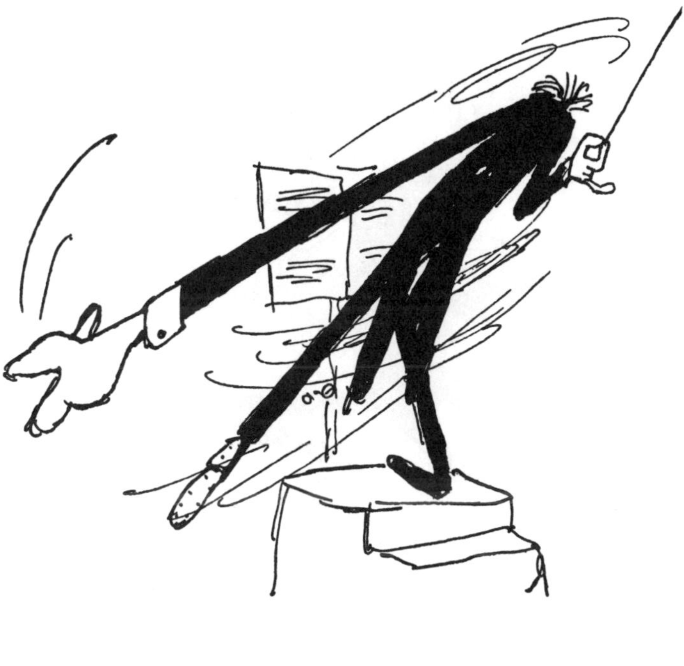

Molto vigoroso

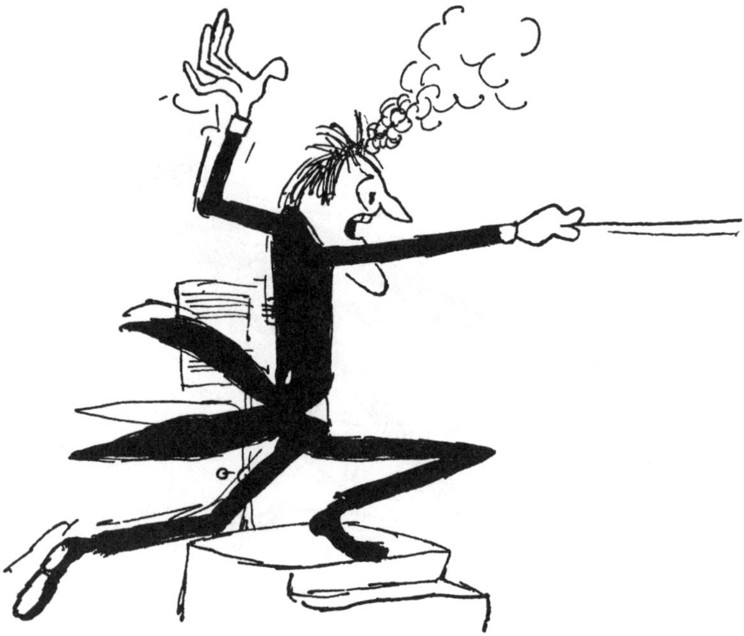

Attacca

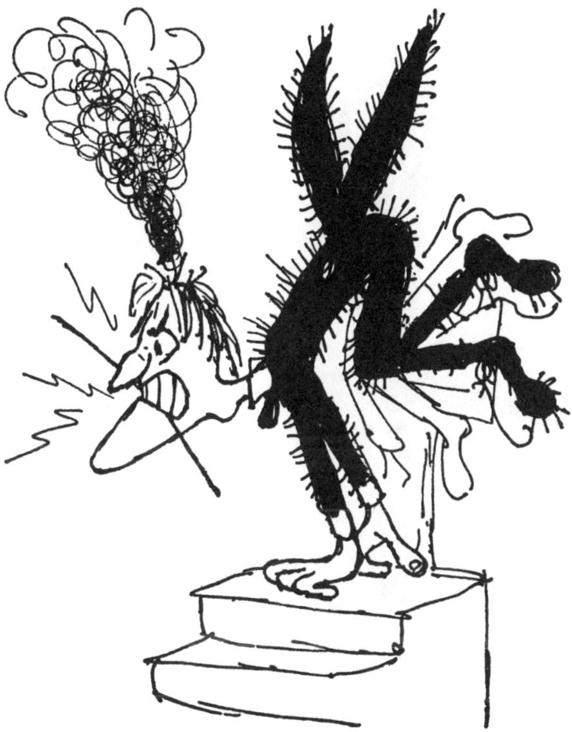

Furioso

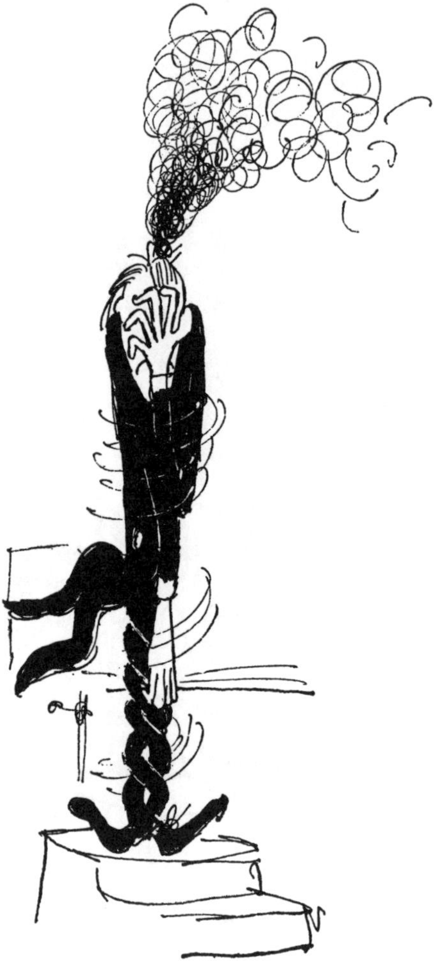

Rinforzando

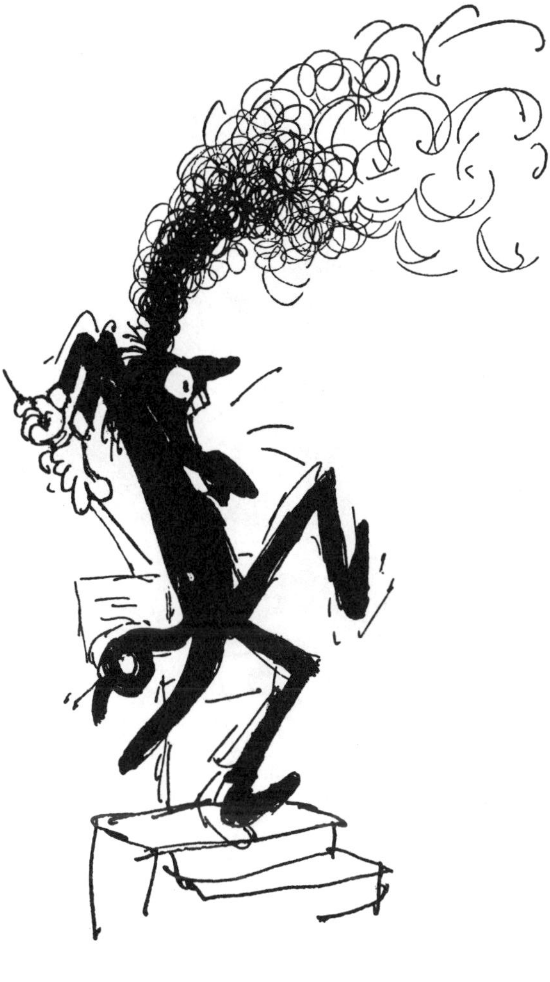

Strepitoso

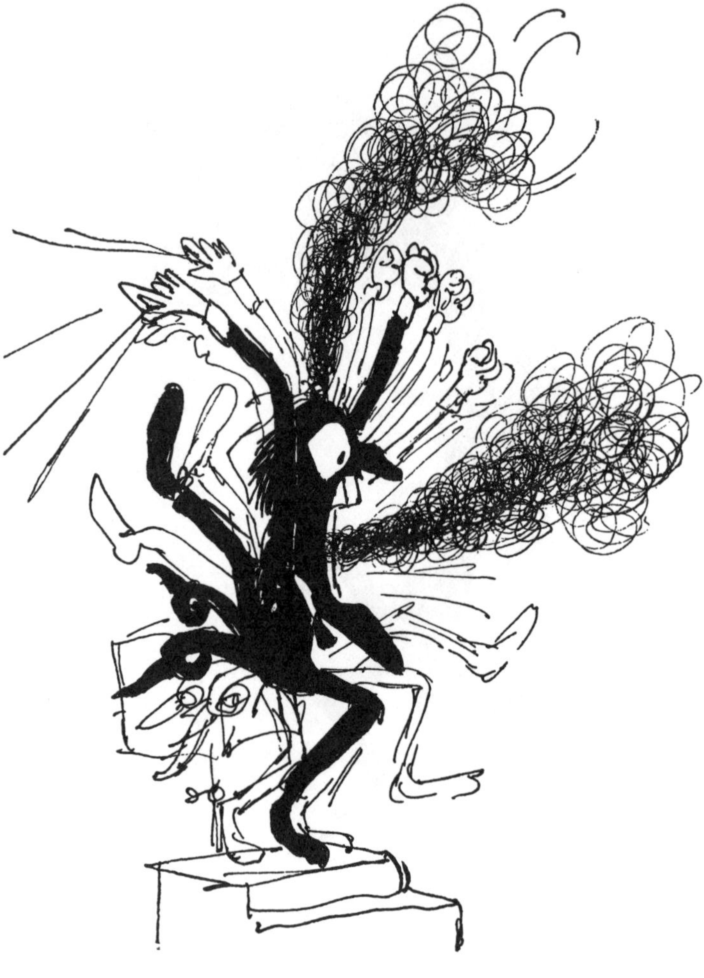

Fortissimo vivacissimo

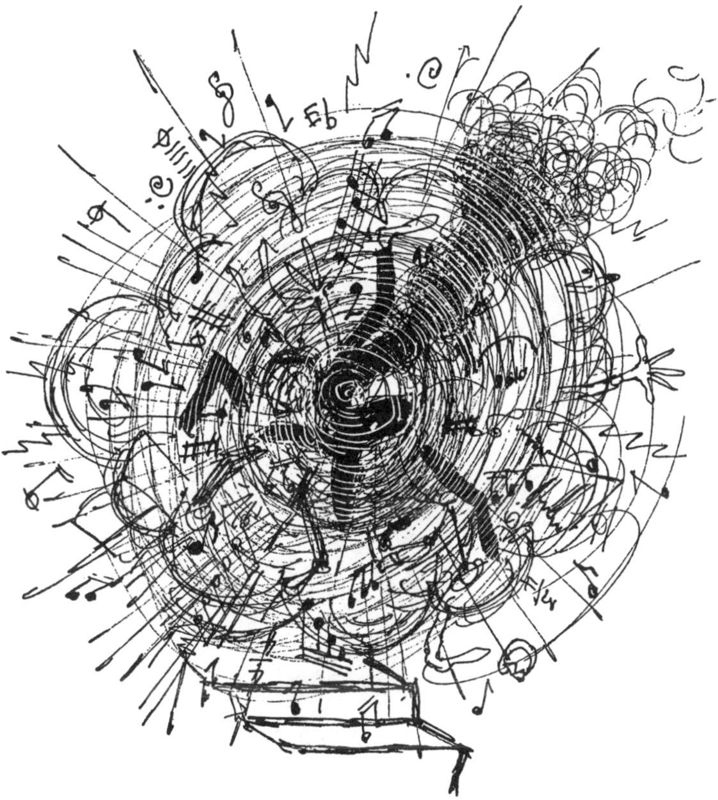

Finale furioso

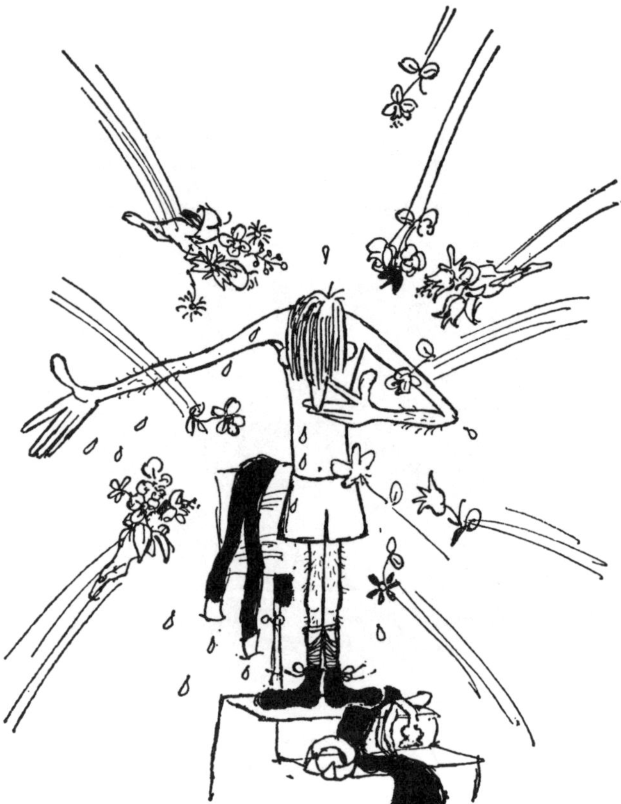

Bravo bravissimo

Hoffnungs

Sinfonieorchester

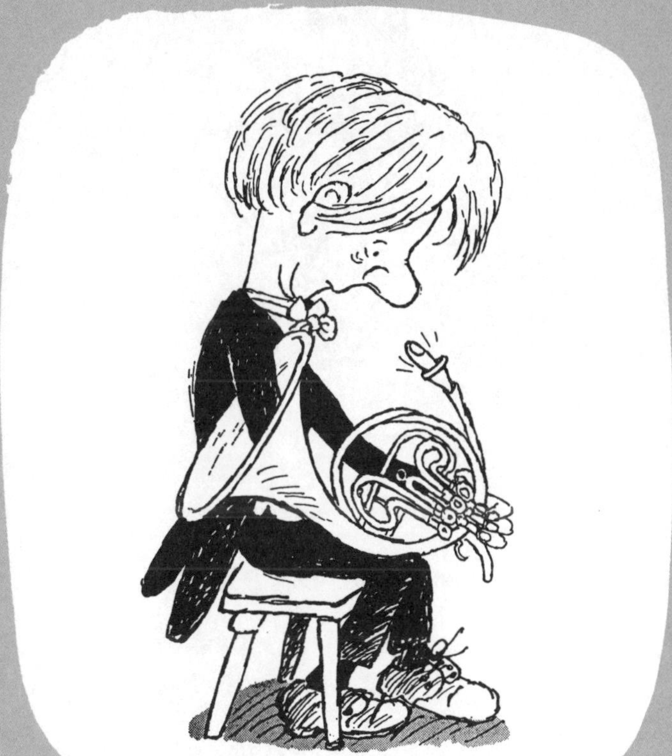

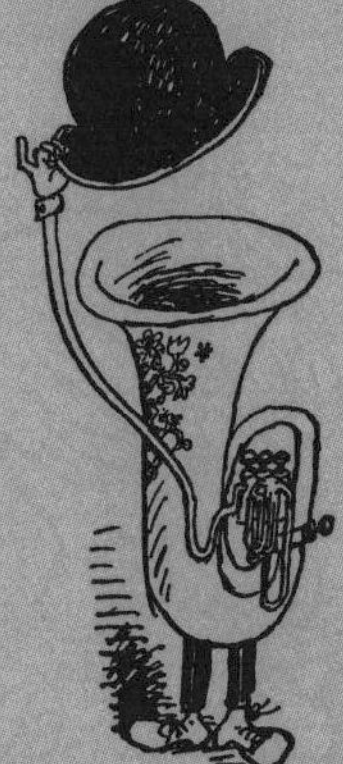

Das Orchester

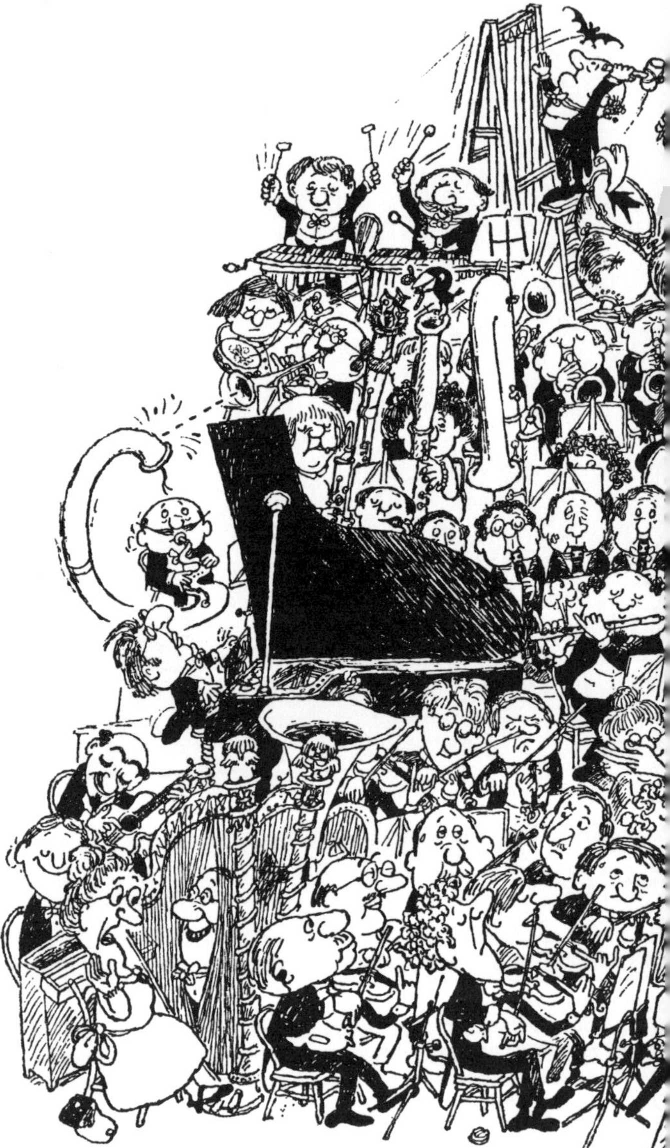

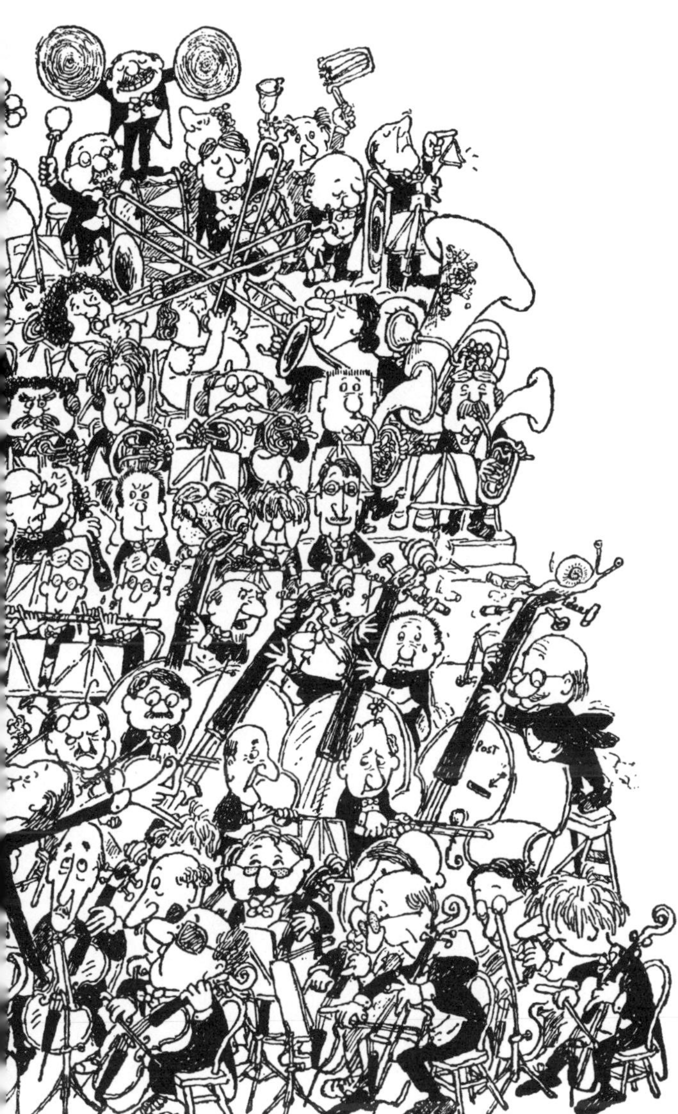
POST

Saiteninstrumente

Der Konzertmeister

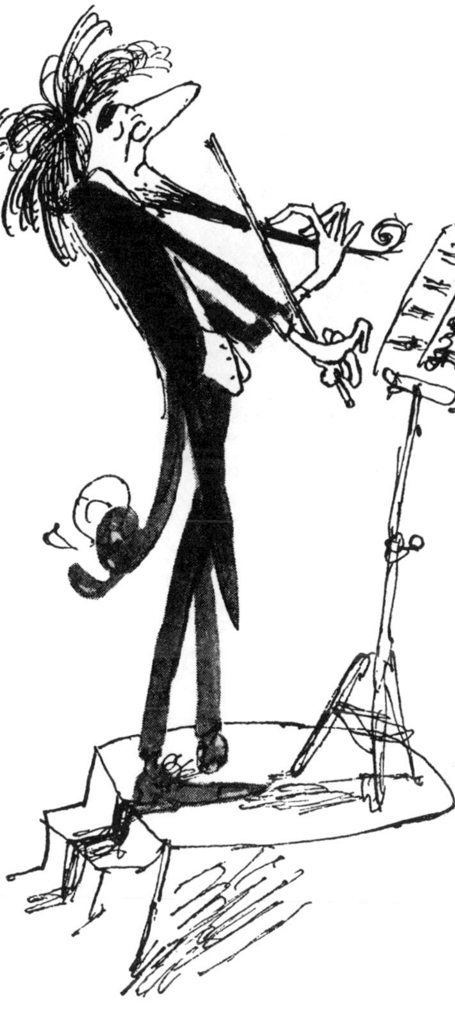

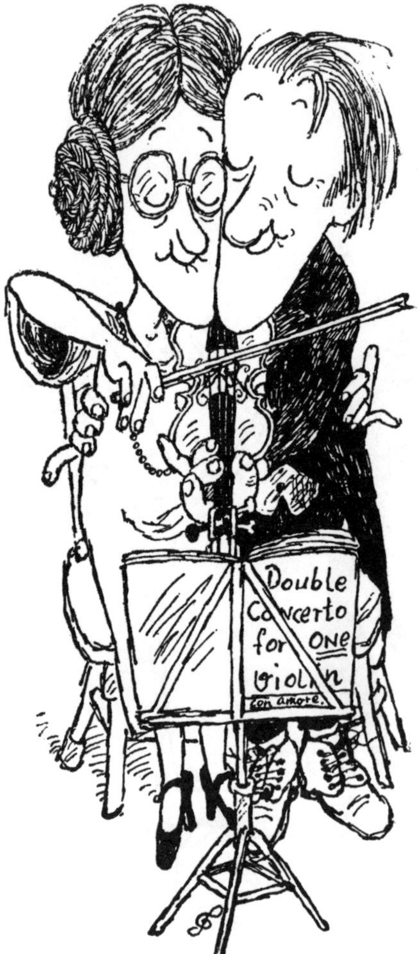

Das Violinduo

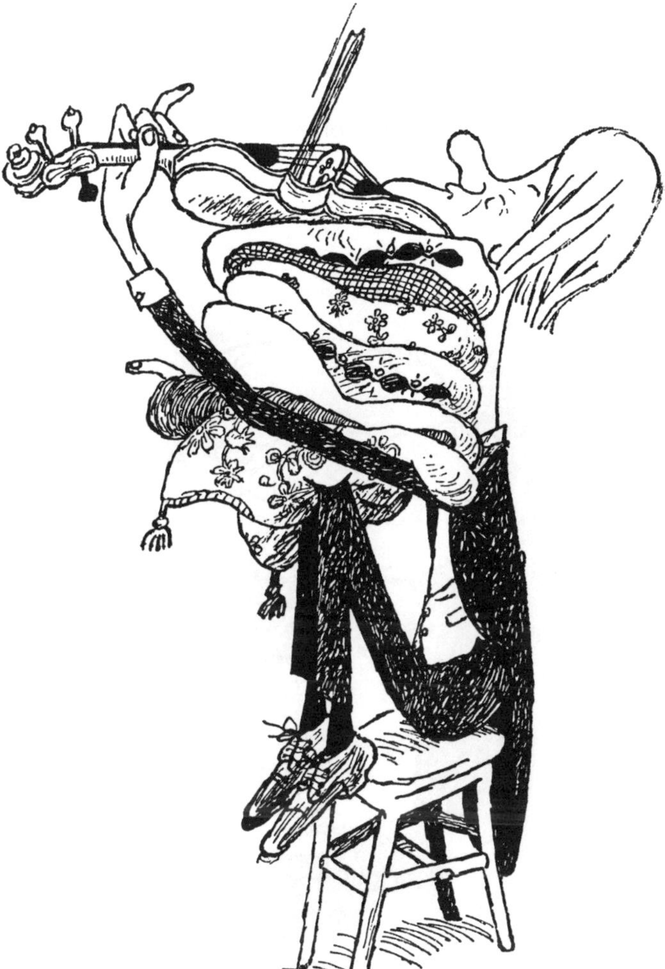

Die Bratsche

Viola pizzicato

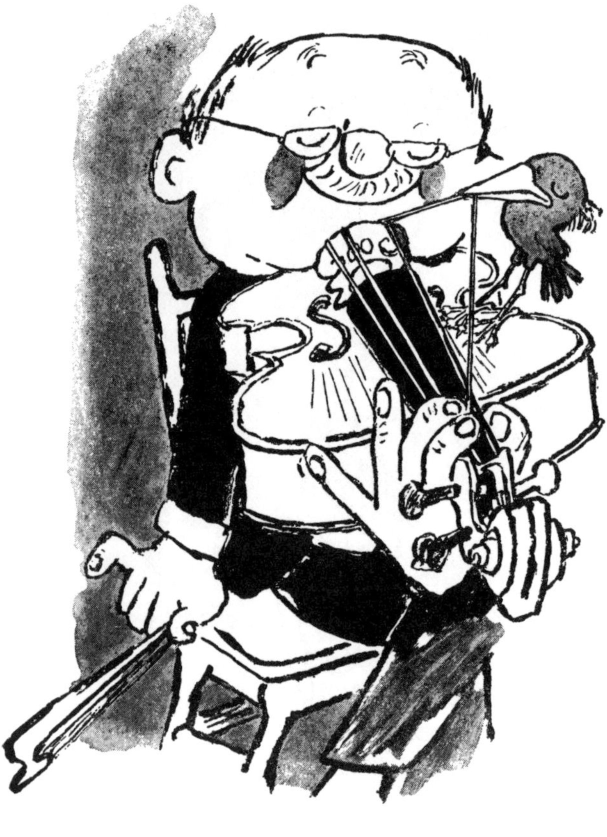

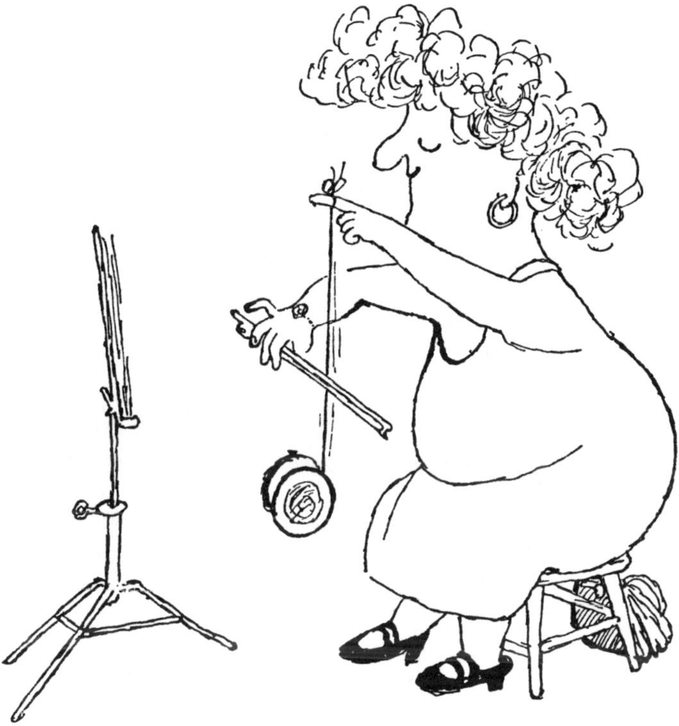

Das Yo-Yo

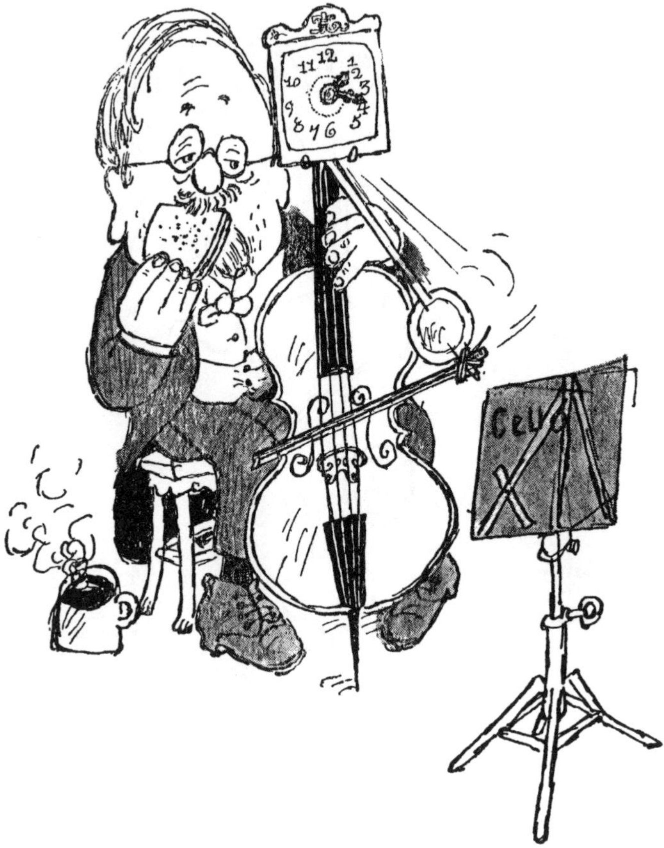

Das Cello

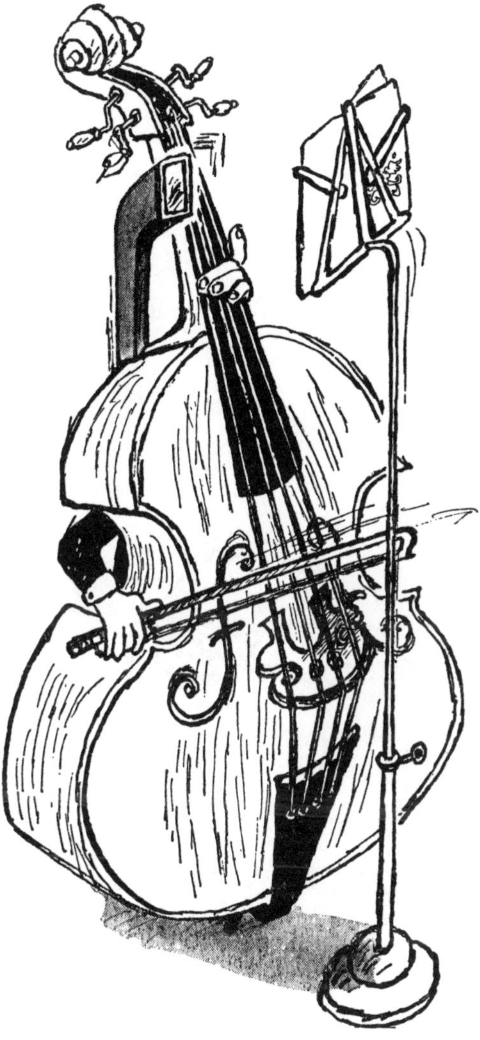

Der Kontrabass

Der Piccolo-Kontrabass

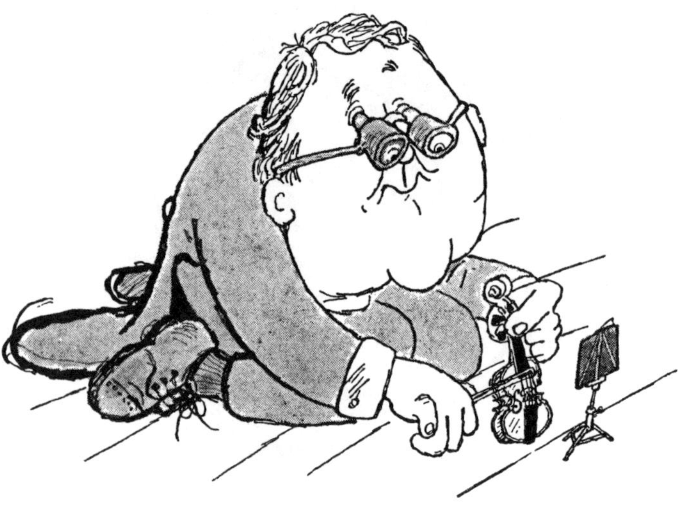

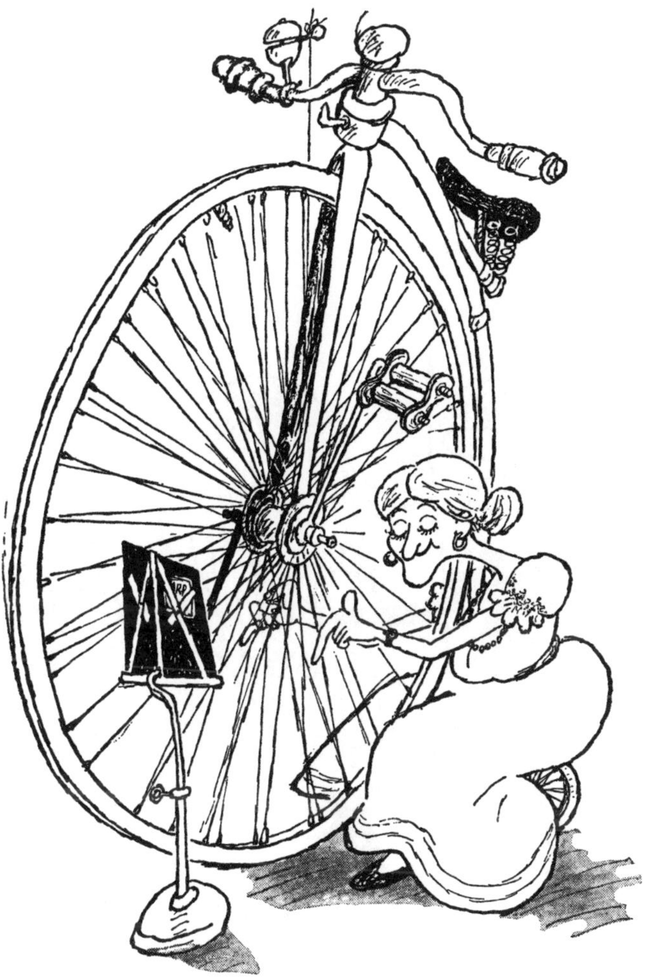

Die Harfe

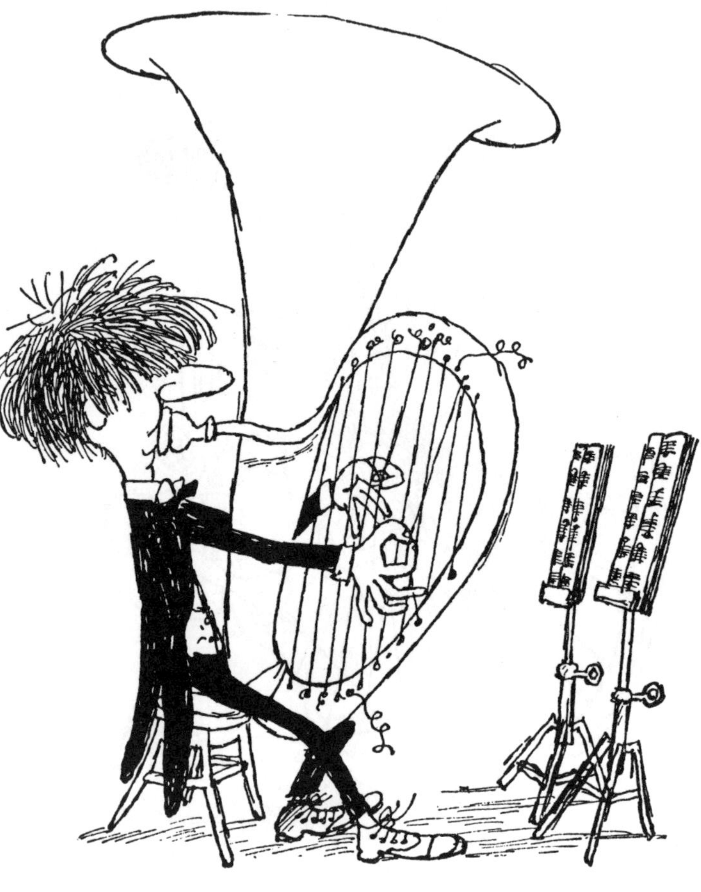

Die Seiten-Tuba

Die Zither

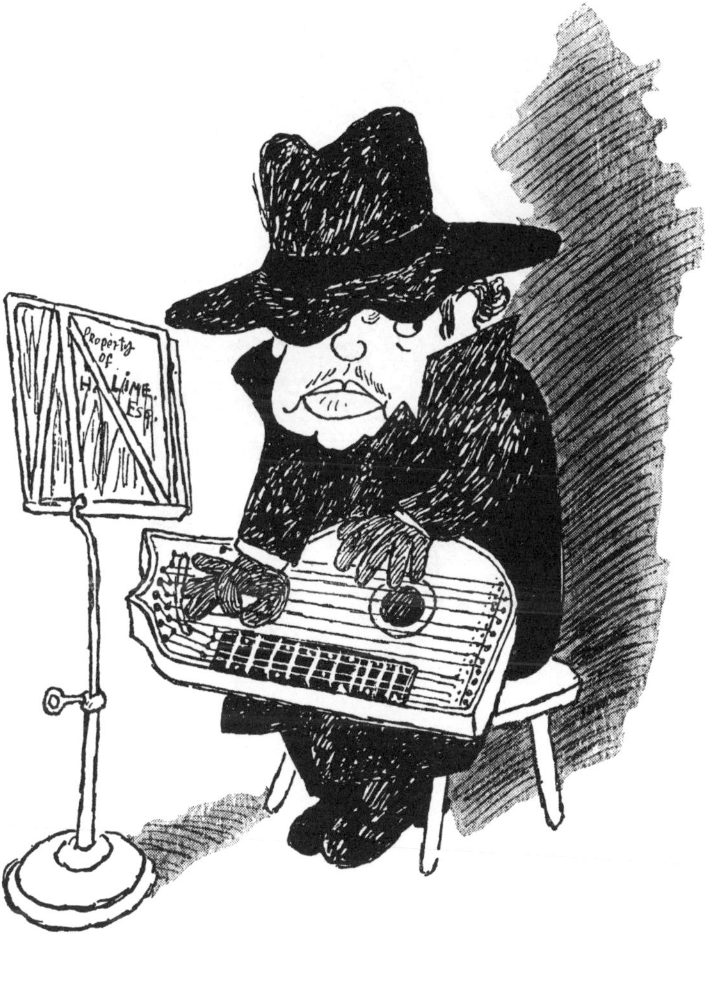

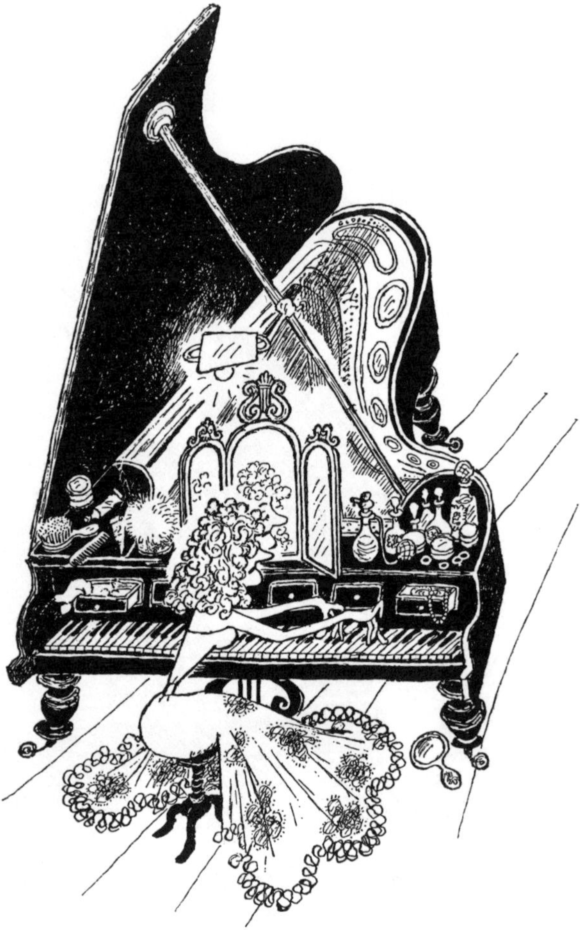

Der Flügel

Die spanische Gitarre

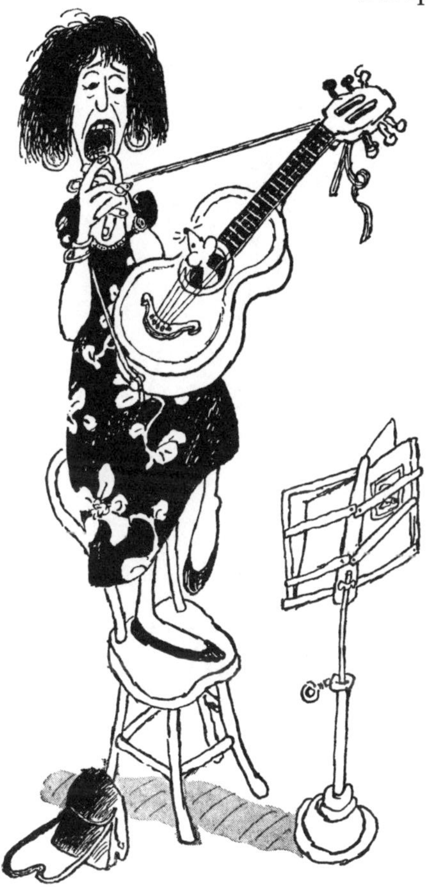

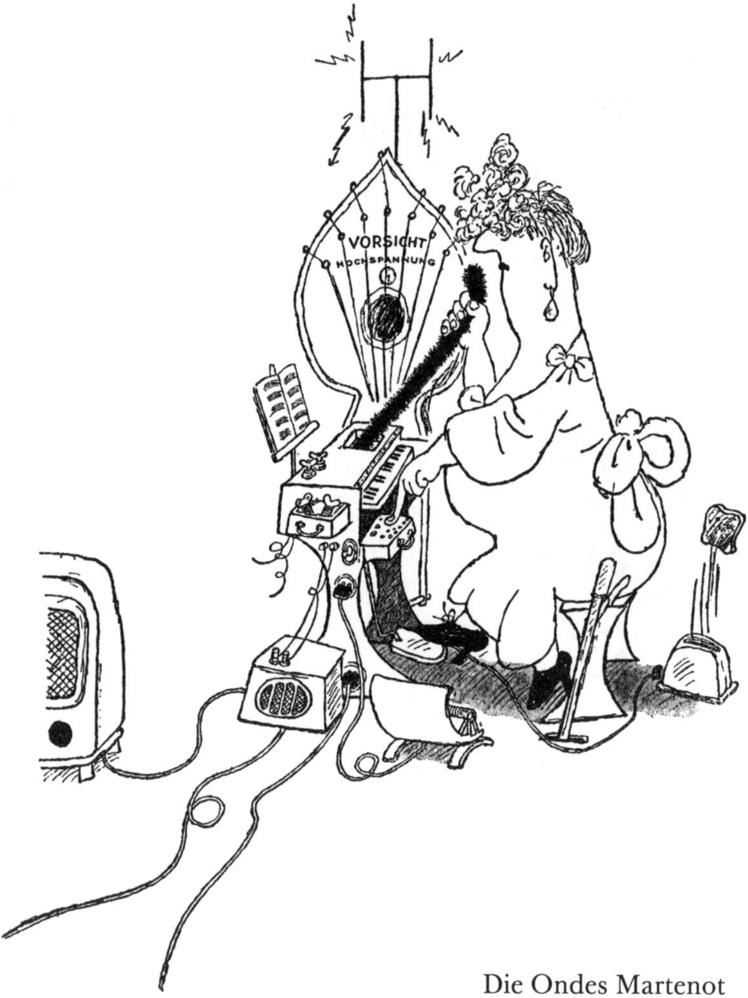

Die Ondes Martenot

Holzbläser

Die Flöte
und die Piccoloflöte

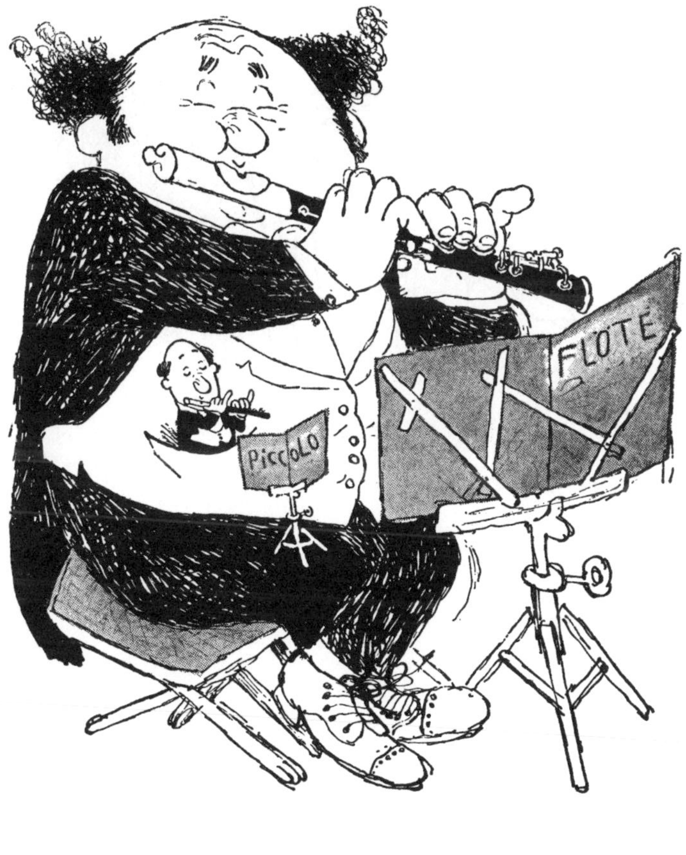

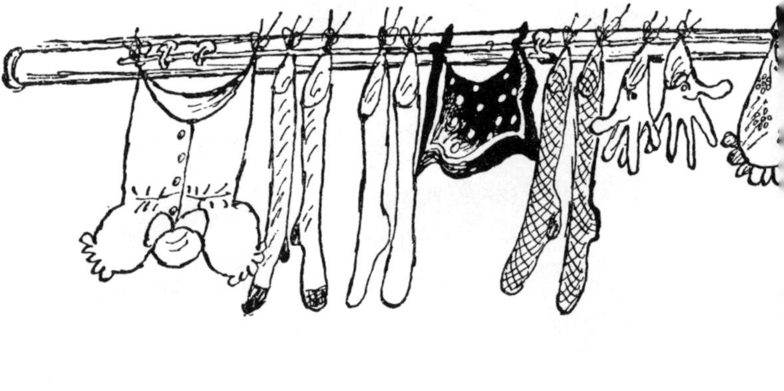

Die Bassflöte

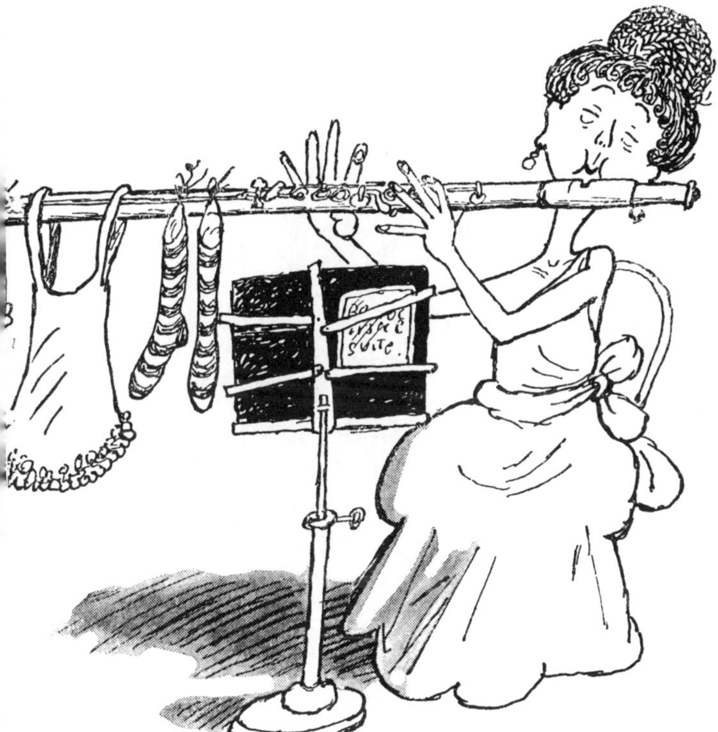
SUITE.

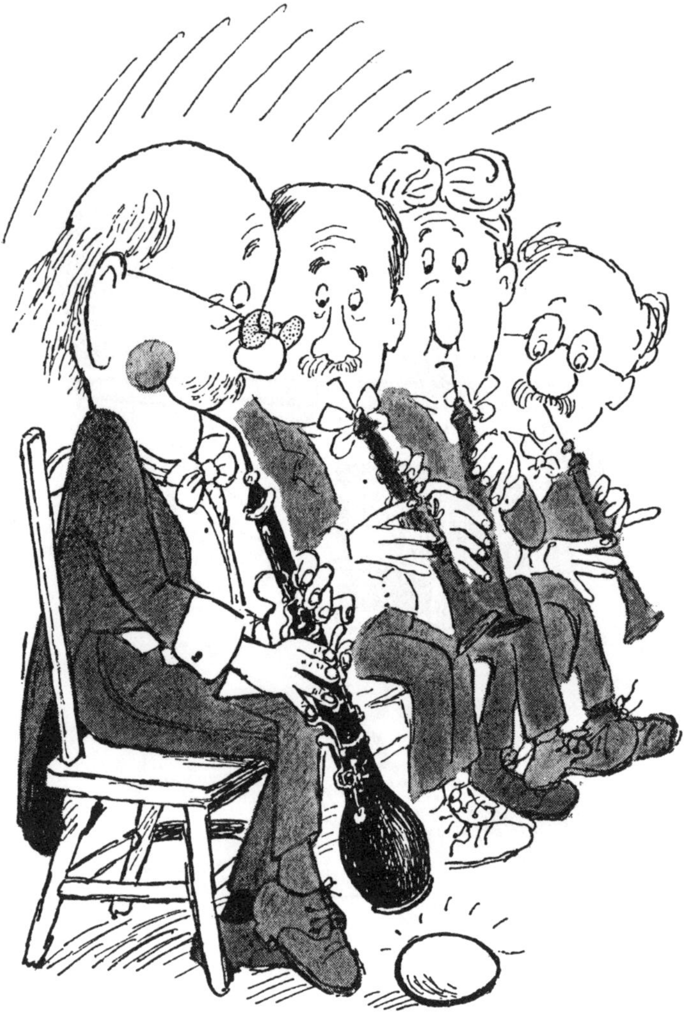

Das Englischhorn

Die Oboe

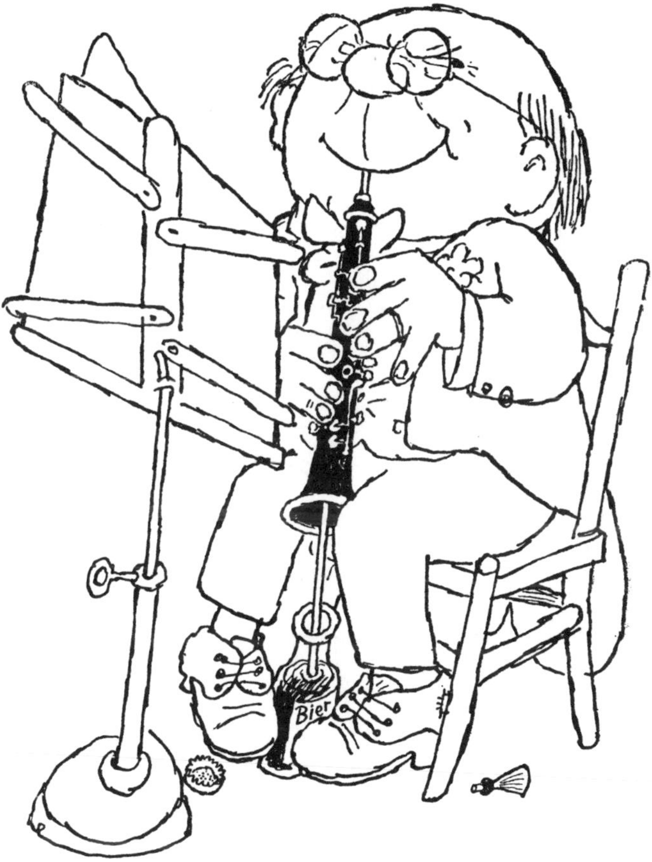

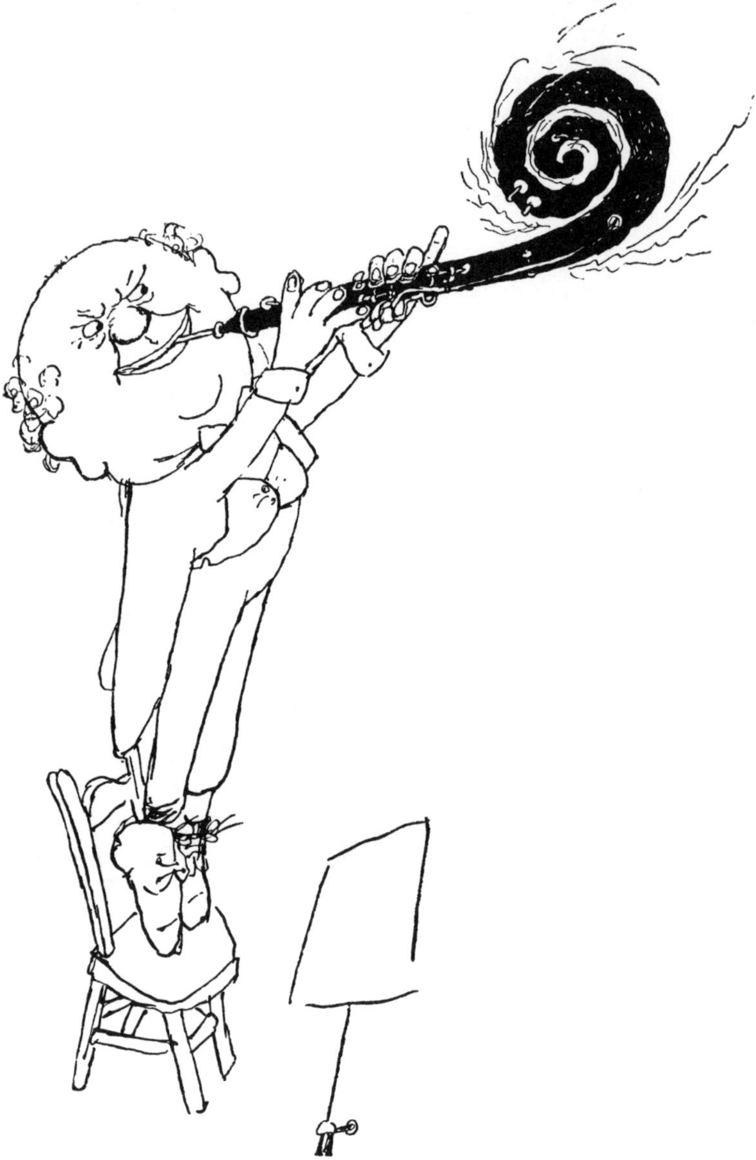

Das Heckelphon

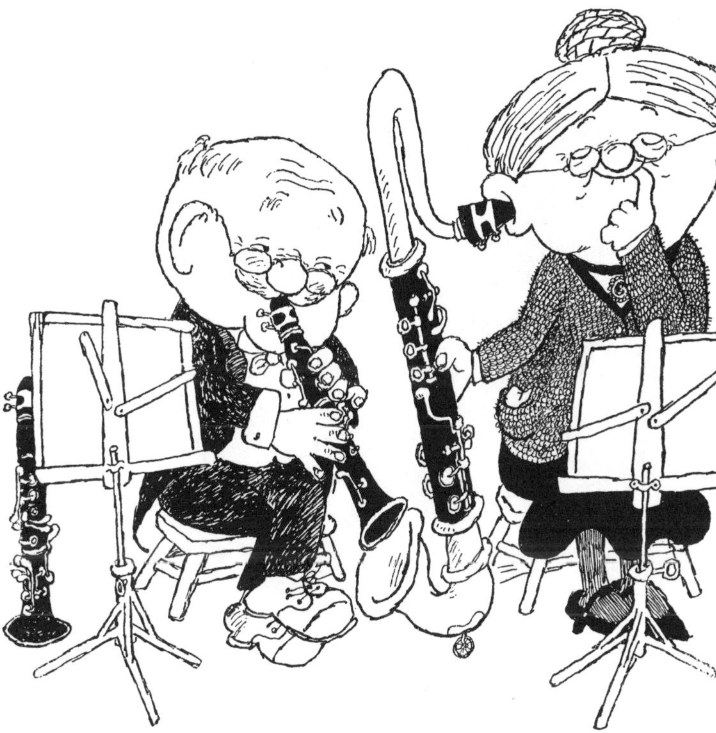

Die Klarinette
und die Bassklarinette

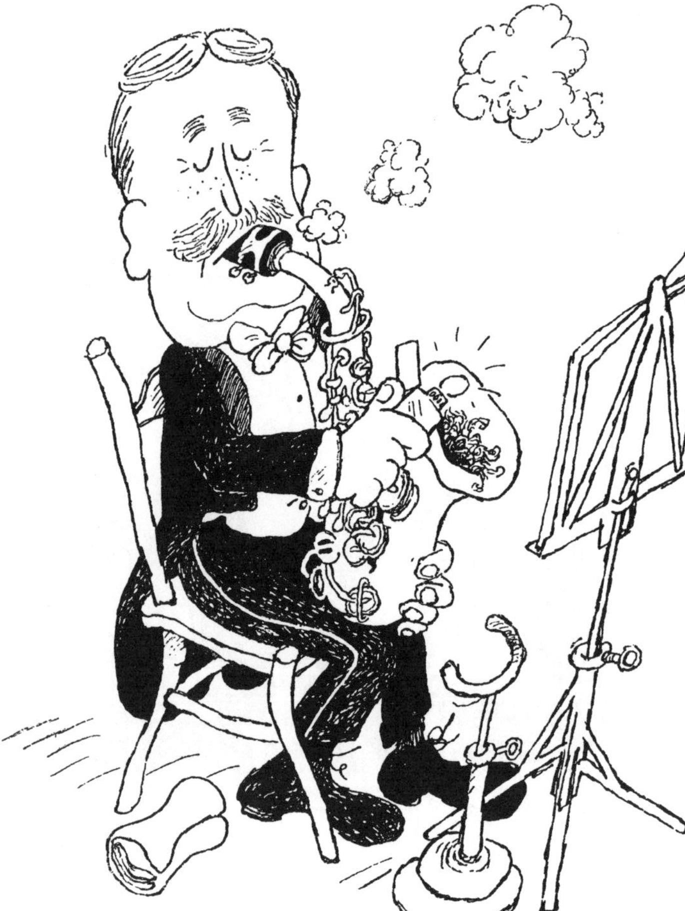

Das Saxophon

Das Bassetthorn

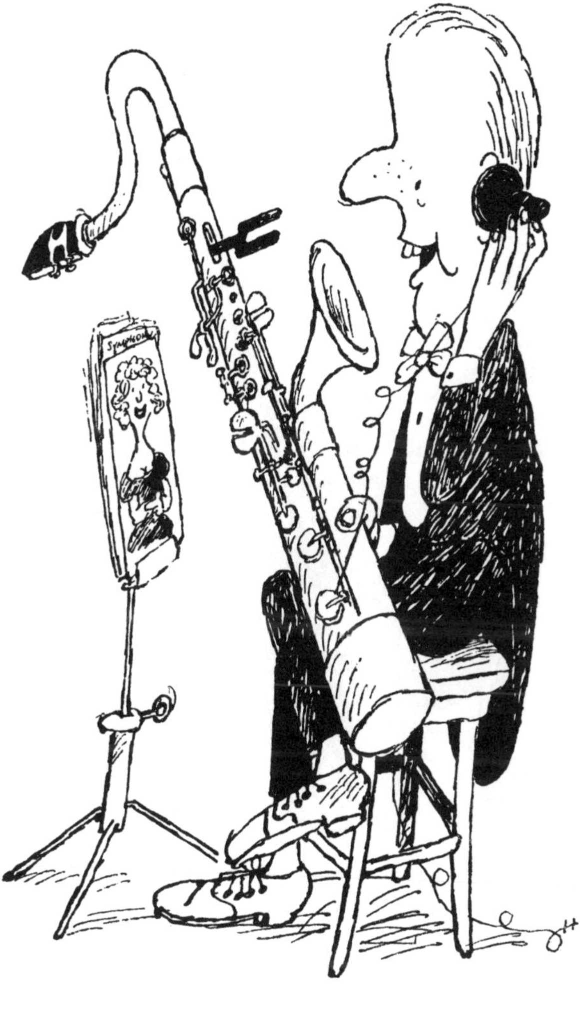

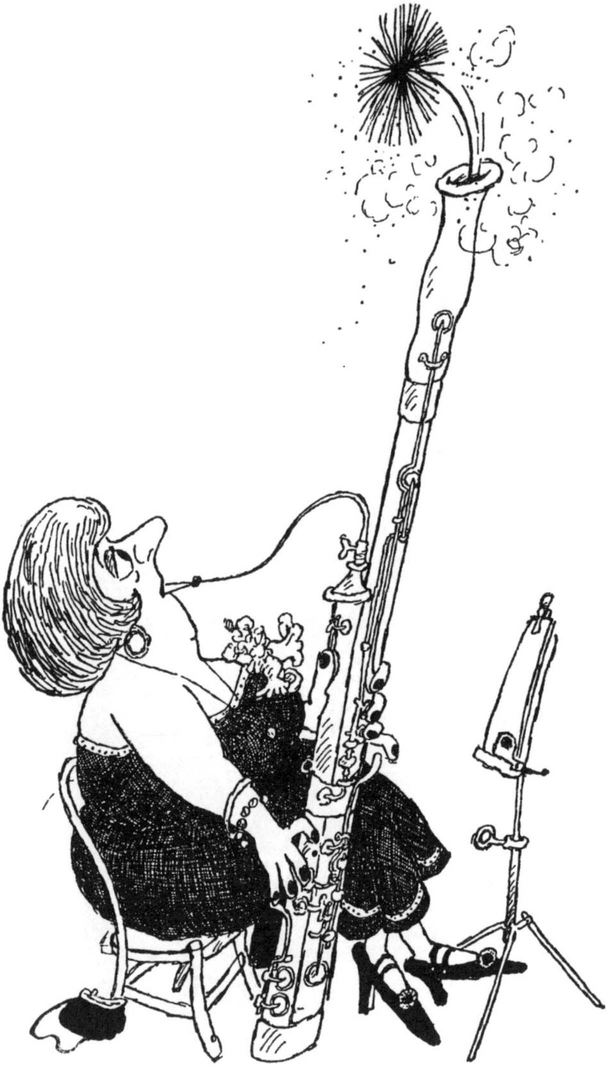

Das Fagott

Das Kontrafagott

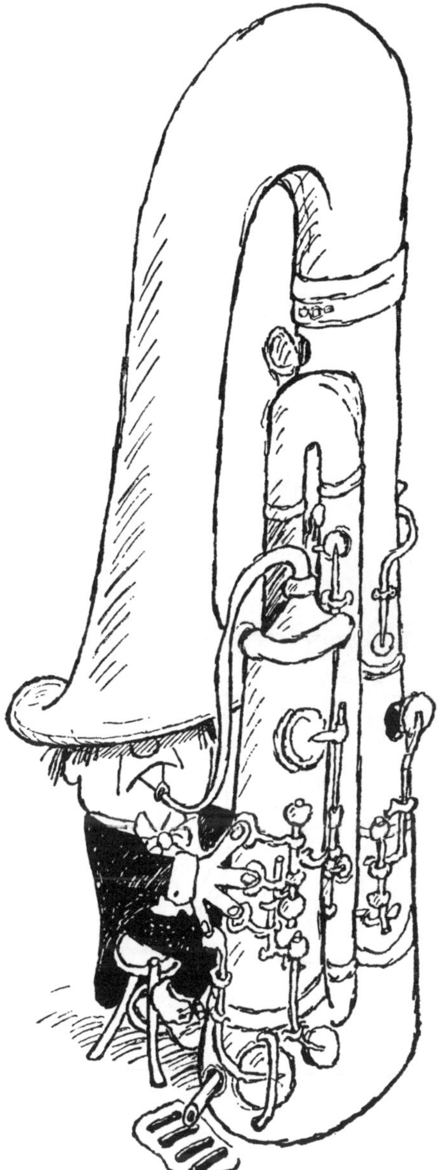

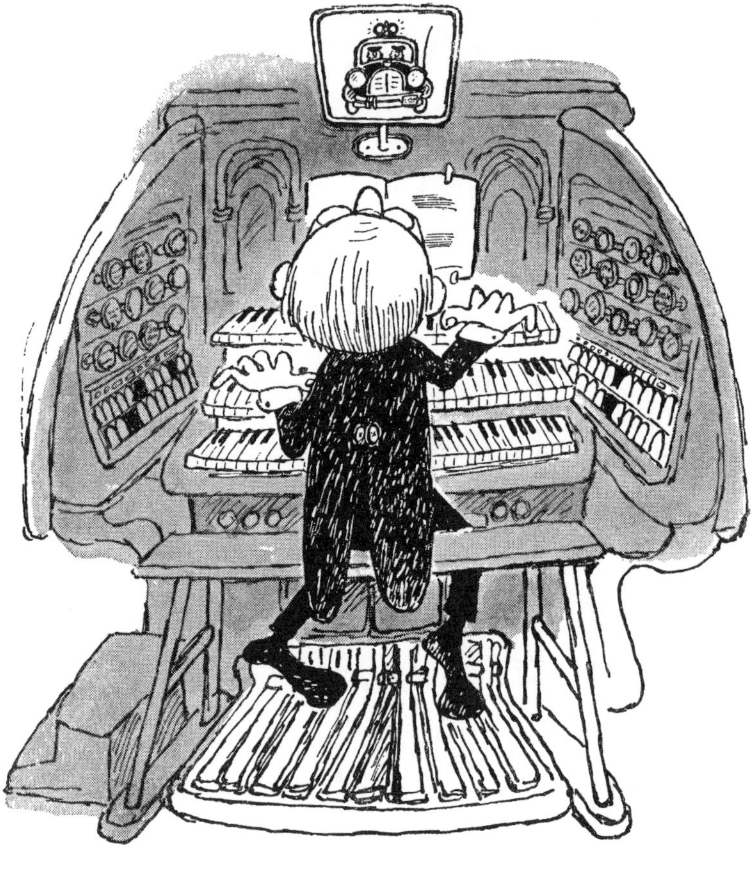

Die Orgel

Blechbläser

Das Waldhorn

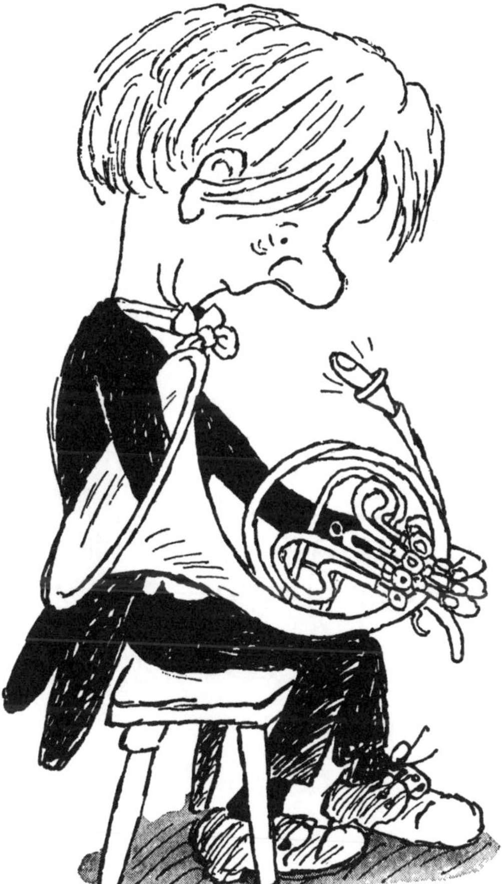

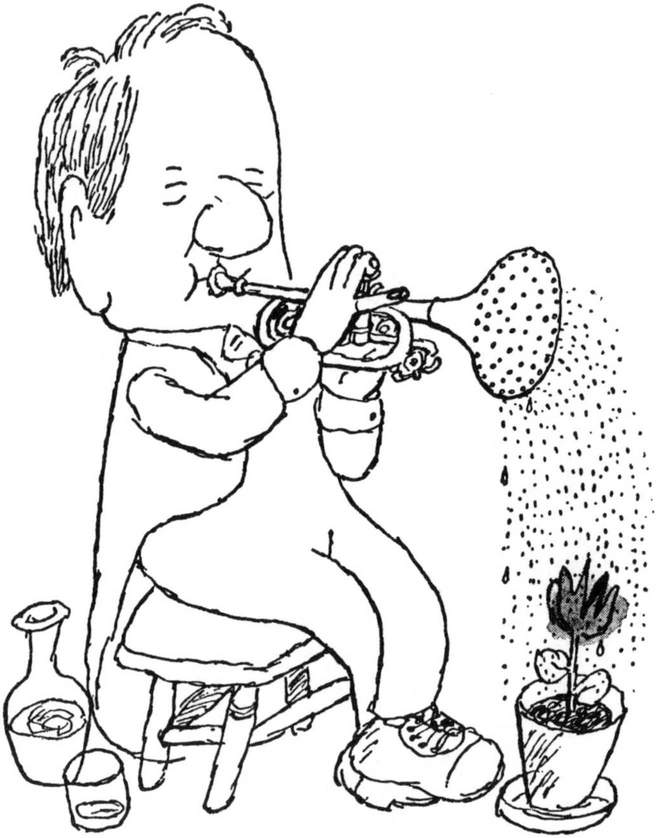

Die Gießkanne

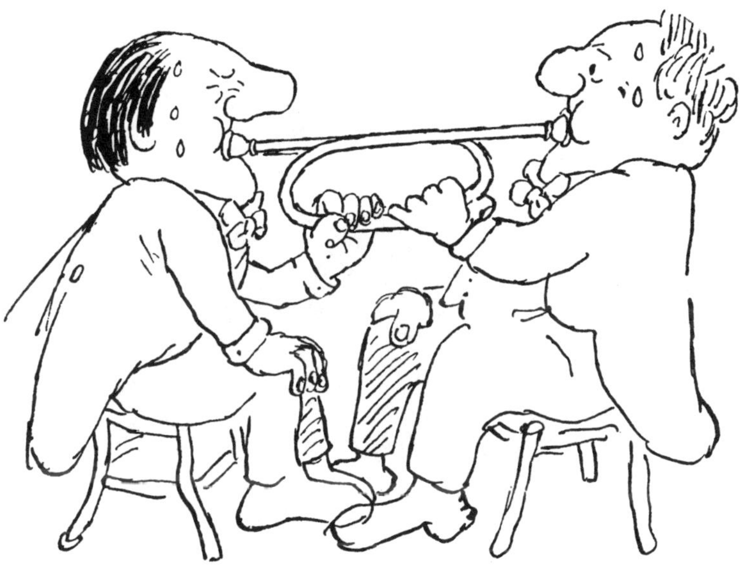

Die Doppeltrompete

Der Serpent

Aus Sicherheitsgründen ist dieses
Instrument nicht mehr in Gebrauch

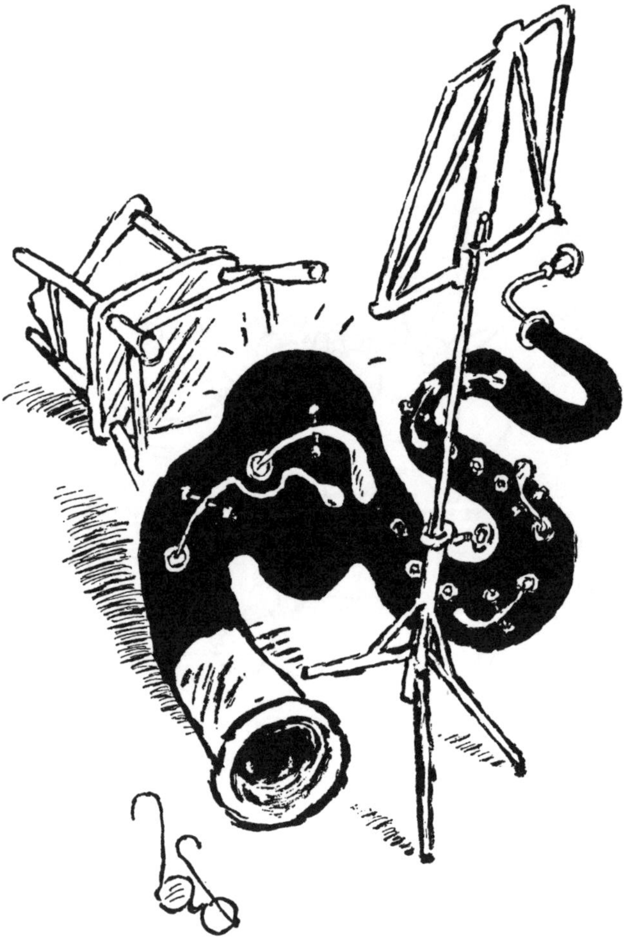

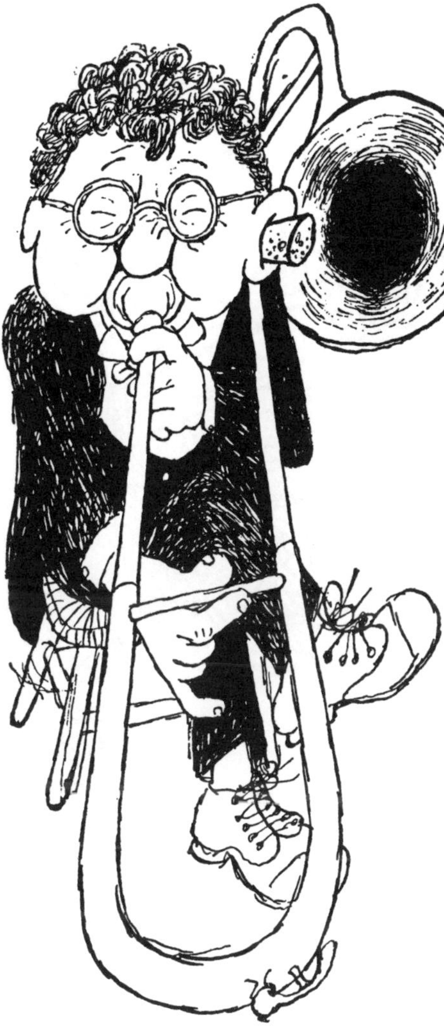

Die Posaune

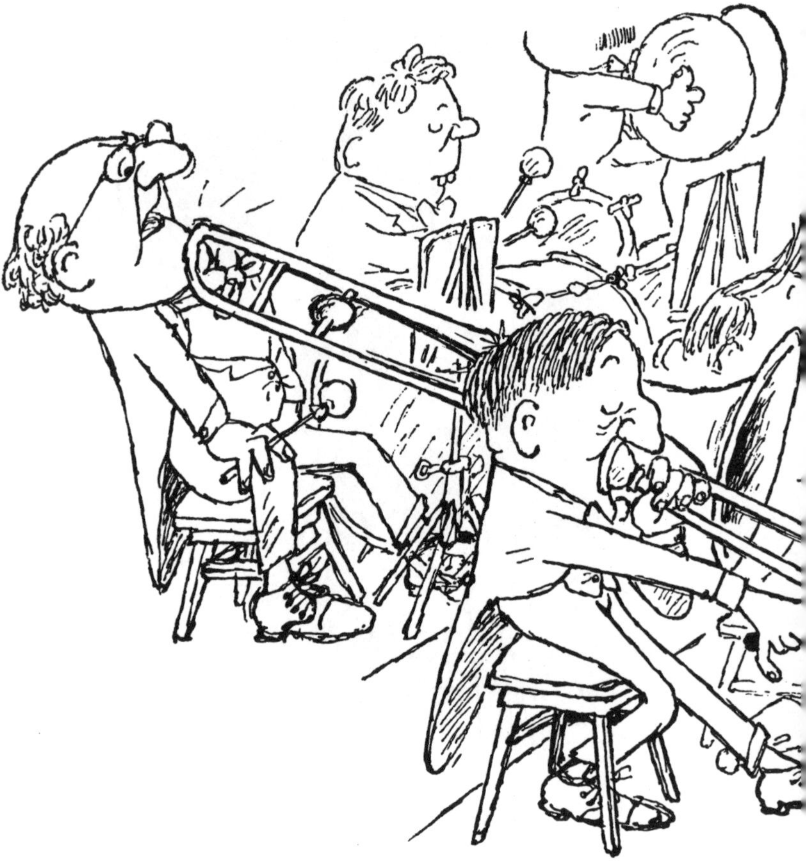

Die Bassposaune

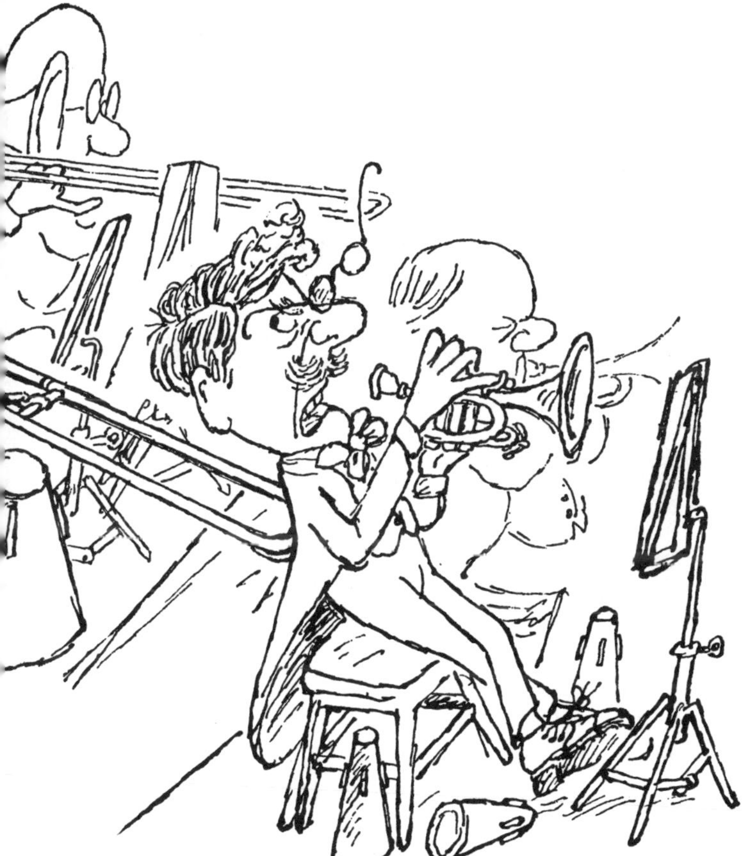

Die Wagnertuba

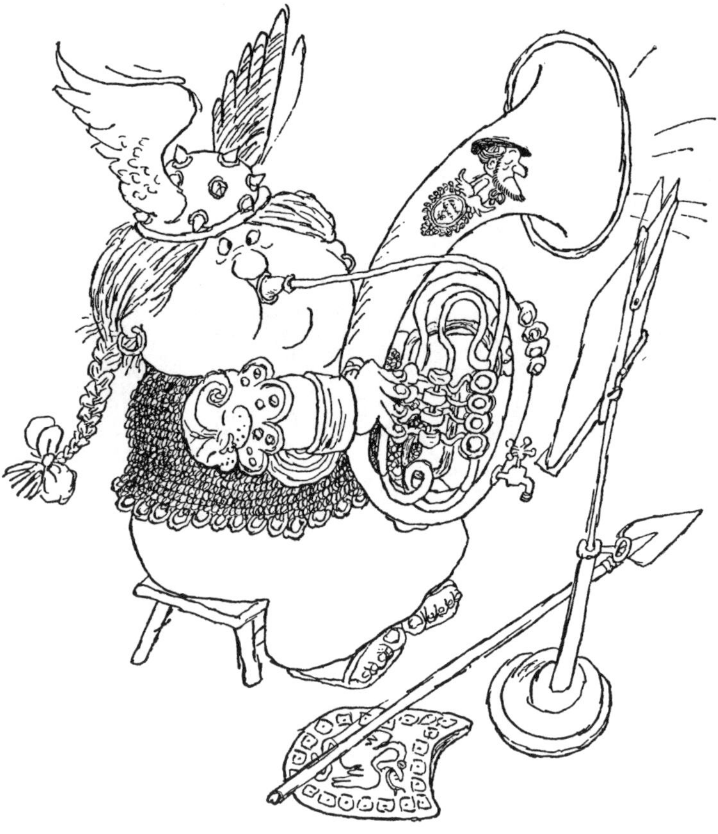

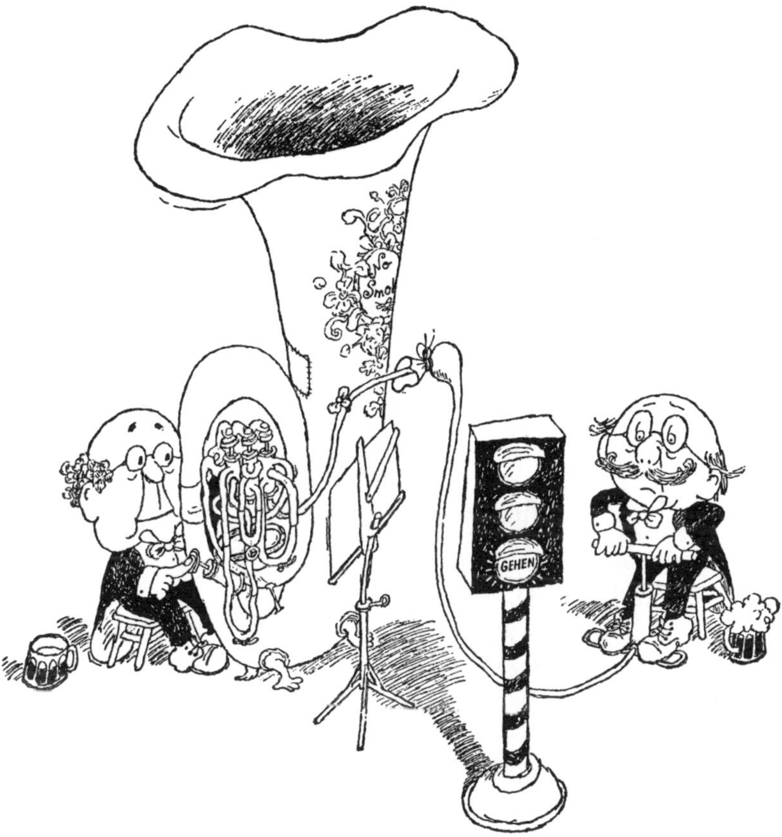

Die Basstuba

Das Alphorn

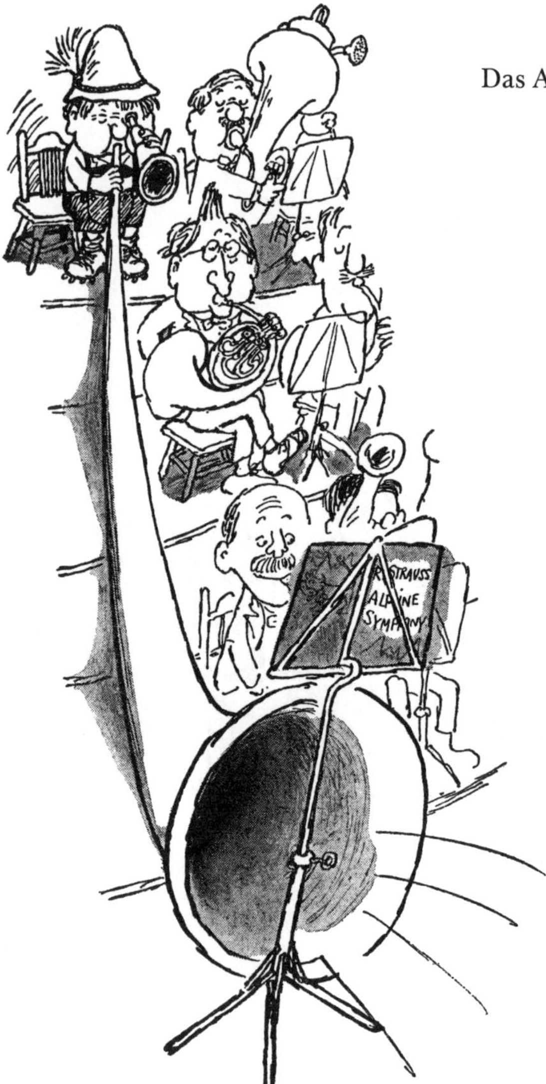

Schlagzeug

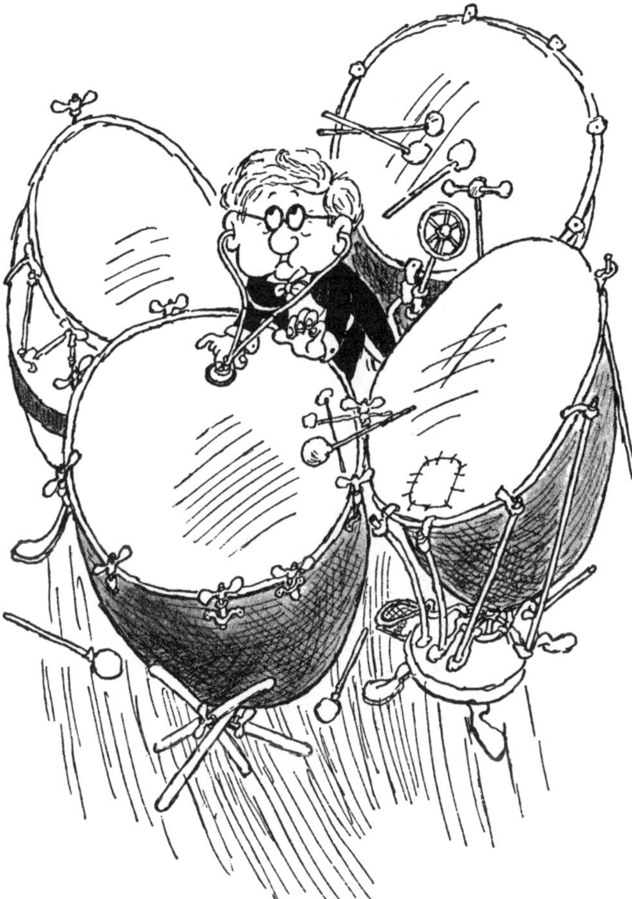

Die Pauken

Die Becken

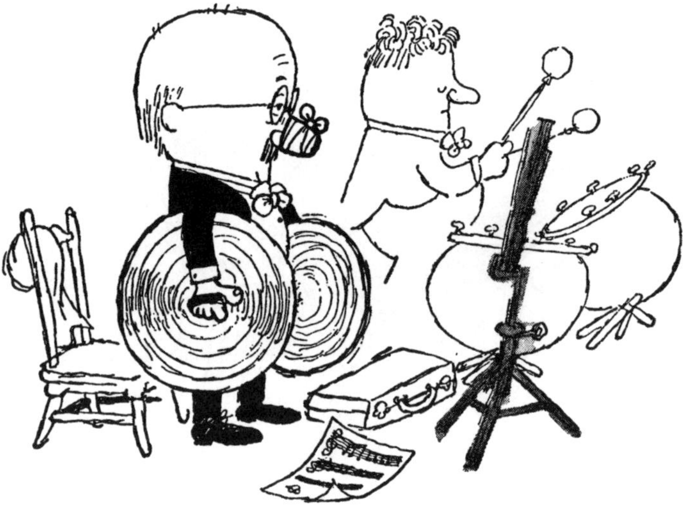

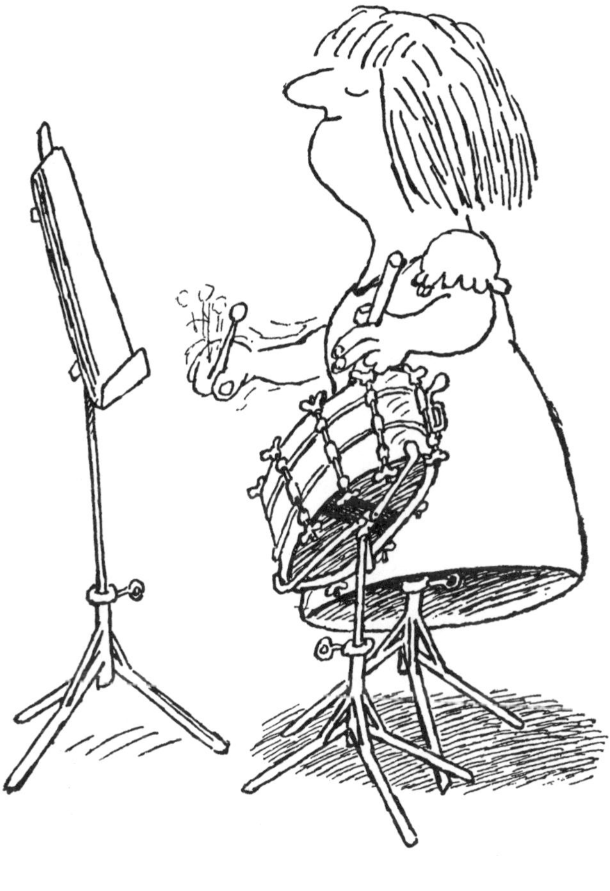

Die Kleine Trommel

Die Große Trommel

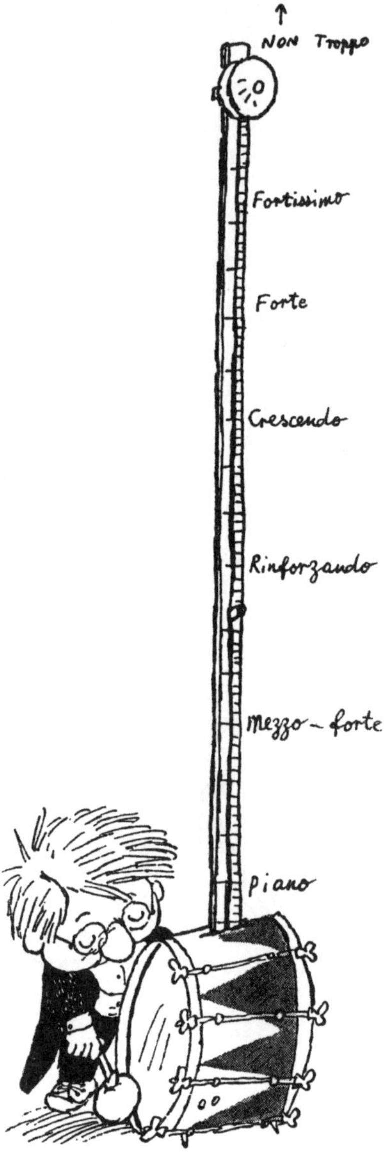

Die Bauchtrommel

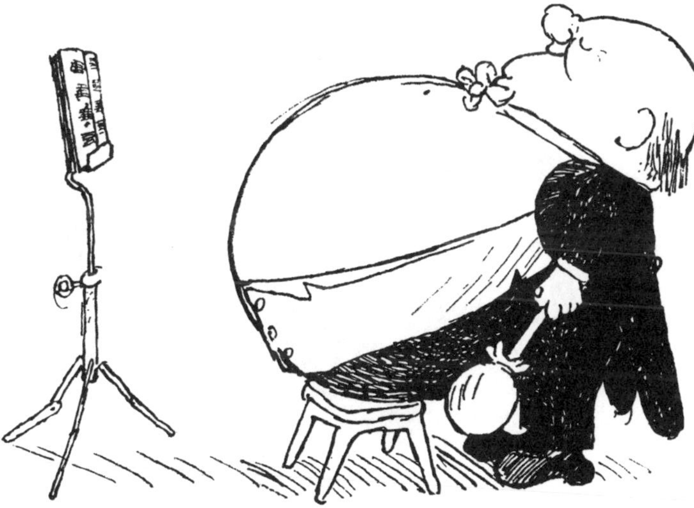

Die Röhrenglocken

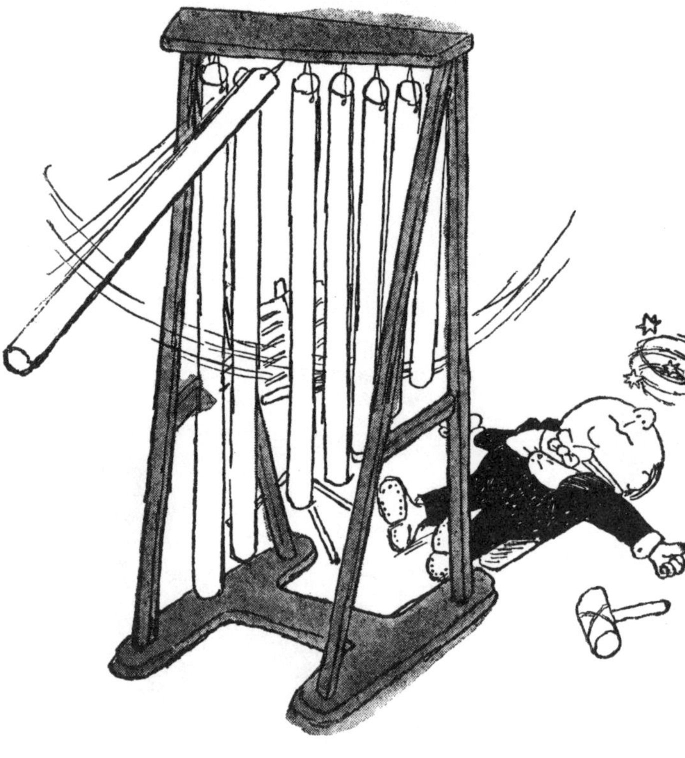

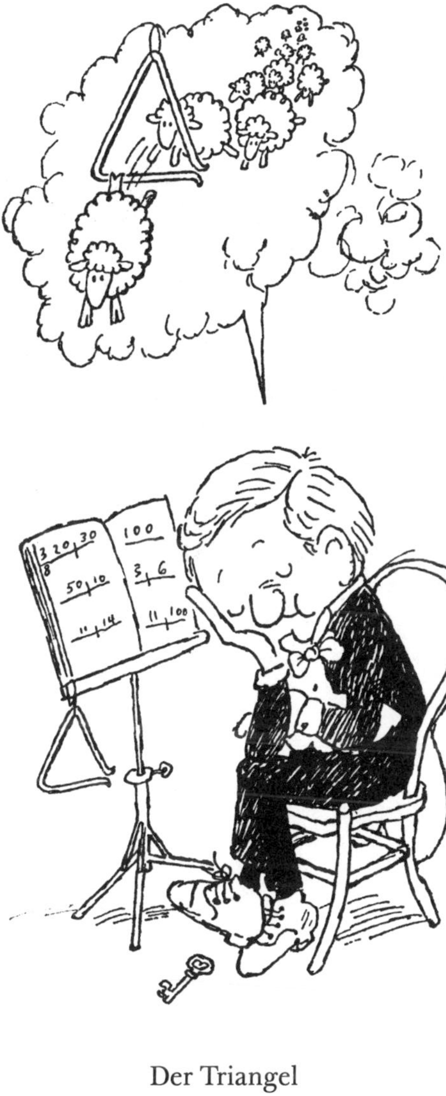

Der Triangel

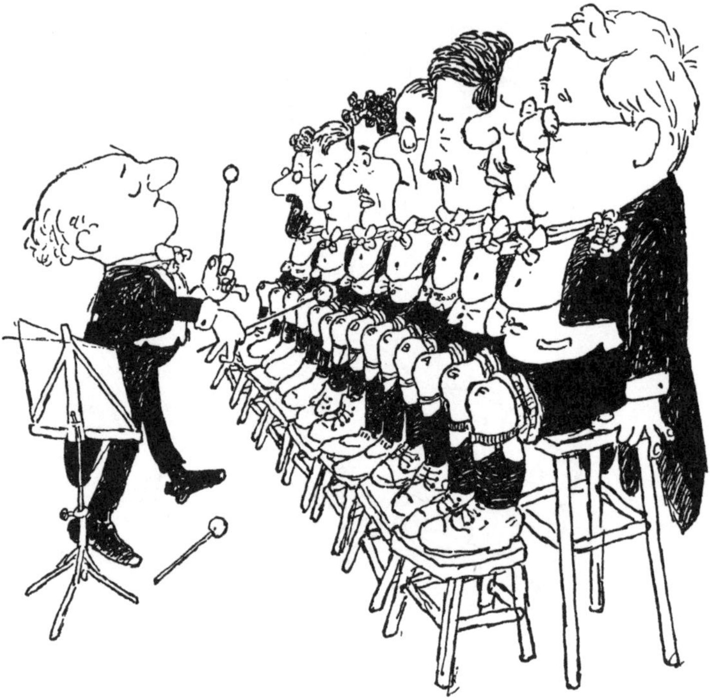

Das Xylophon

Das Vibraphon

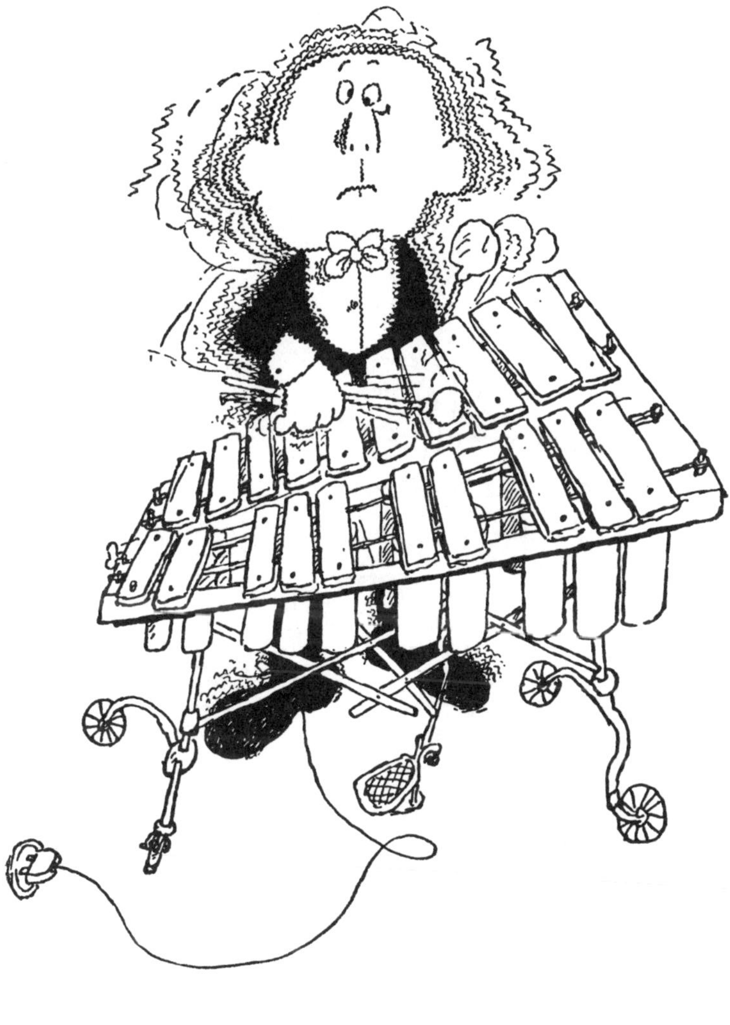

Die Celesta

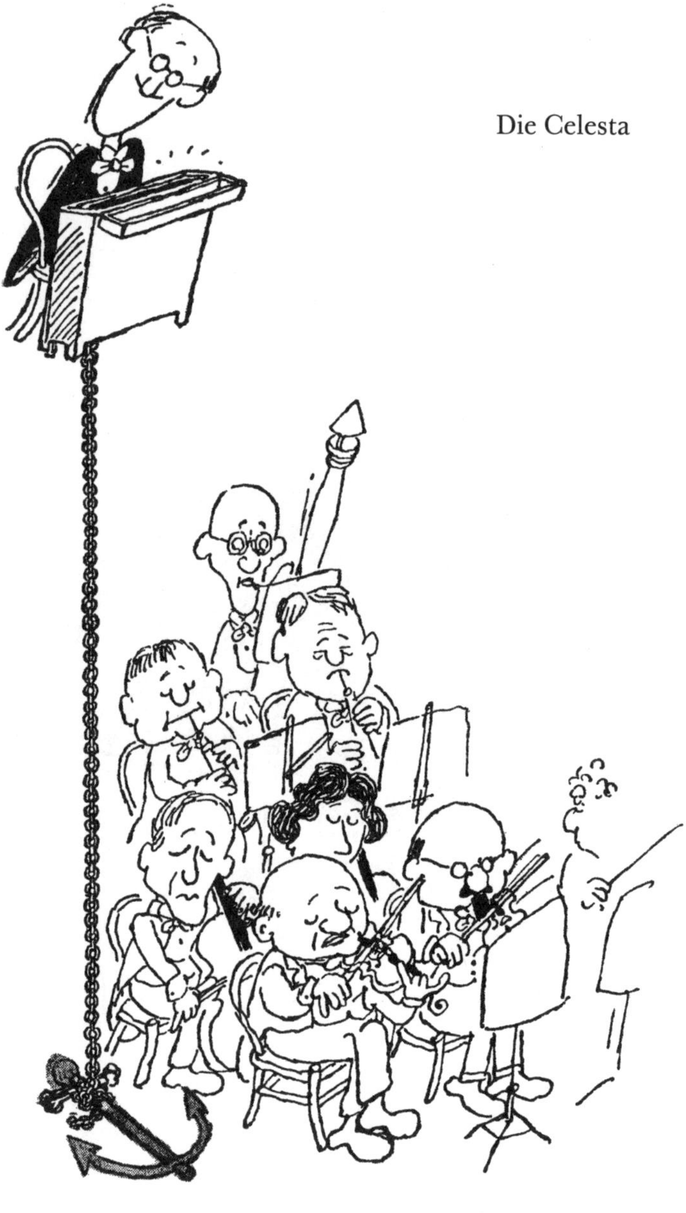

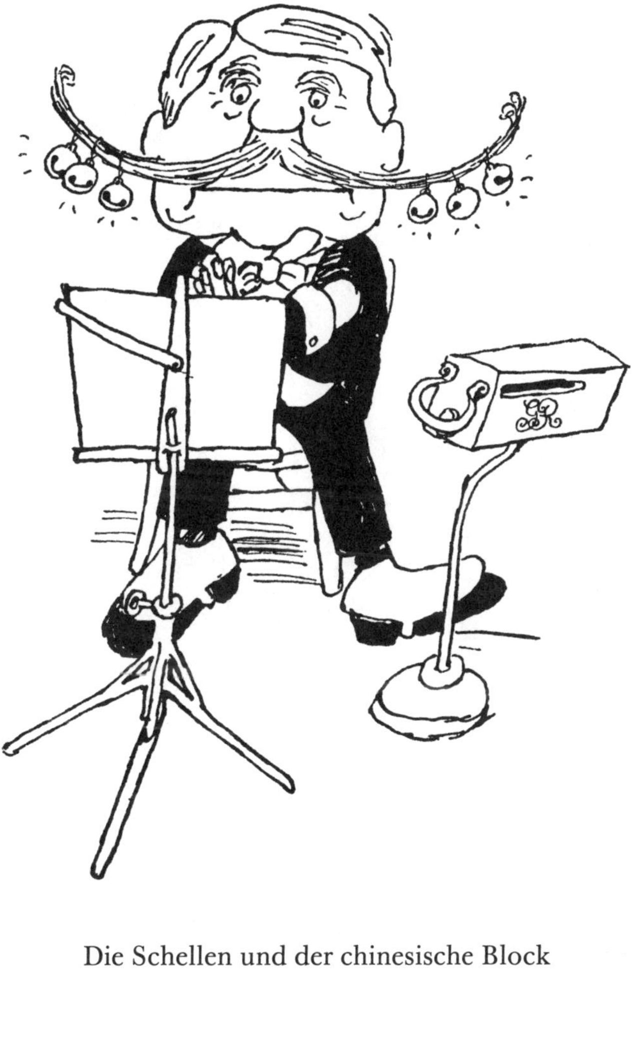

Die Schellen und der chinesische Block

Die Windmaschine

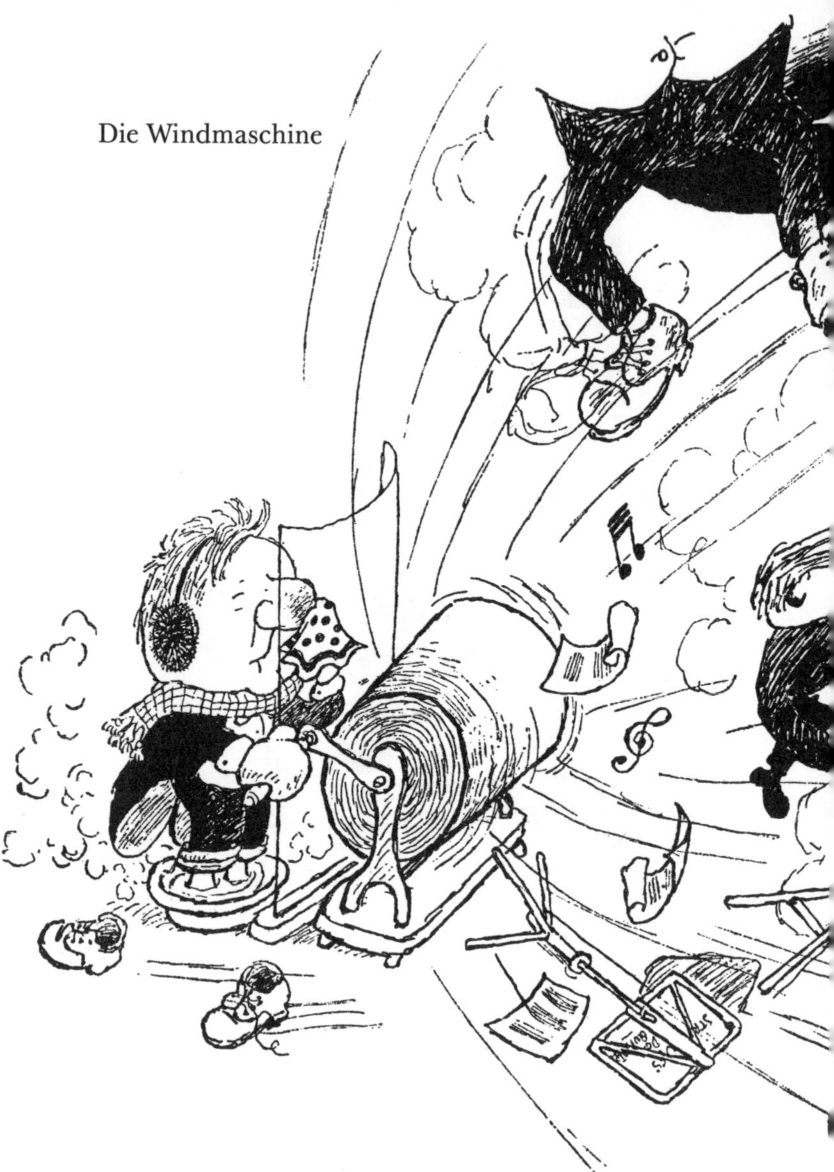

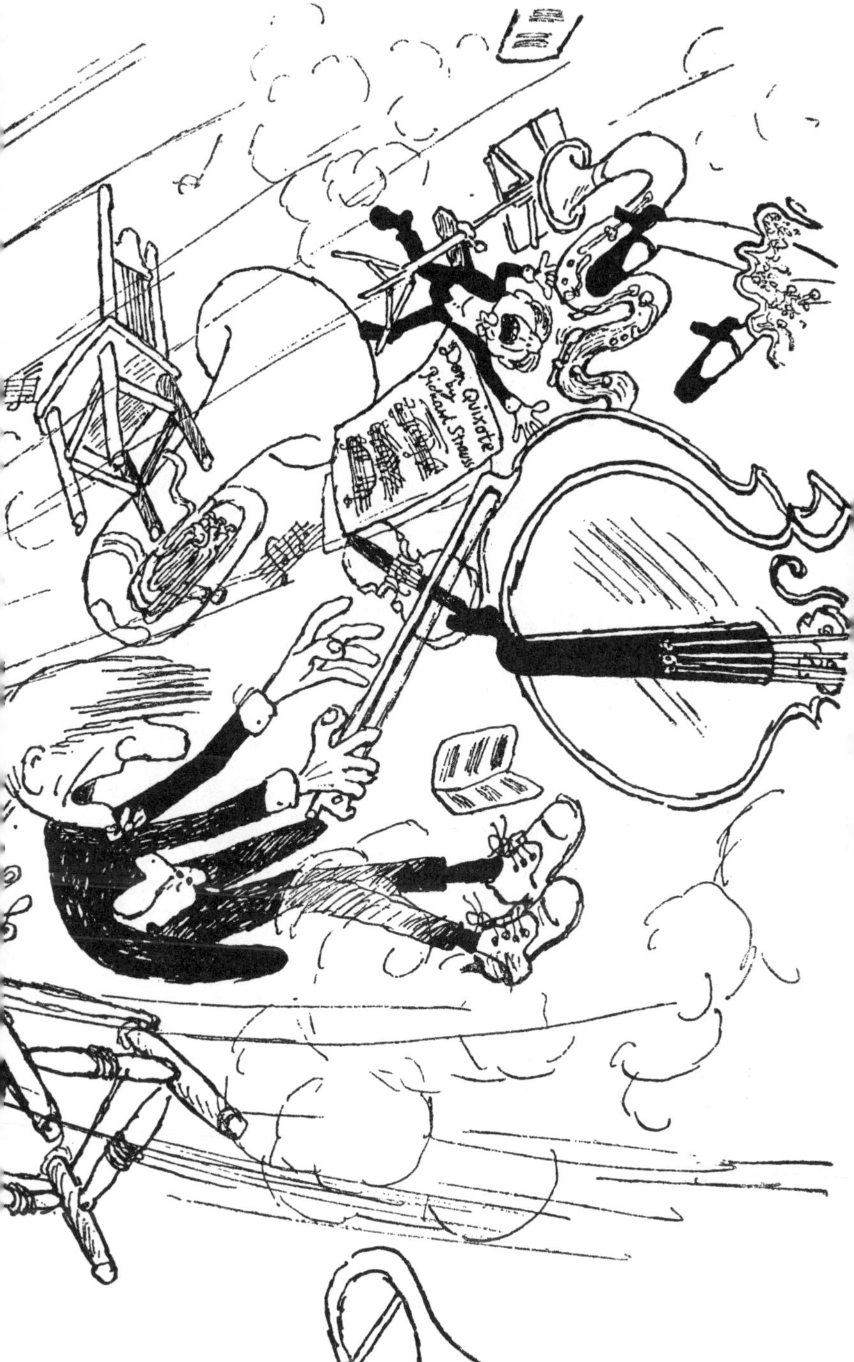
Don Quixote
by
Richard Strauss

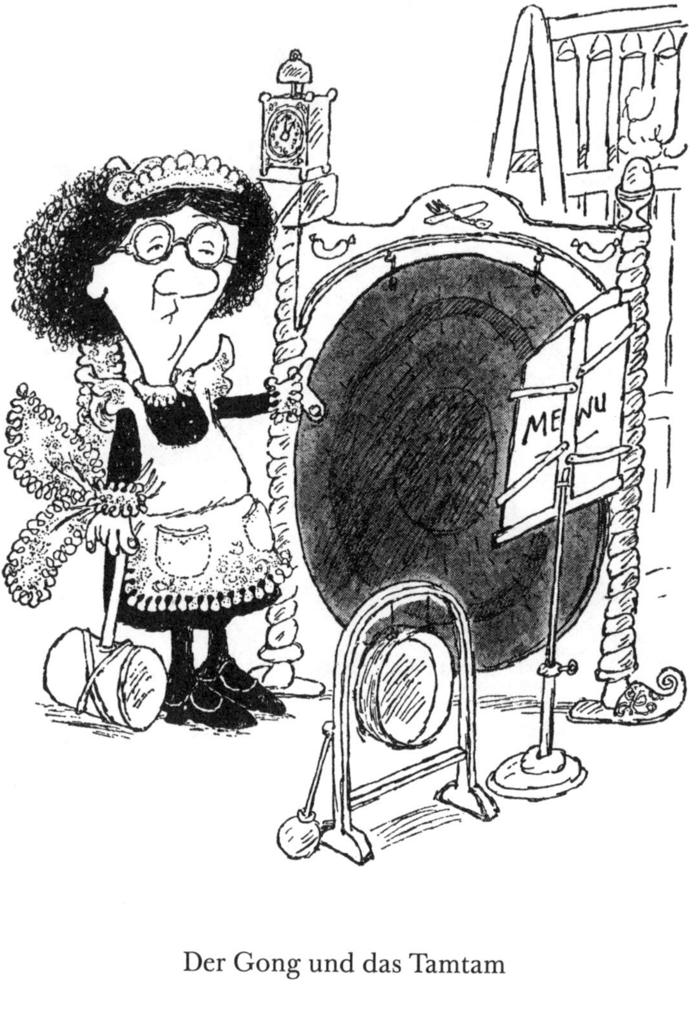

Der Gong und das Tamtam

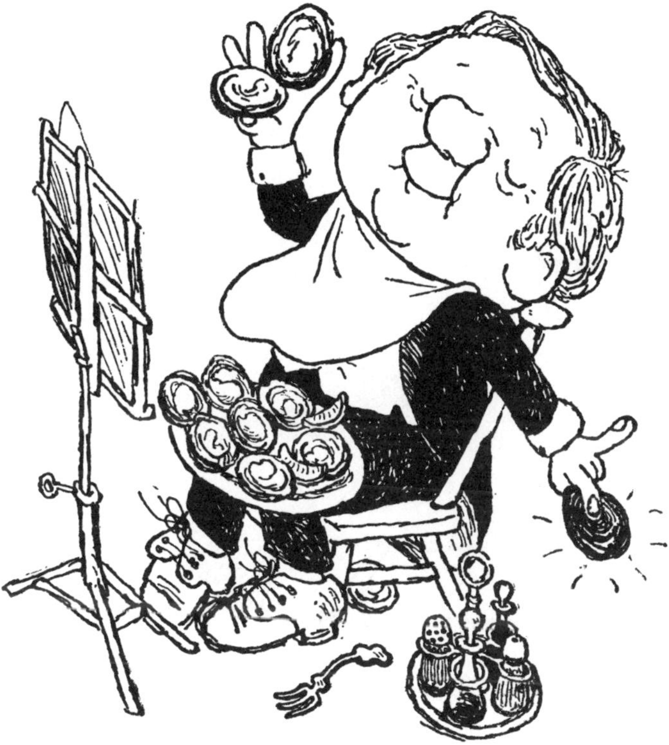

Die Kastagnetten

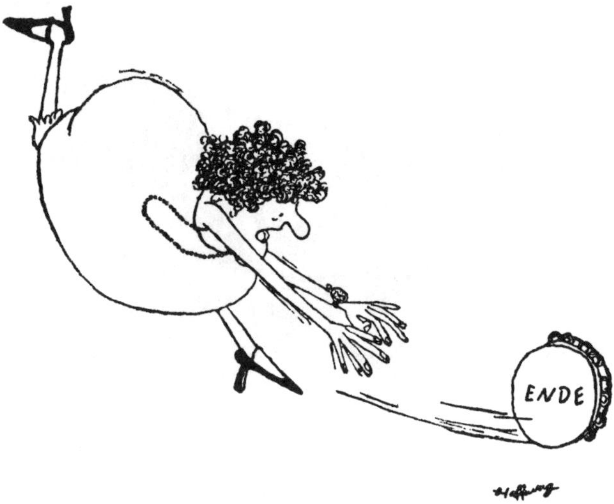
ENDE

Hoffnungs

Musikfestival

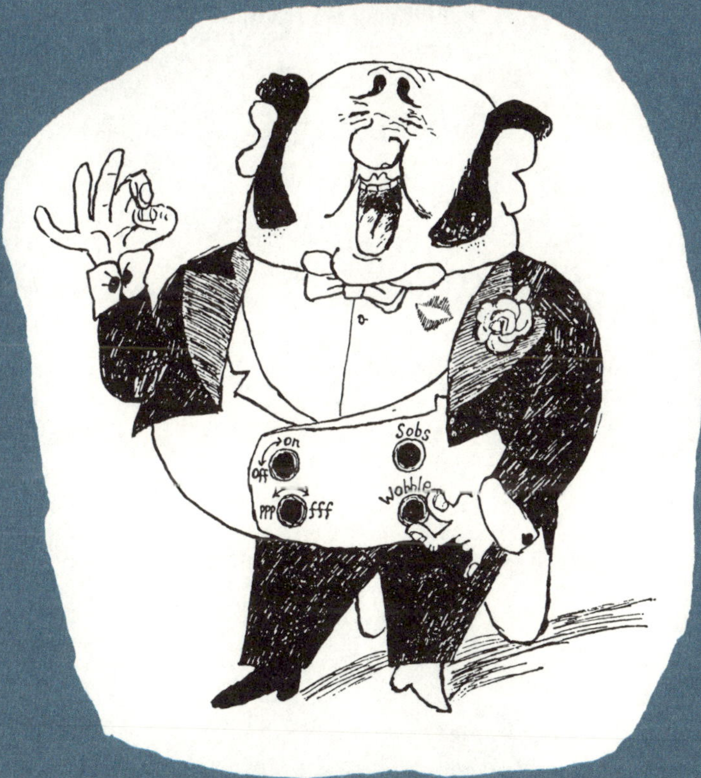

Für
das Morley College Symphony Orchestra
und seinen begeisterten Dirigenten
Lawrence Leonard
in herzlicher Zuneigung

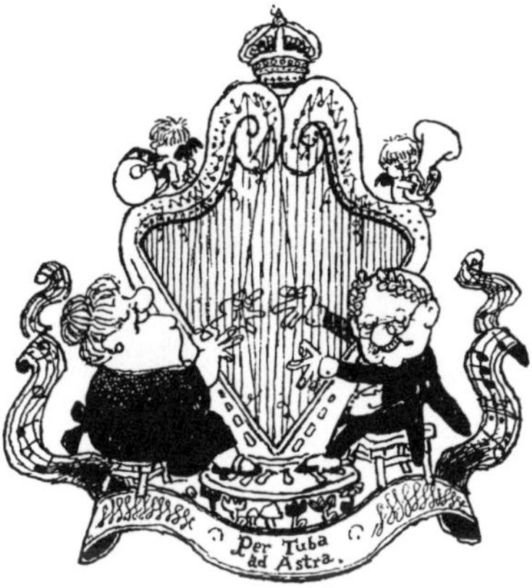
Per Tuba ad Astra.

Die Dirigenten

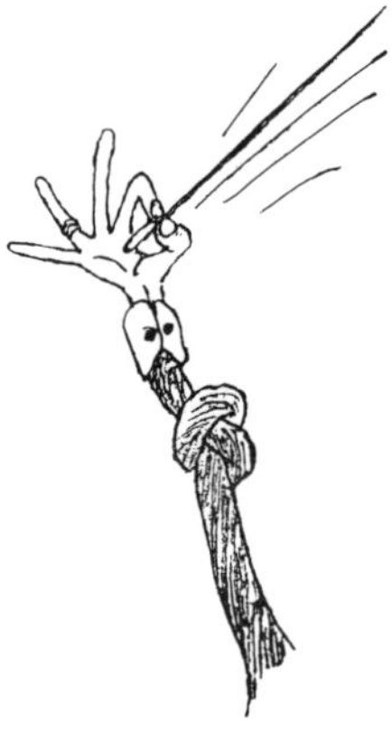

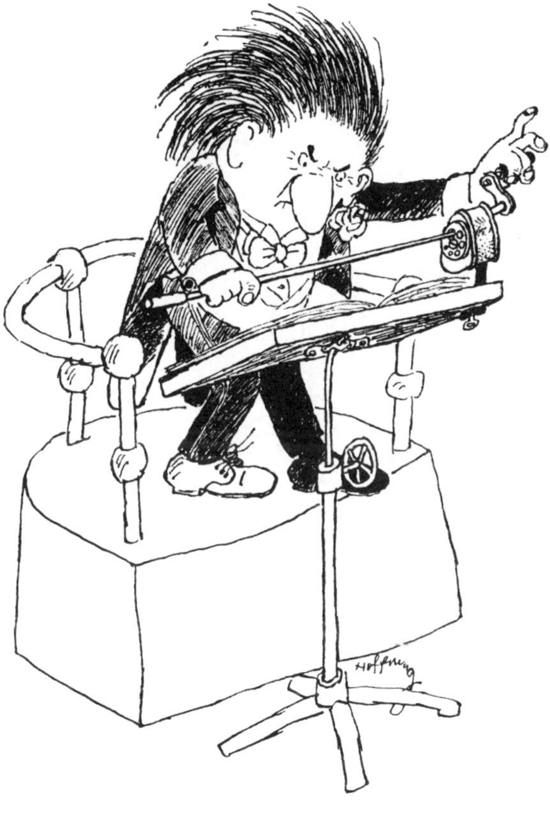

Alerto

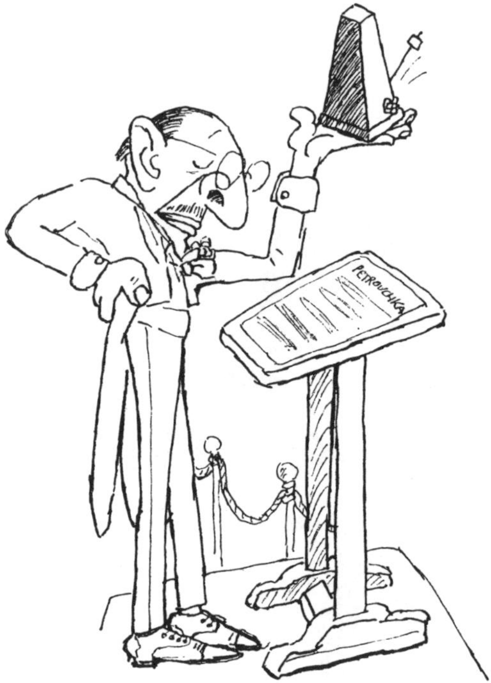

Preciso

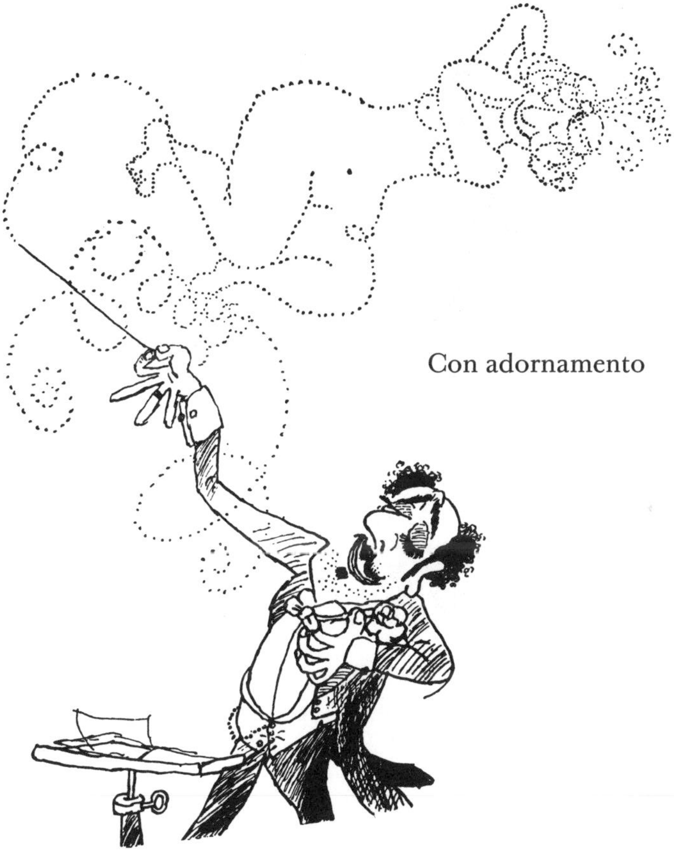

Con adornamento

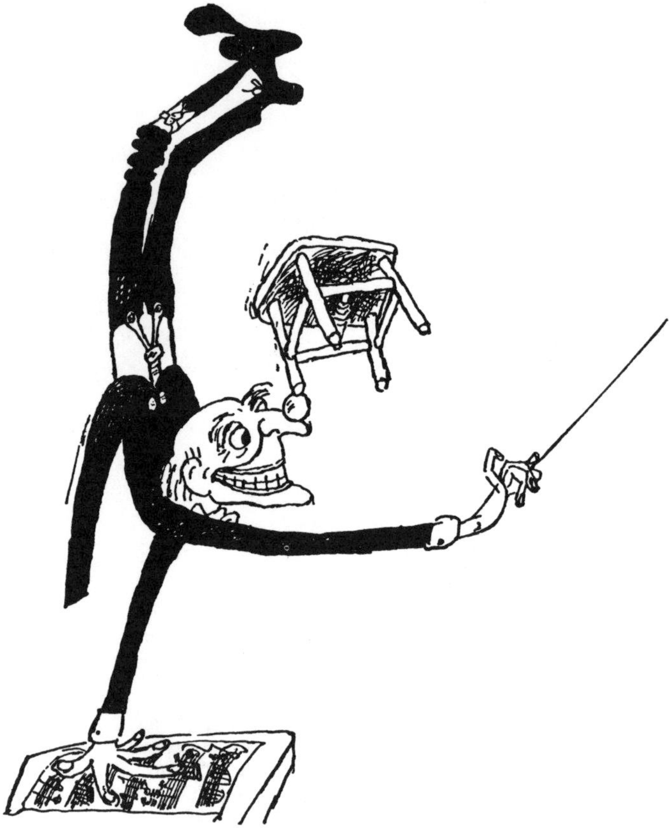

Grandioso

Agilmente

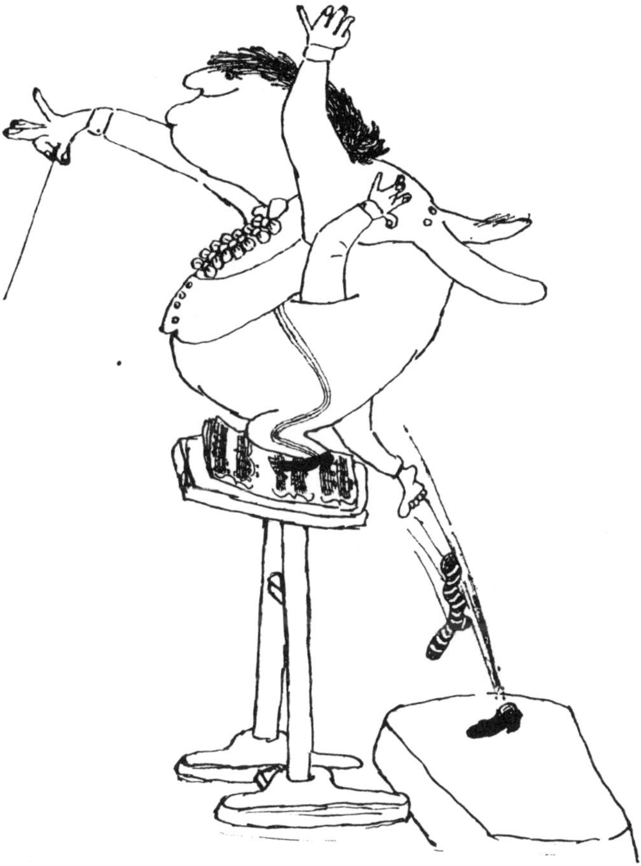

Piano

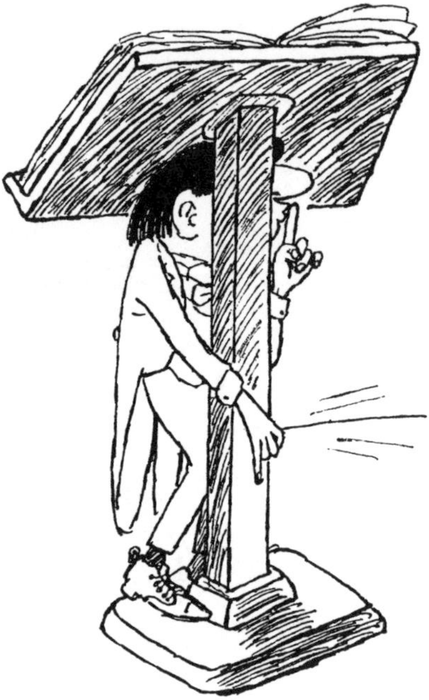

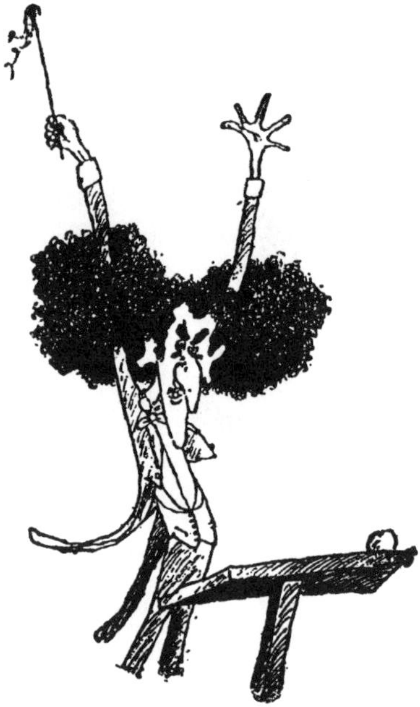

Con fuoco

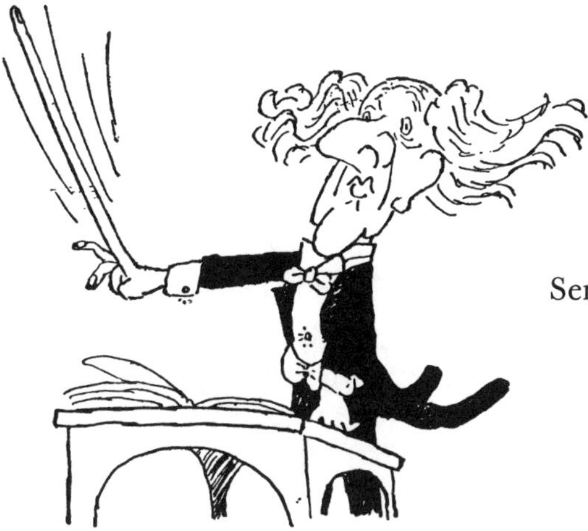

Senza batone

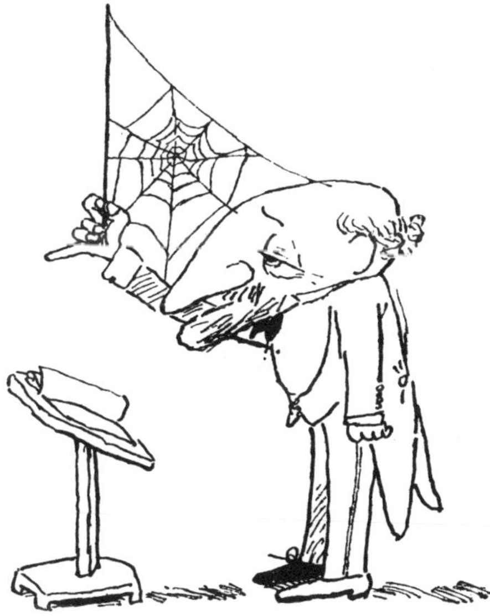

Slargando

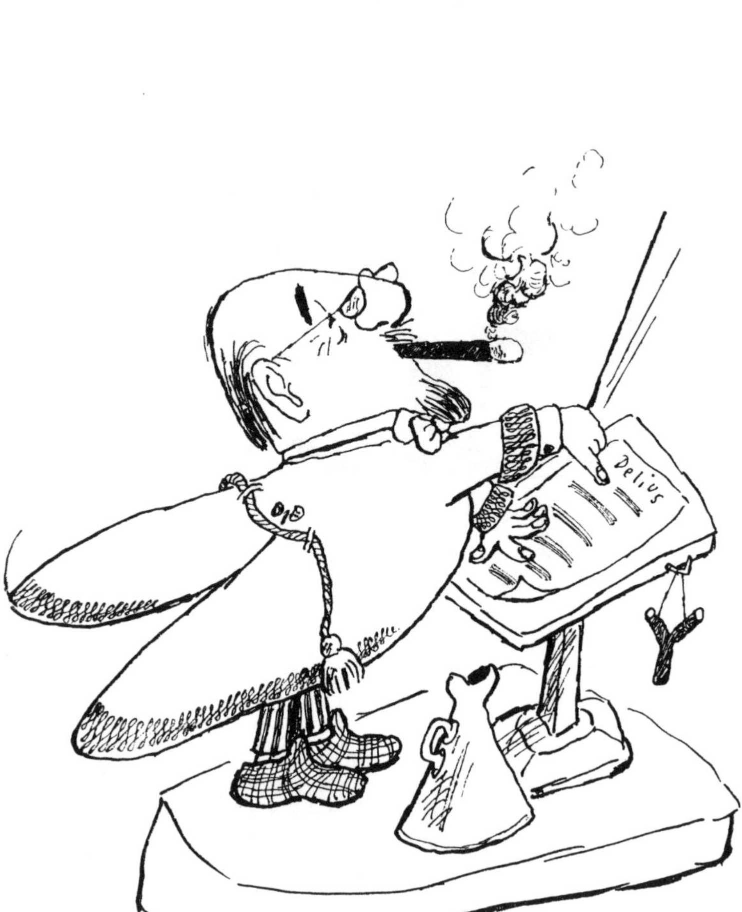

Maestoso

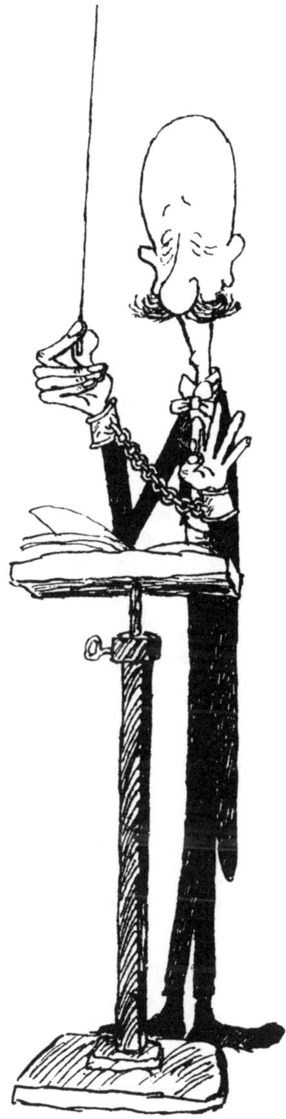

Non troppo

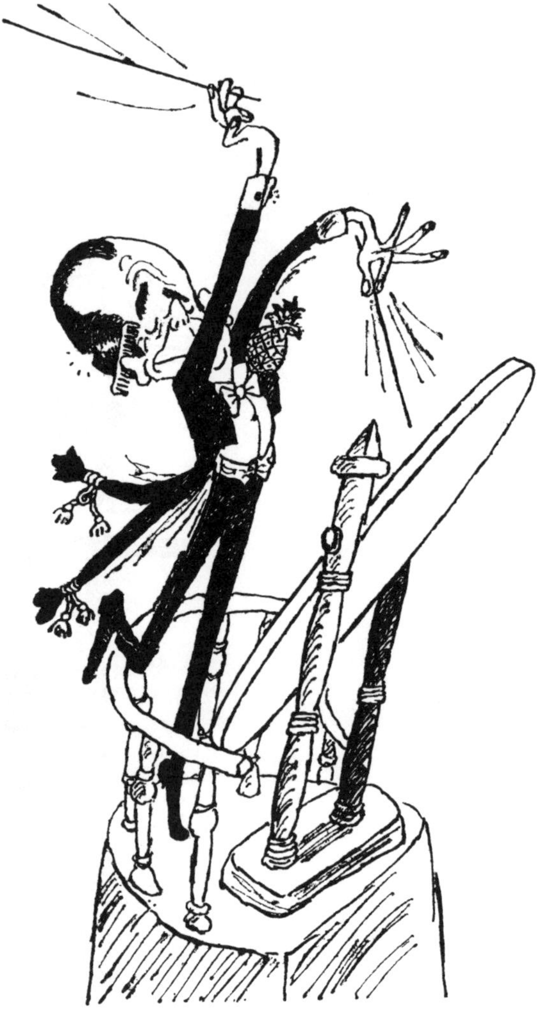

Elegantemente

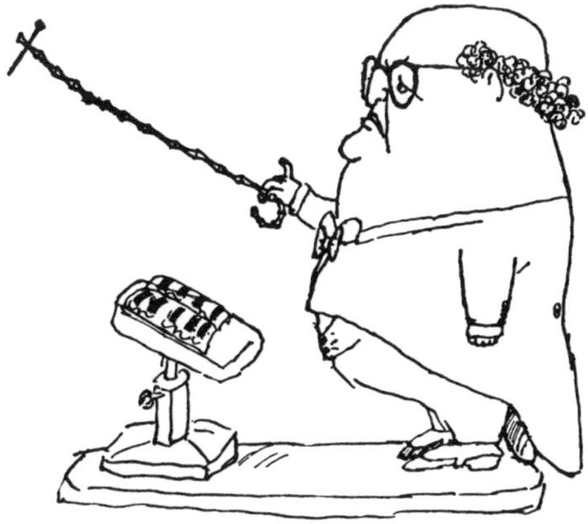

Sehr markiert

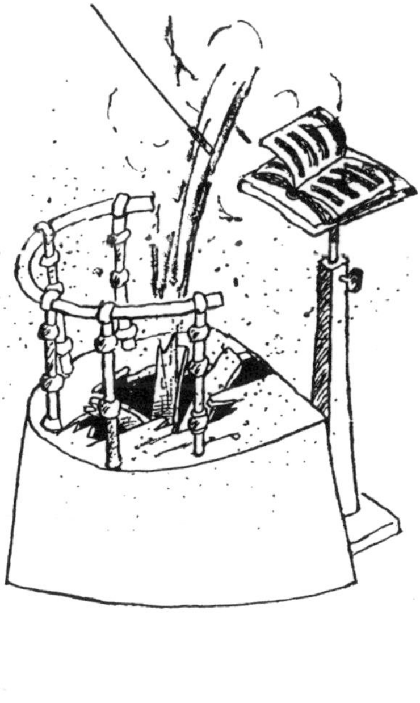

Sotto

Belcanto

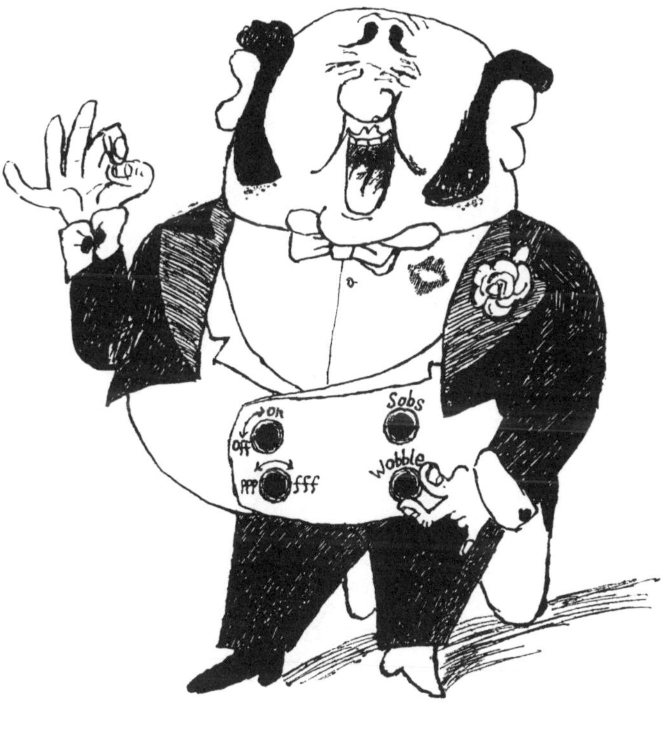
on
off
Sobs
ppp
fff
wobble

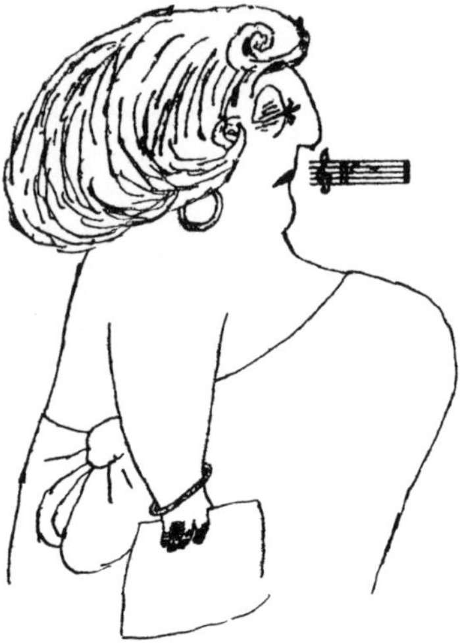

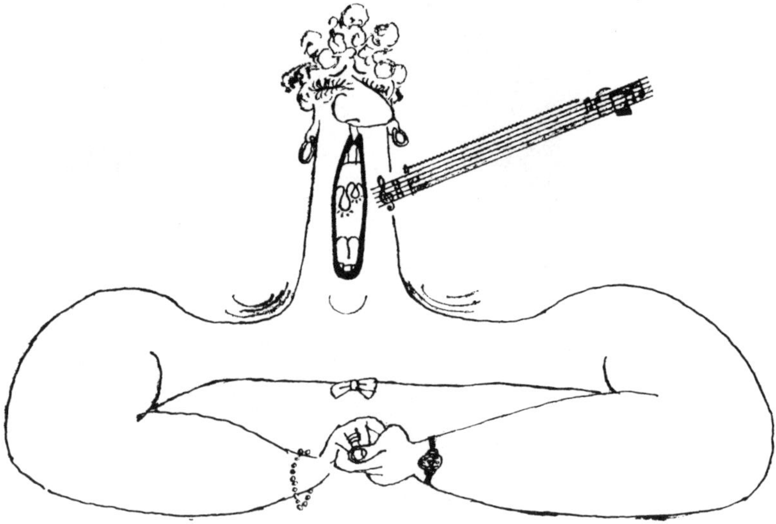

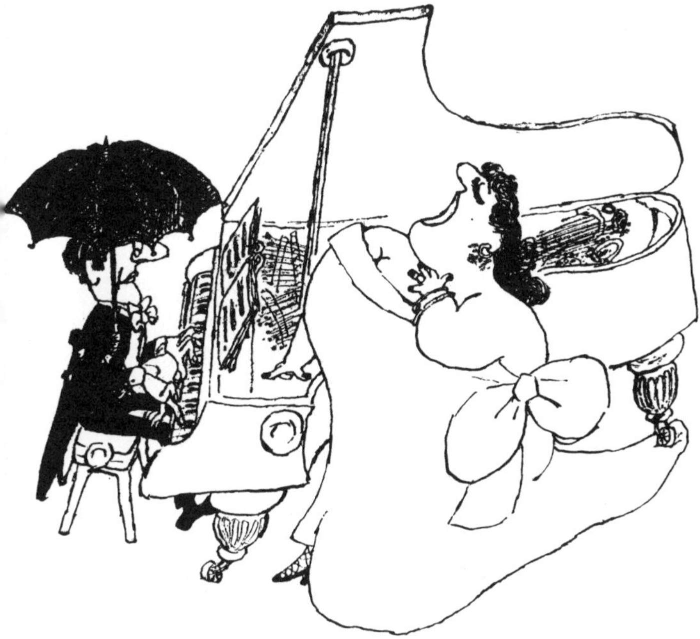

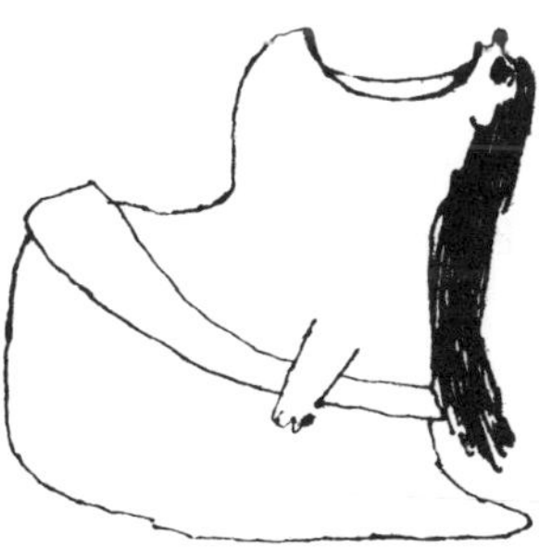

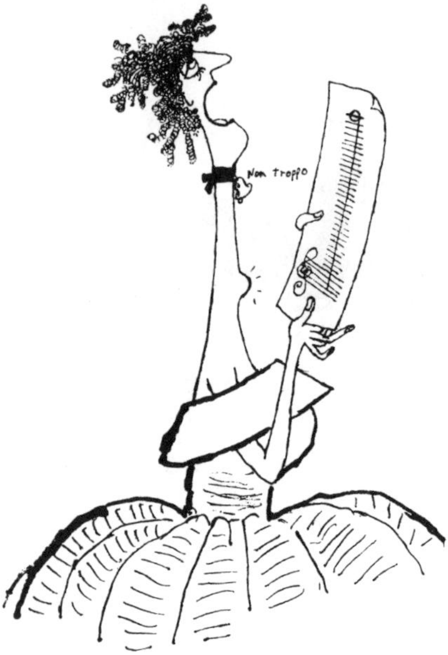

Coloratura

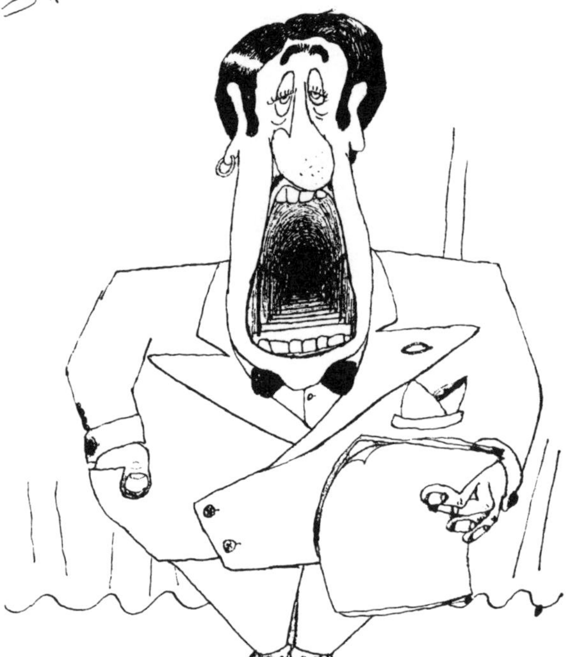

Basso

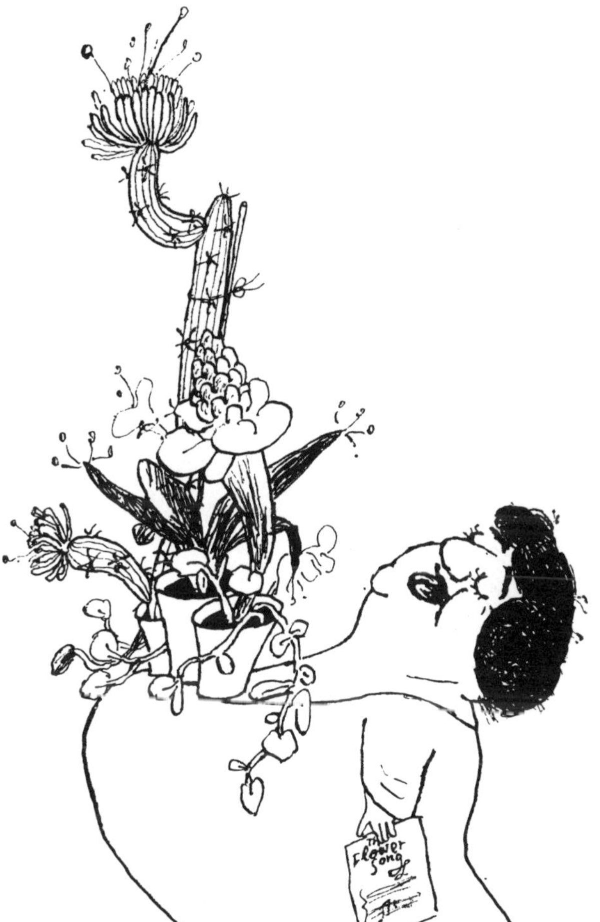
The Flower Song

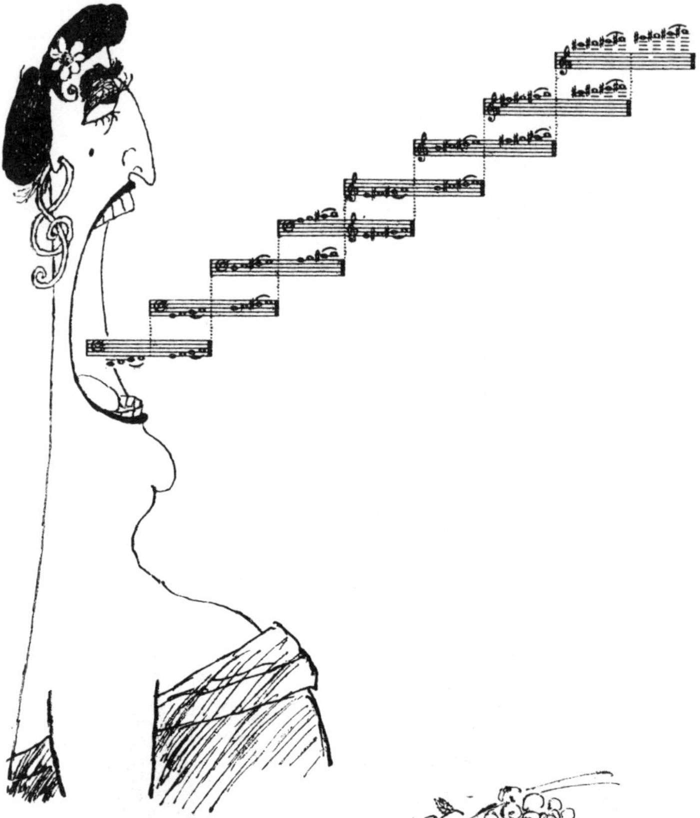

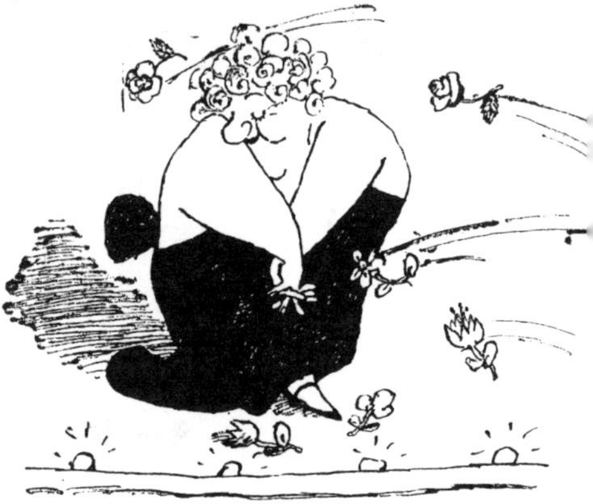

Signorina
dankt für
den Beifall

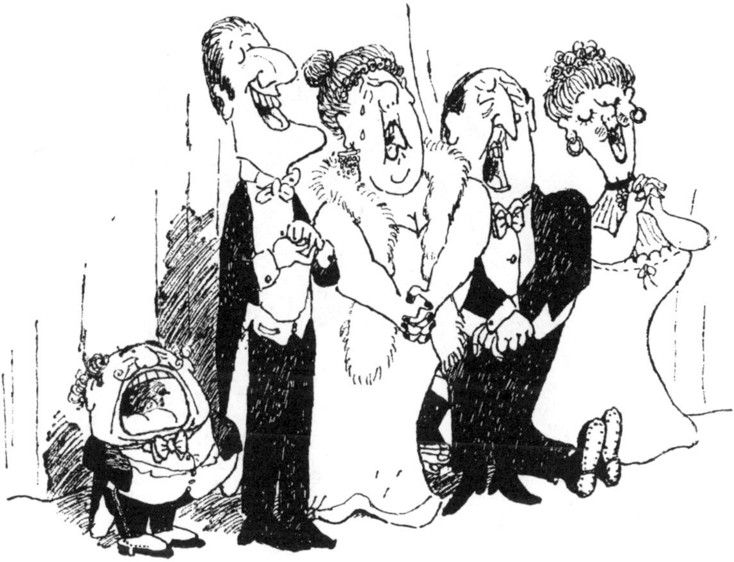

Sextett

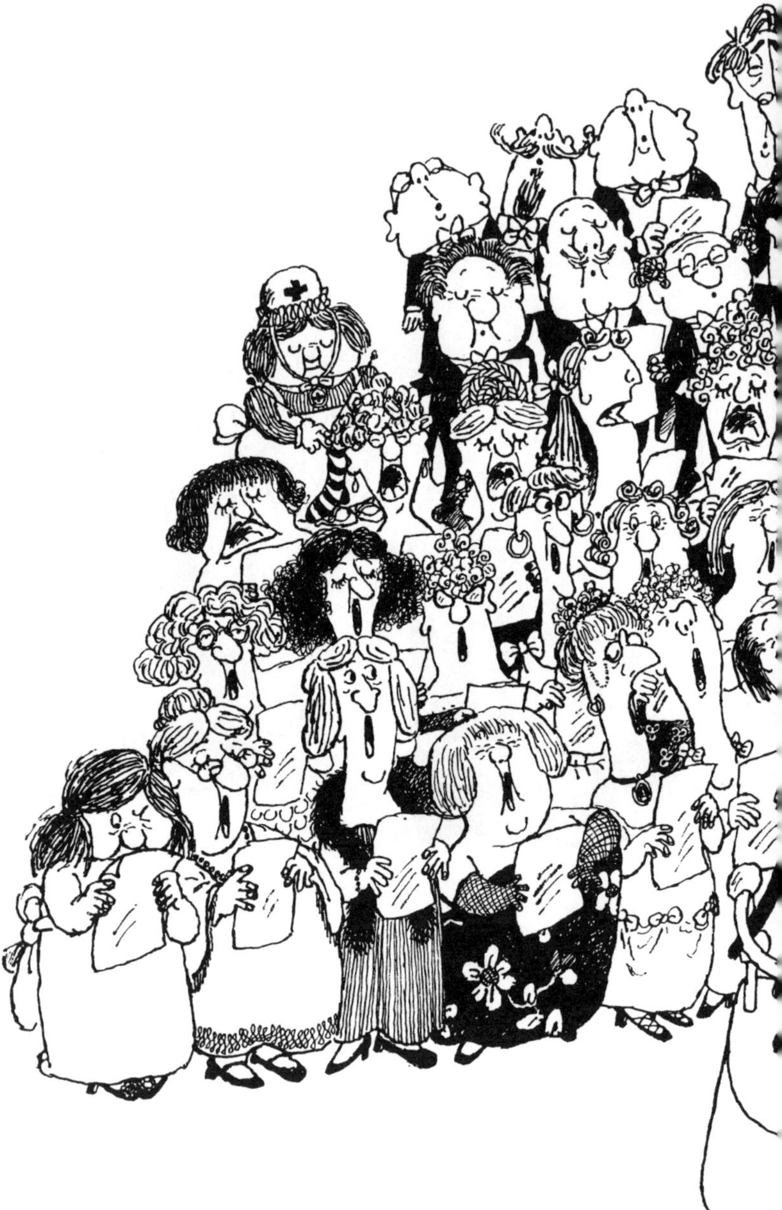

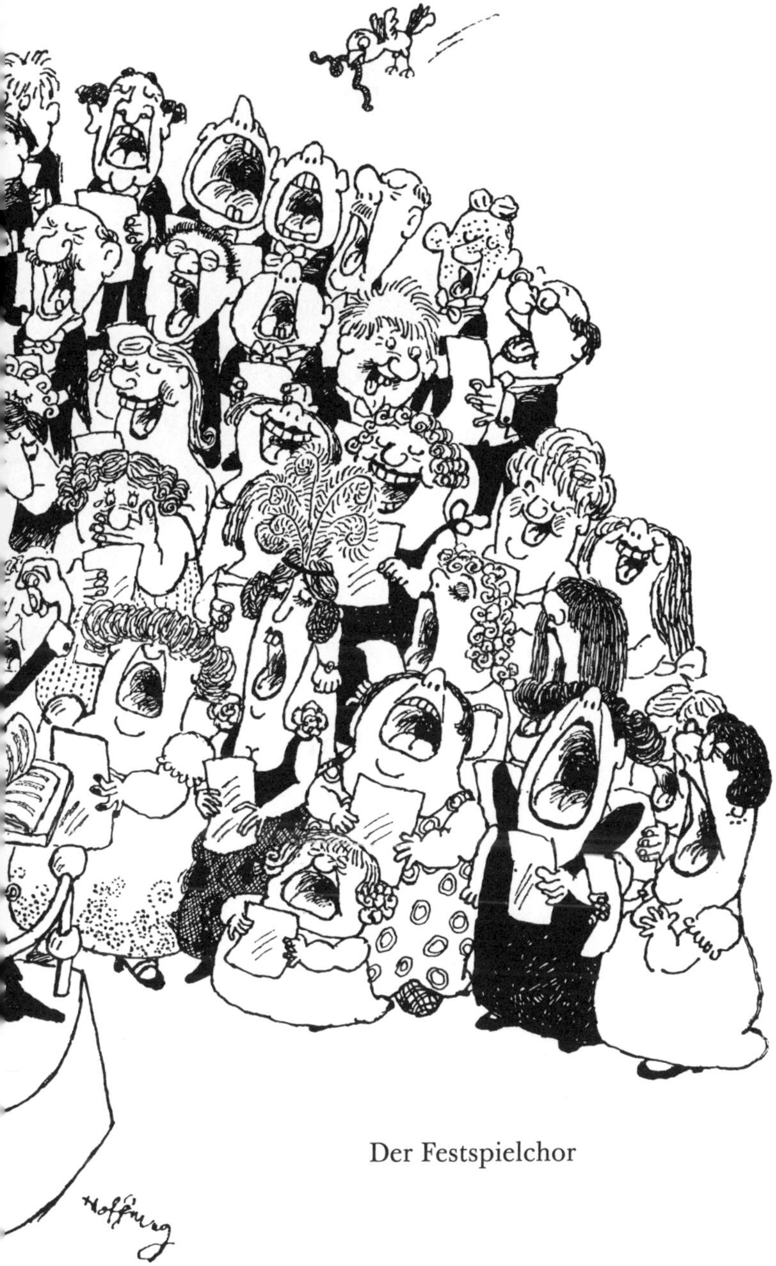

Der Festspielchor

Die Solisten

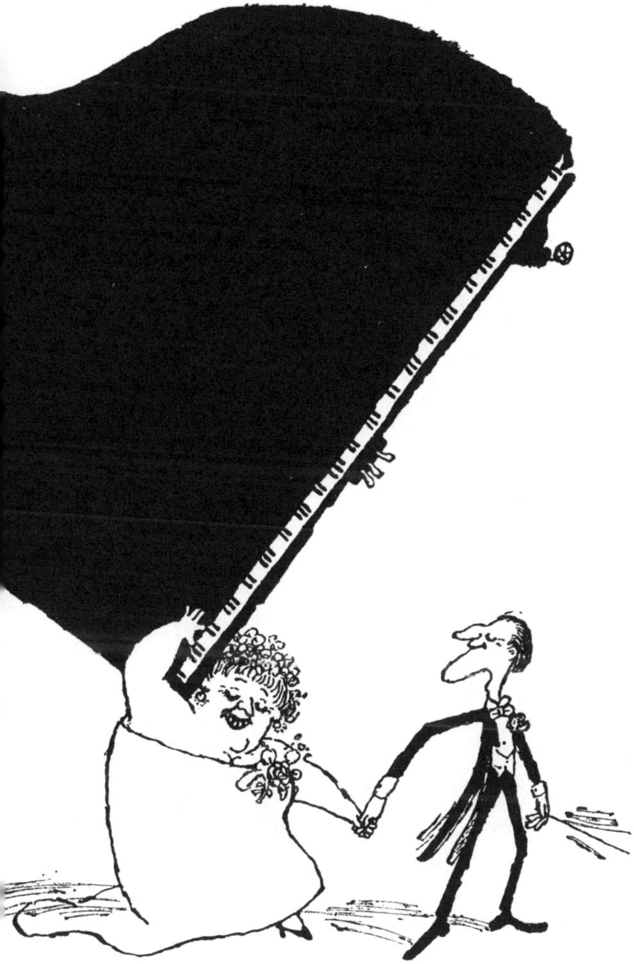

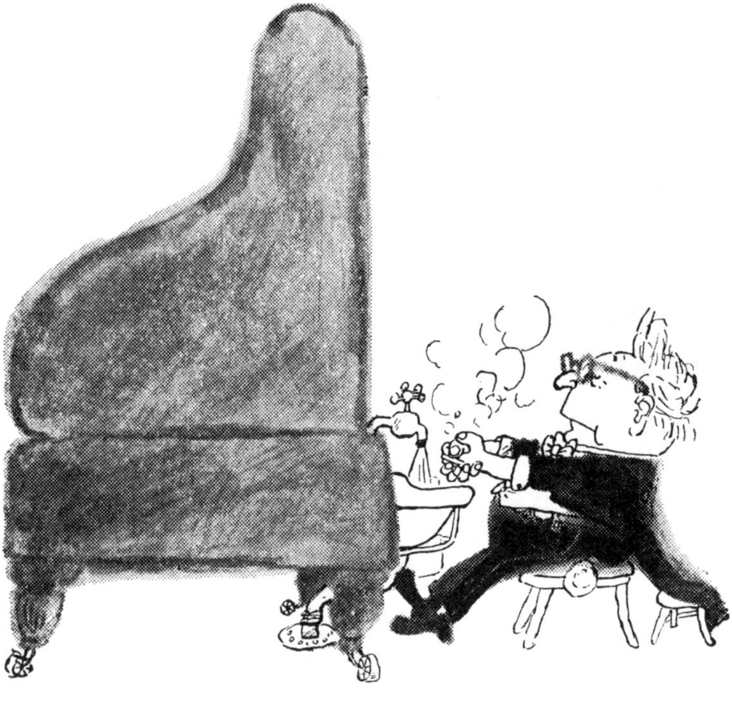

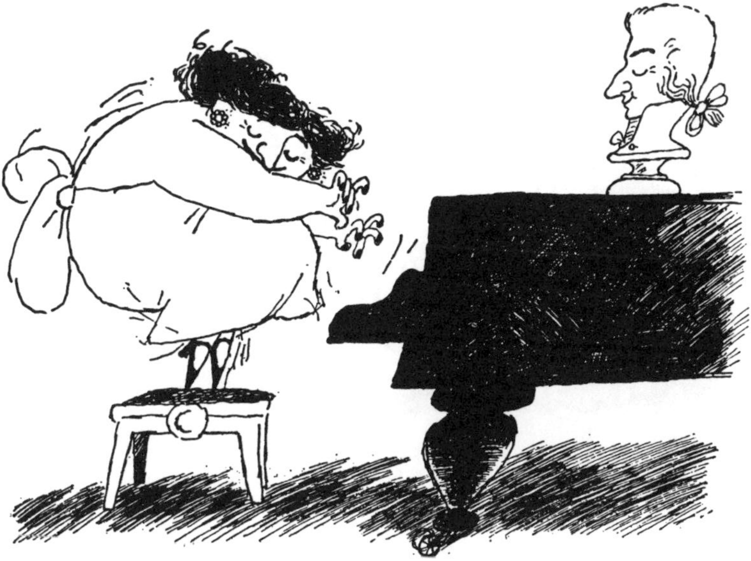

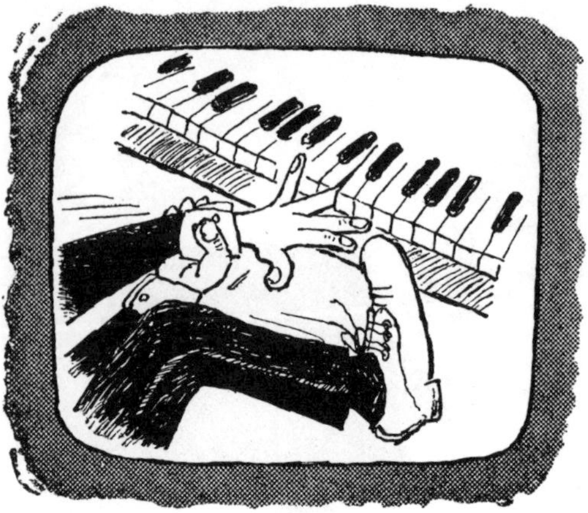

Das Fernsehen bringt das Festspiel zu einem weiteren Zuhörerkreis

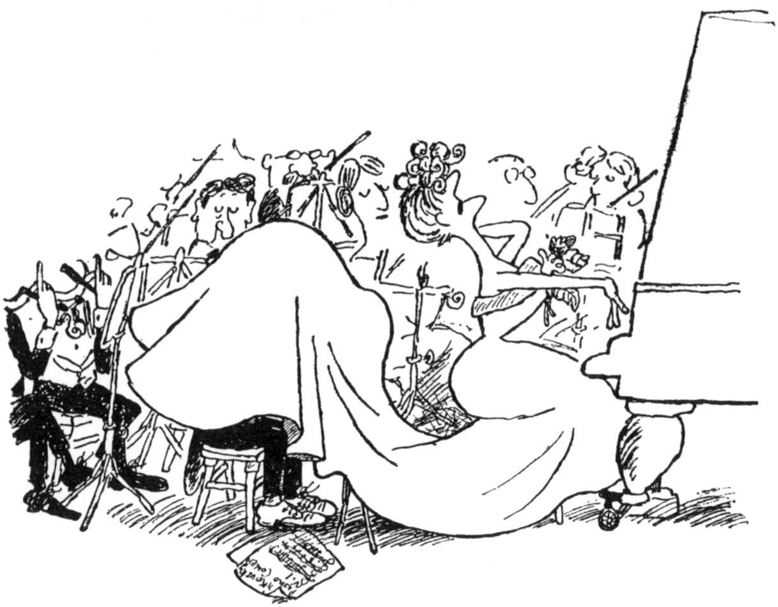

Ein unglücklicher Zwischenfall

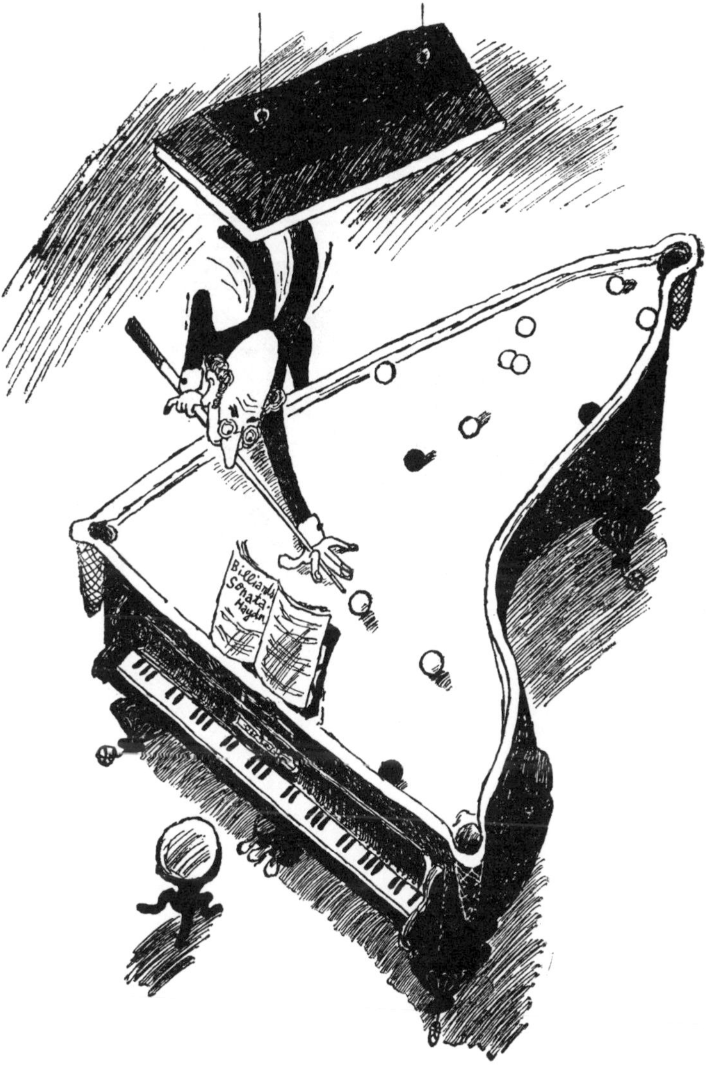
Billiards
Sonata-
Haydn

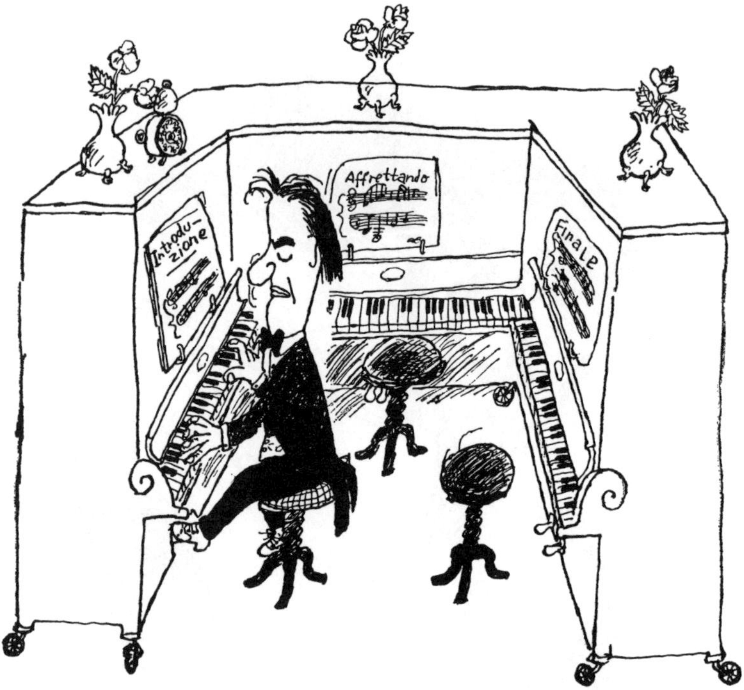
Introduzione
Affrettando
Finale

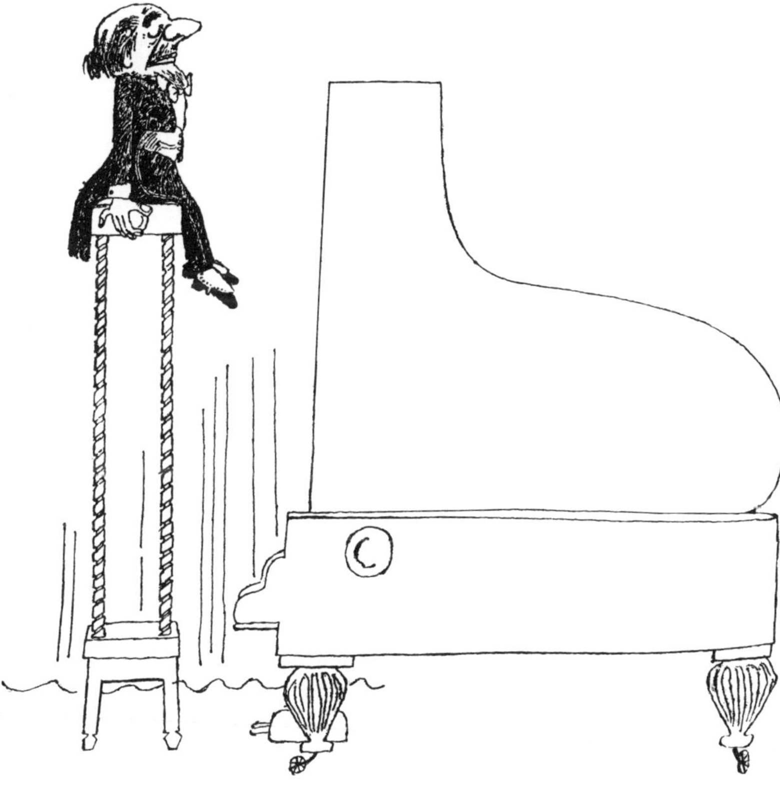

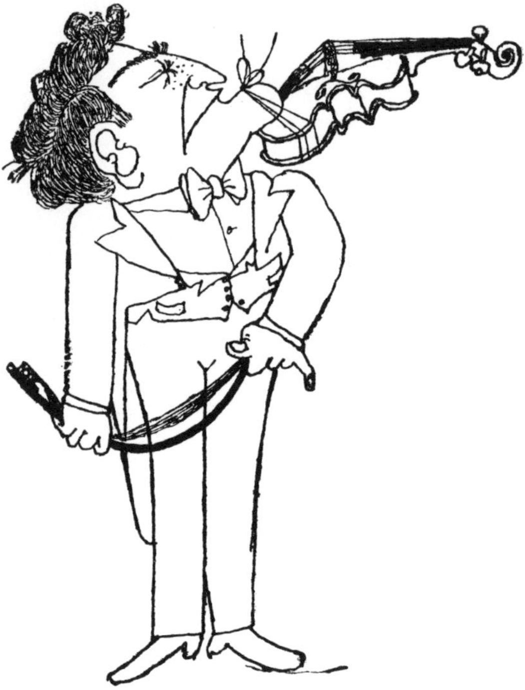

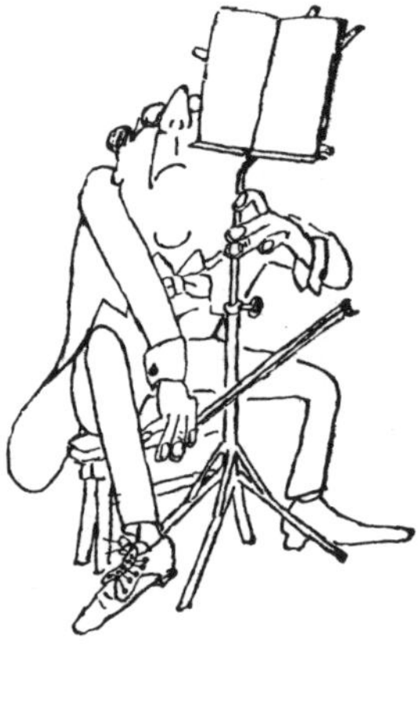

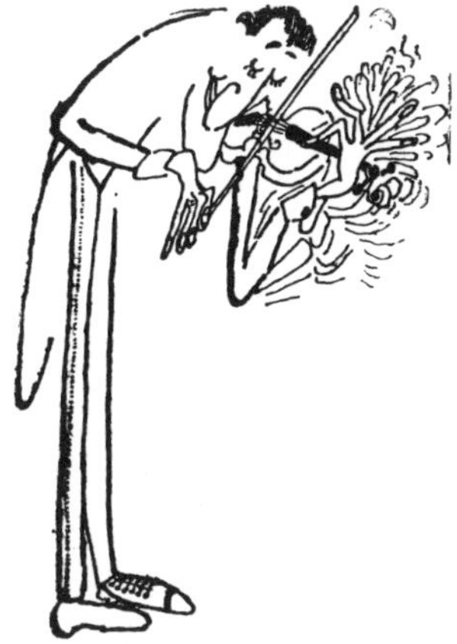

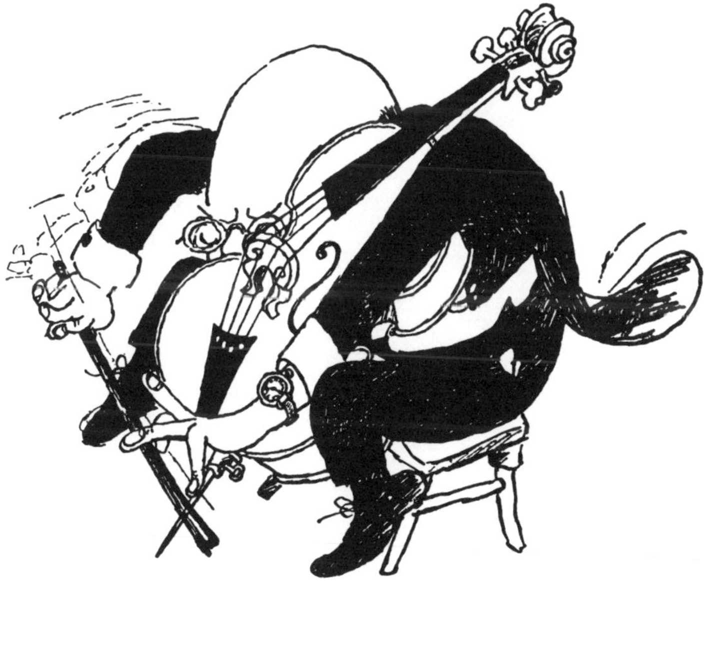

Vor allem instrumental

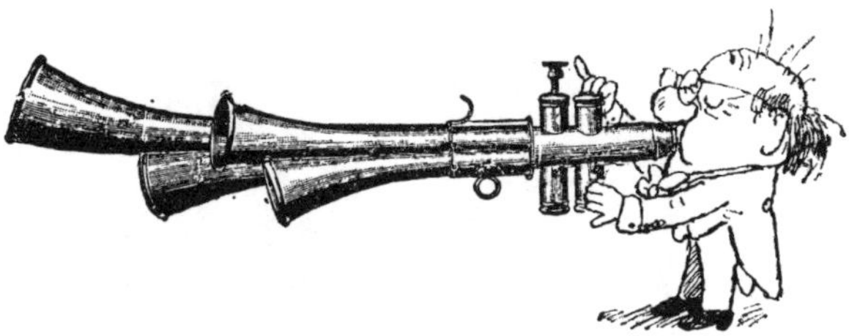

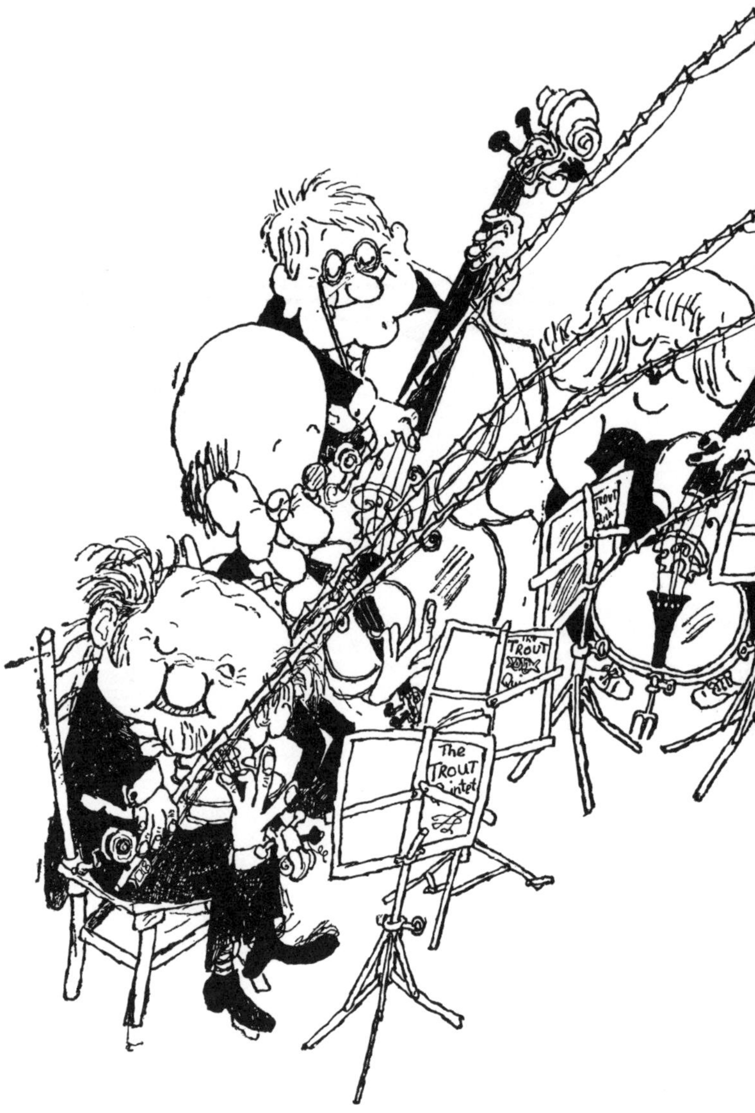
The
TROUT
Quintet

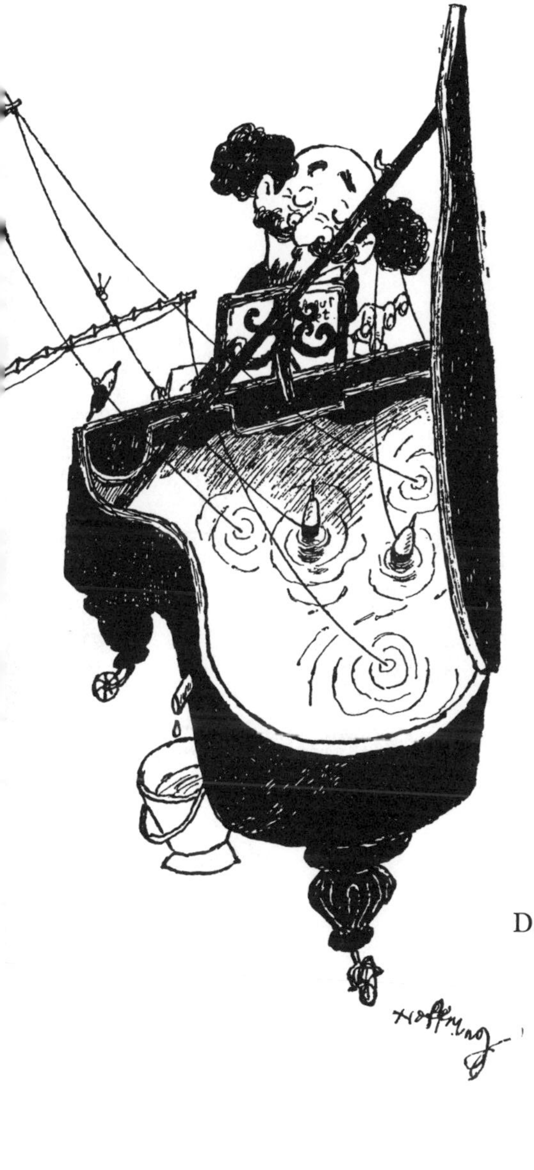

Das Forellenquintett

Staubsauger-Quartett in As-Dur
für
zwei Staubsauger in F
einen Staubsauger in Es*
einen Kontrastaubsauger in B
(Weltpremiere)

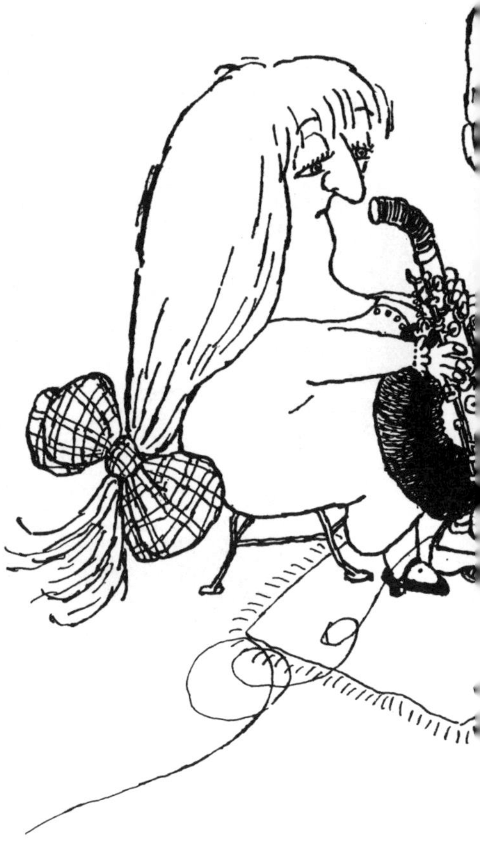

*auf Wunsch durch
eine elektrische
Bohnermaschine
in As zu ersetzen

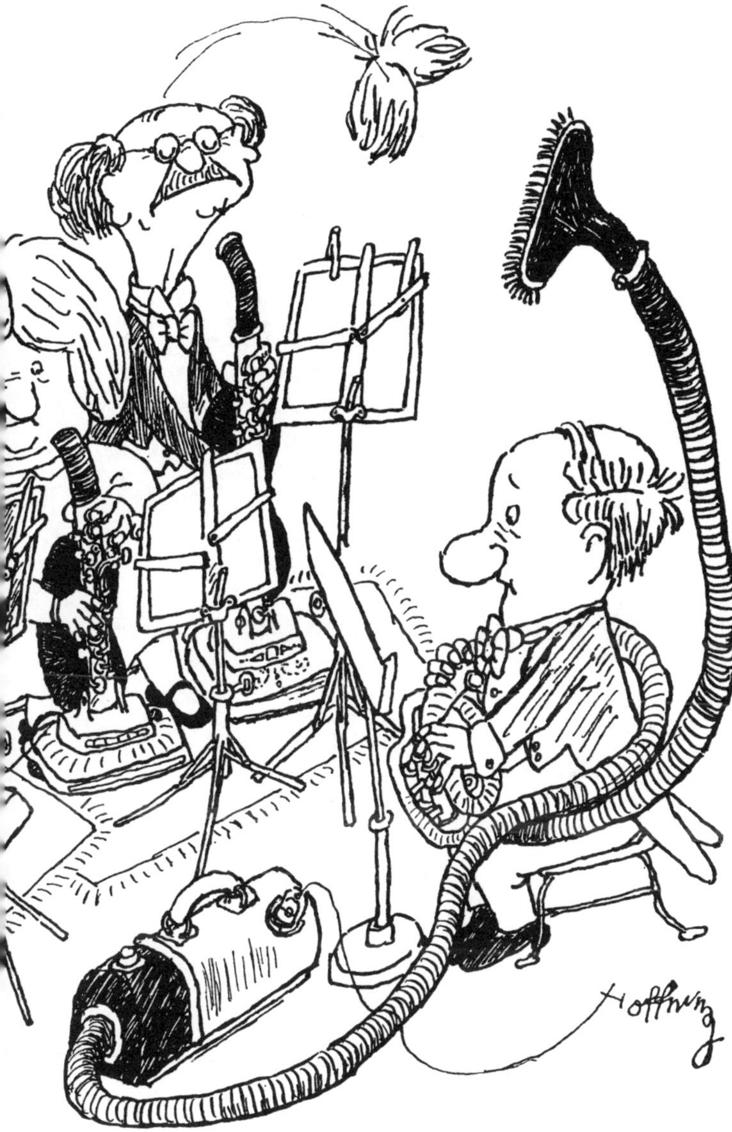
Hoffnung

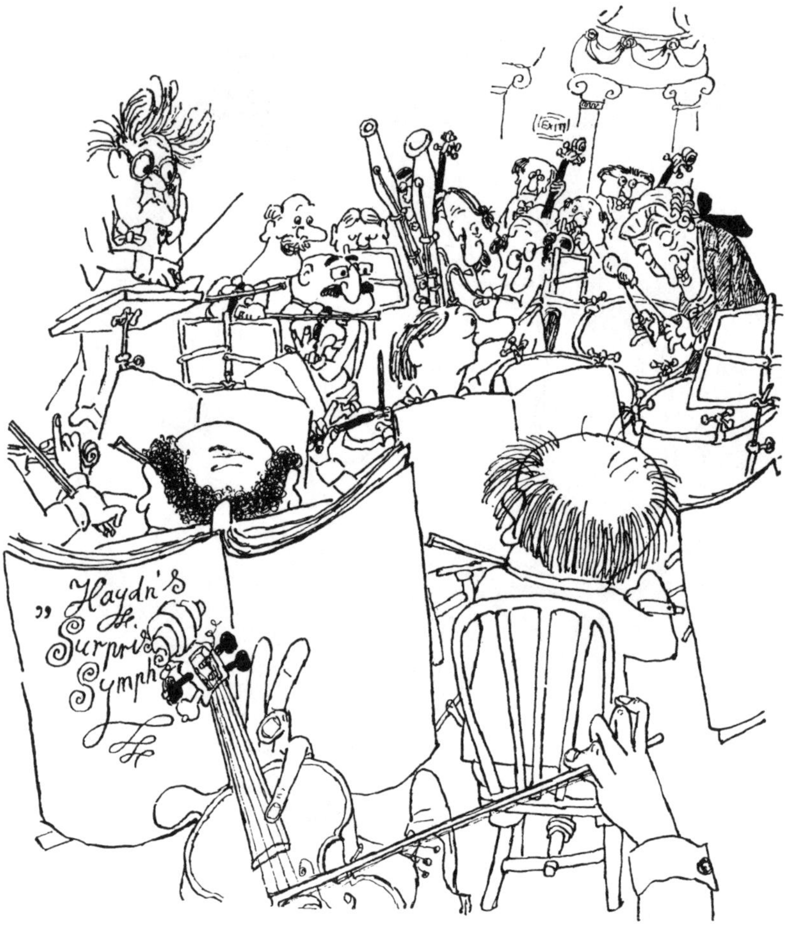
EXIT
„Haydn's
Surpri
Symph

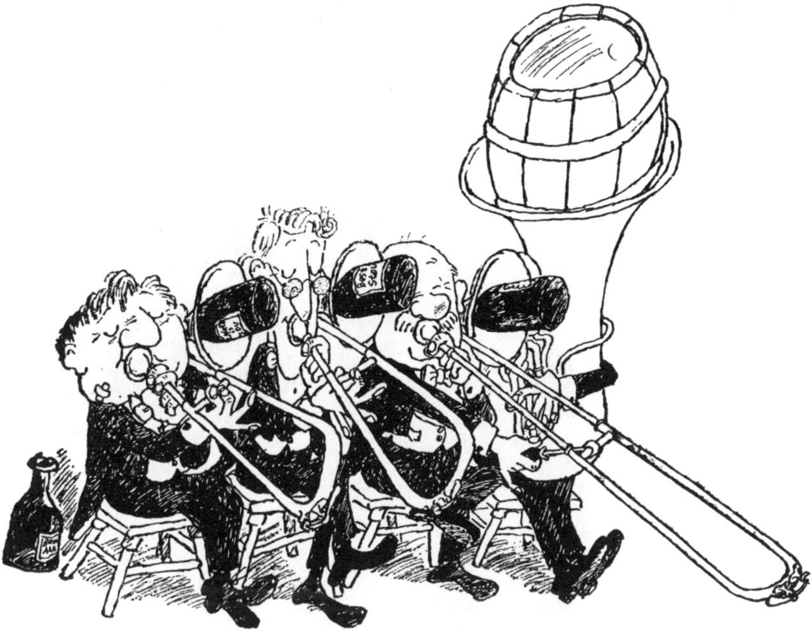

Con sord

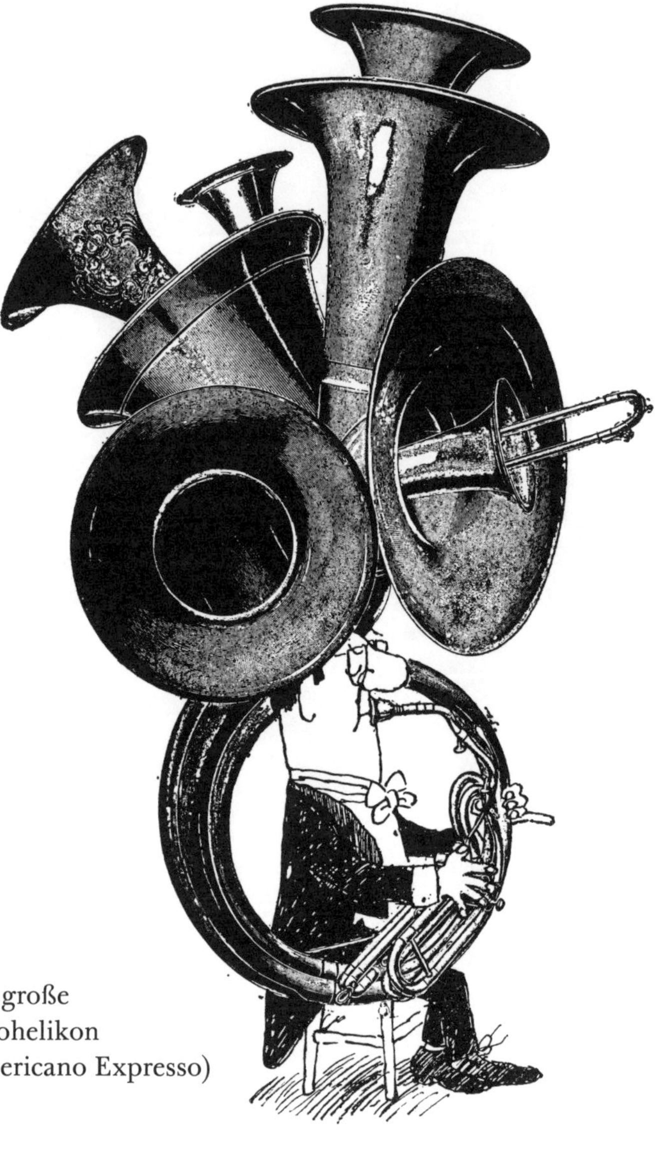

Das große
Oktohelikon
(Americano Expresso)

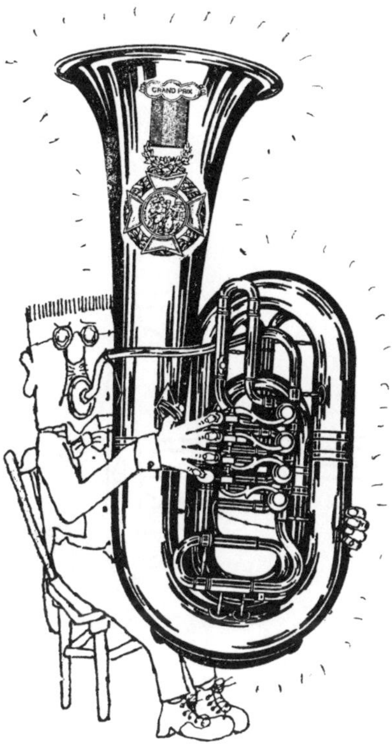

Tuba alla tedesca

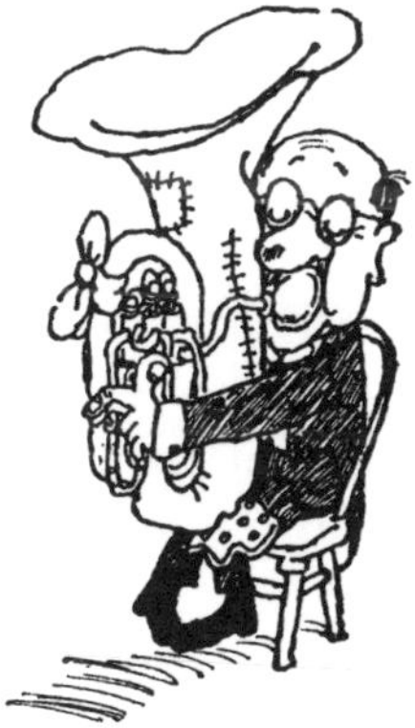

Tuba anglais
(Leeds)

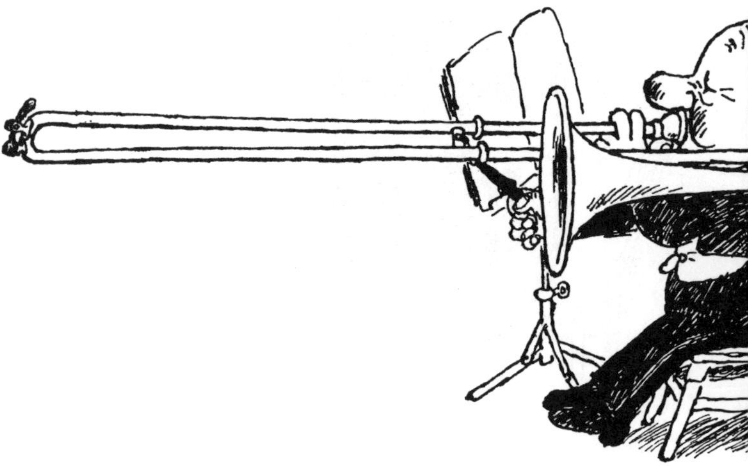

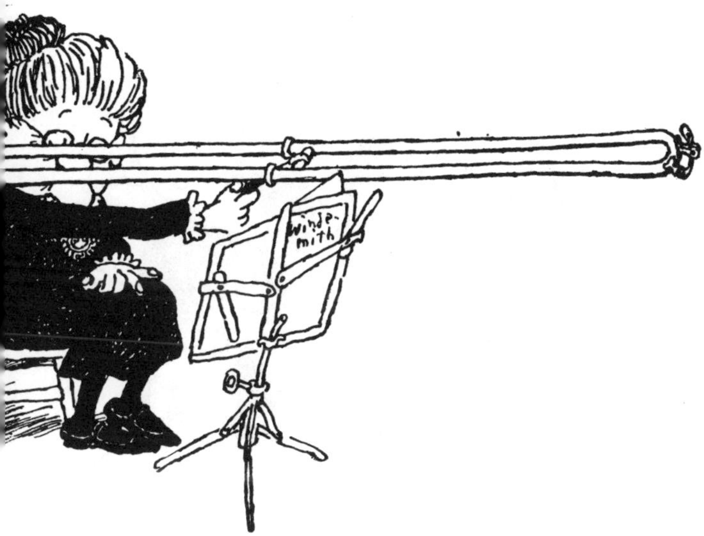

Ein Bes-Subkontra-Posaunist
mit Freundin

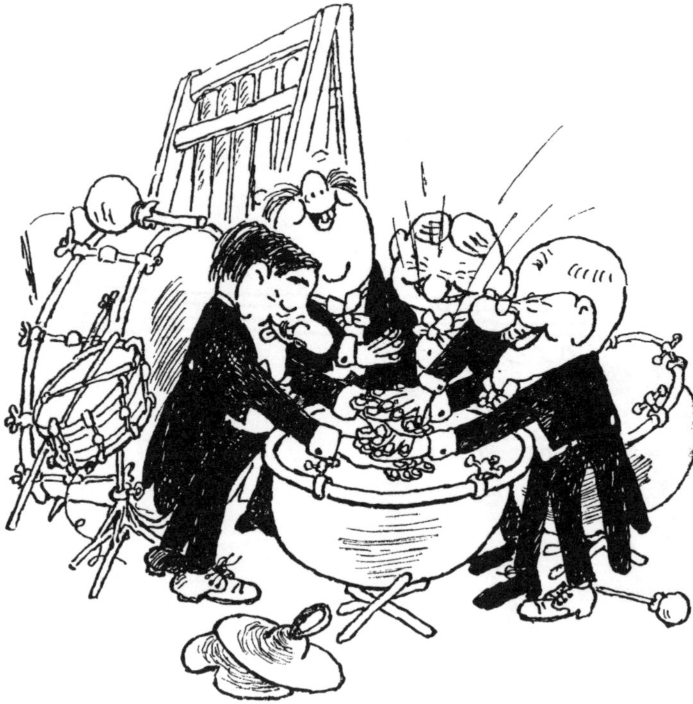

350 Takte Pause

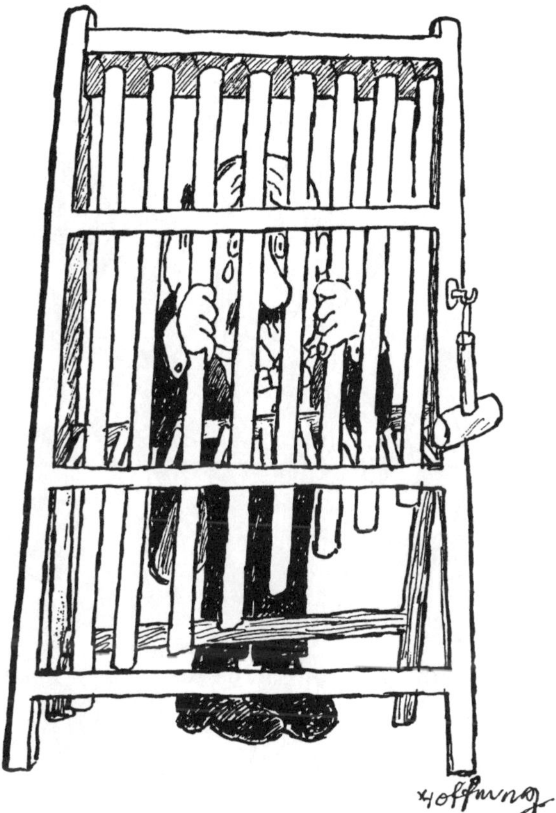
Hoffnung

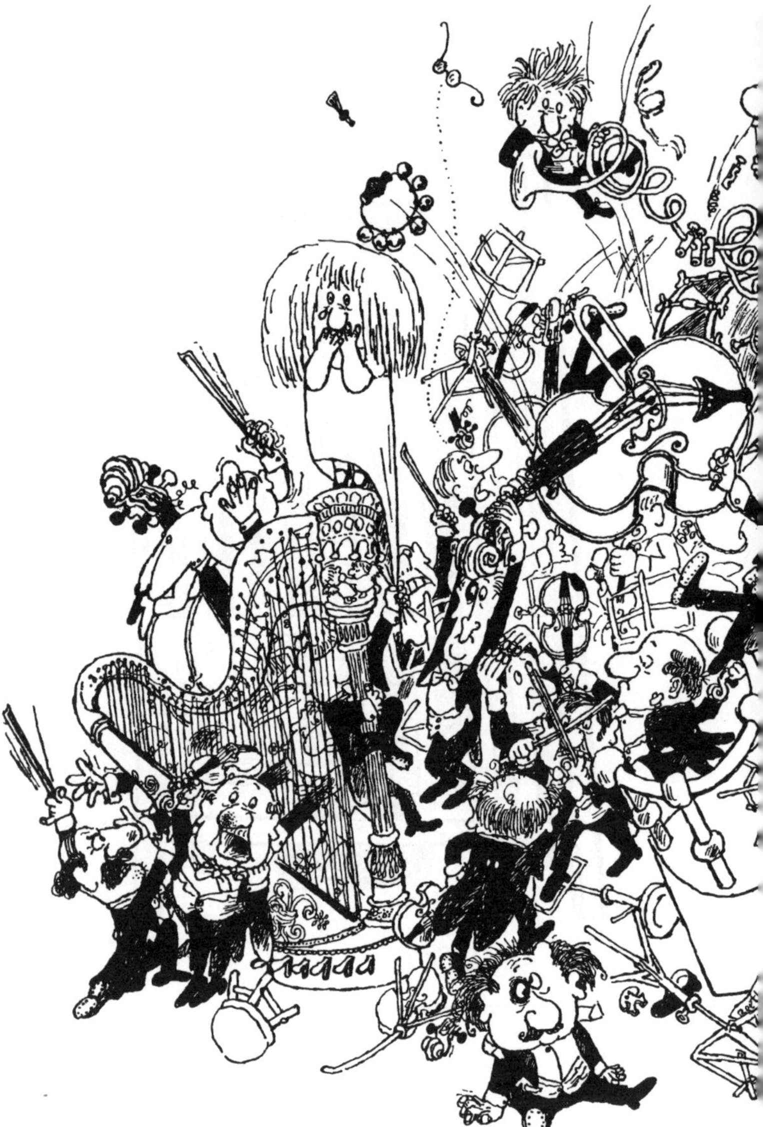

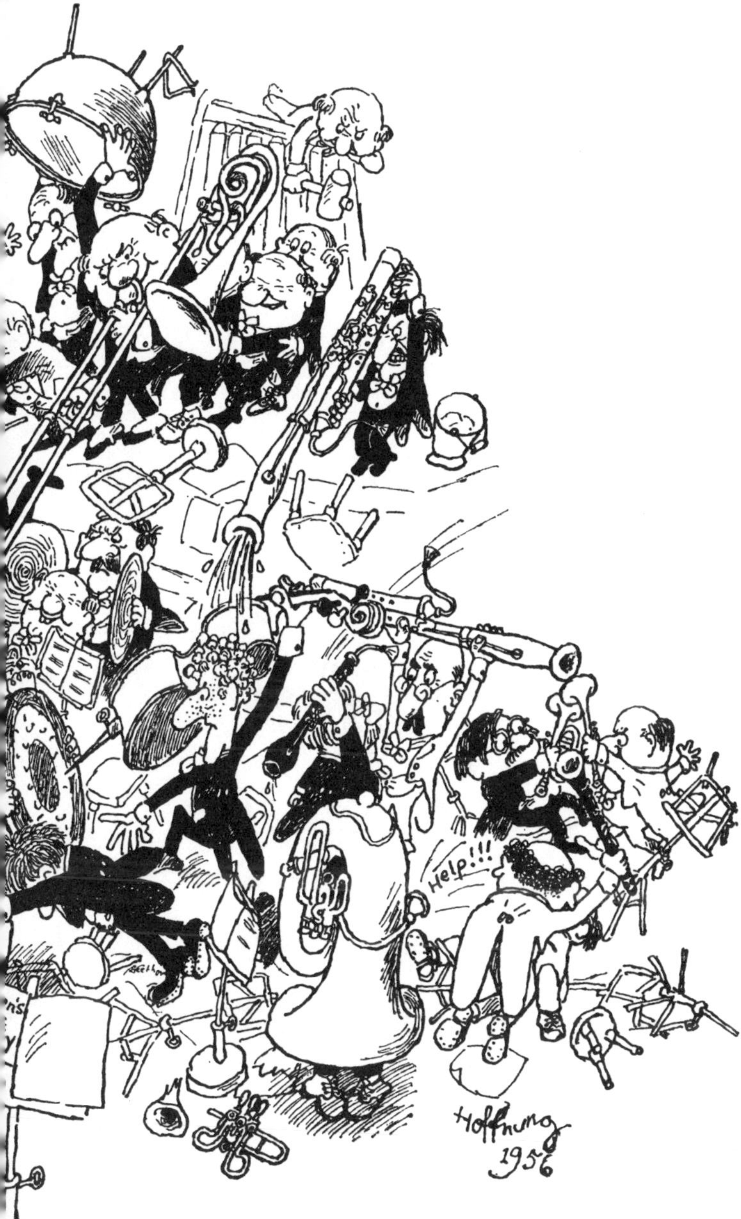
Help!!!
Hoffnung
1956

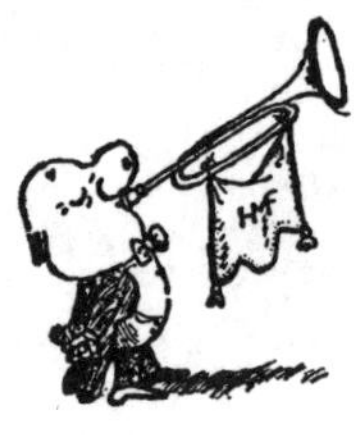

Ende

Hoffnungs

Musikalisches ABC

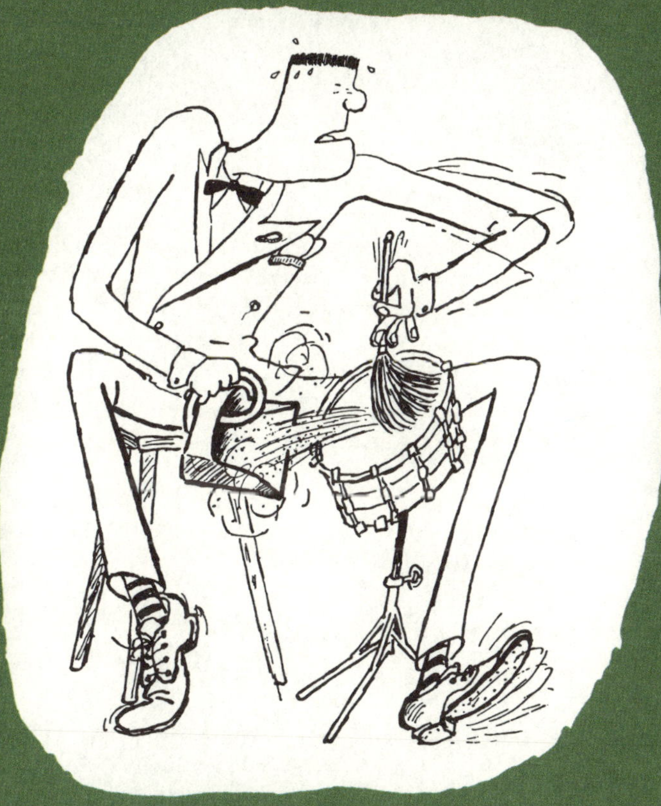

Dem Norman House
und seinem Gründer, Merfyn Turner,
sei dieses Büchlein,
wenngleich es ihrer nicht würdig ist,
herzlich gewidmet

A

Amateur

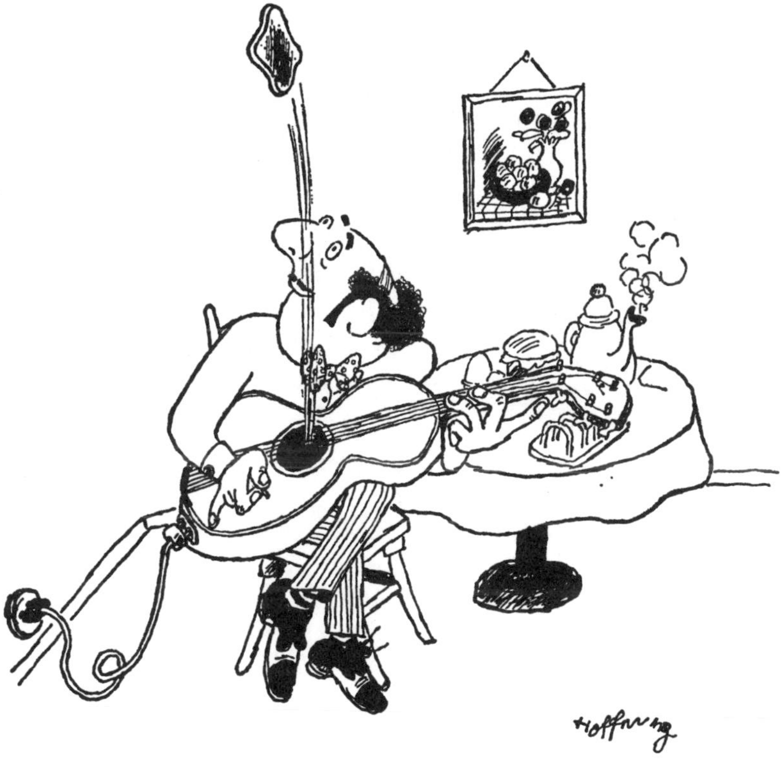

B

Berufsmusiker

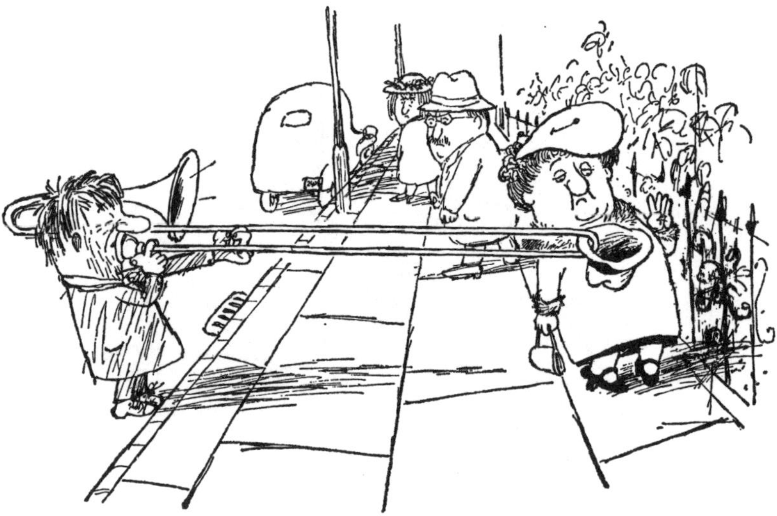

C

Concert-Besucher

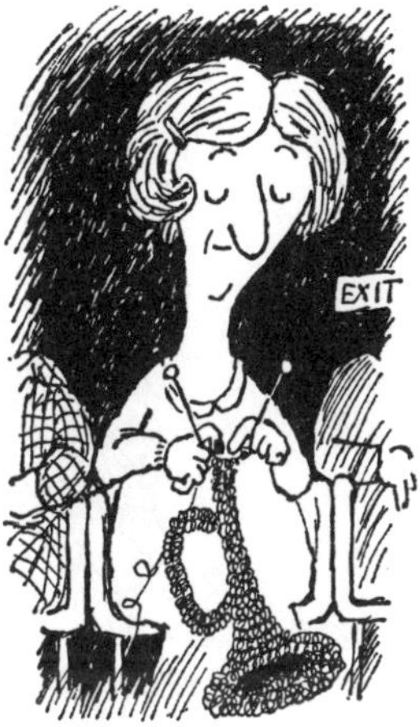

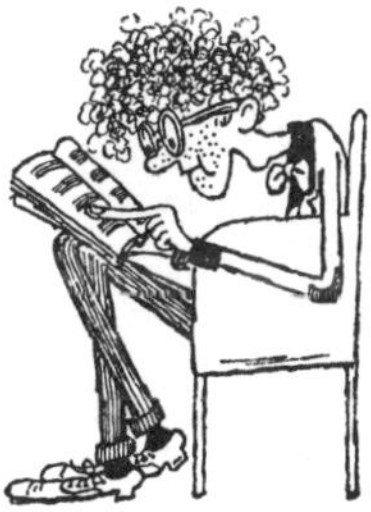

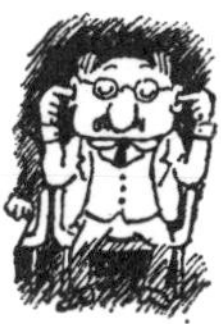

Concert-Besucher

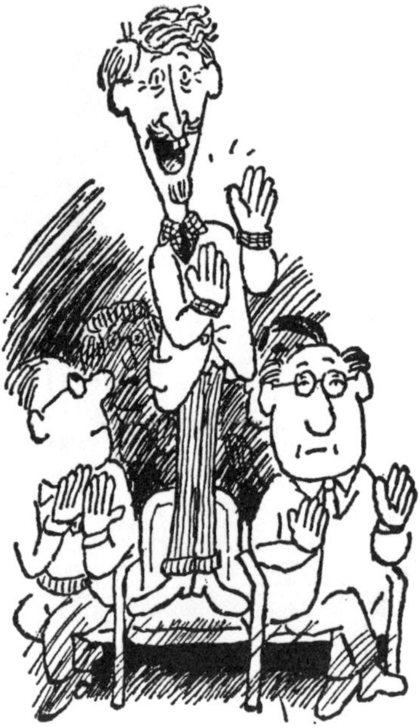

Enthusiast

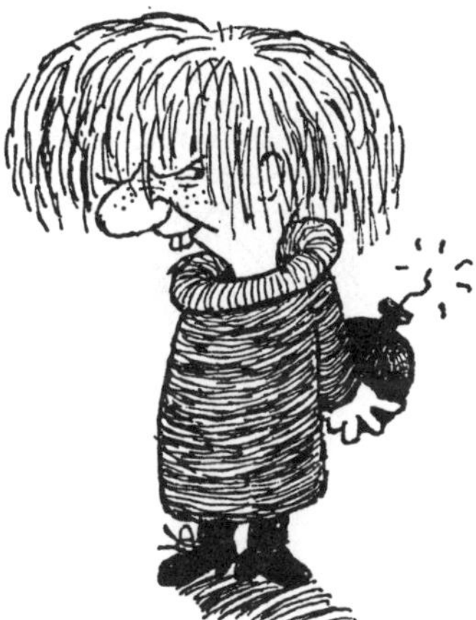

Atonaler Attentäter

Concert-Besucher

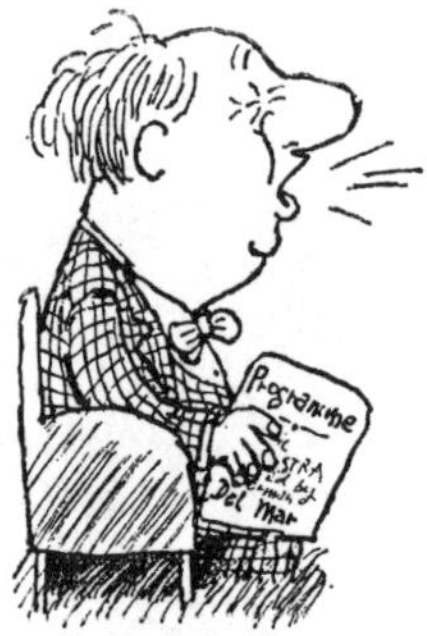

Huster

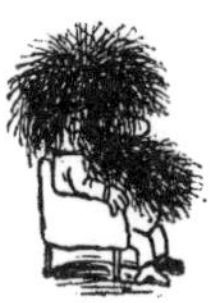

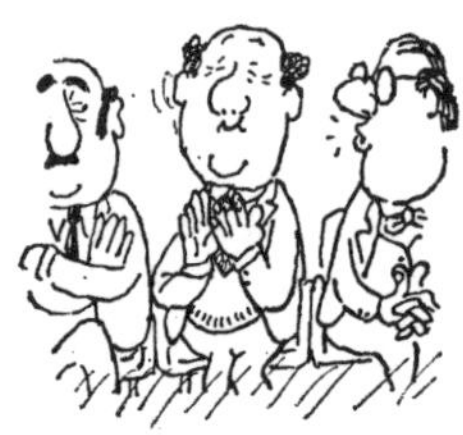

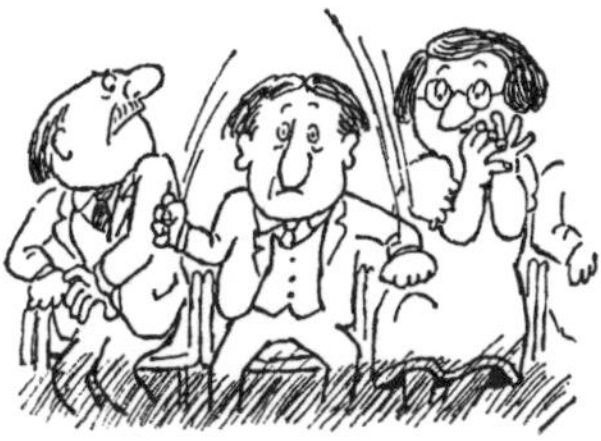

Taktschläger

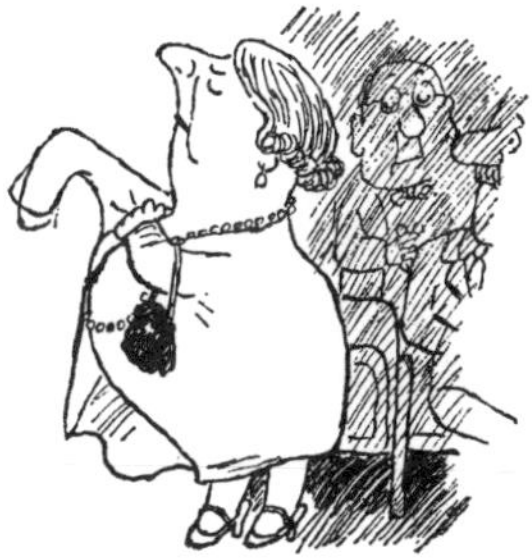

Le sacre du printemps

Concert-Besucher

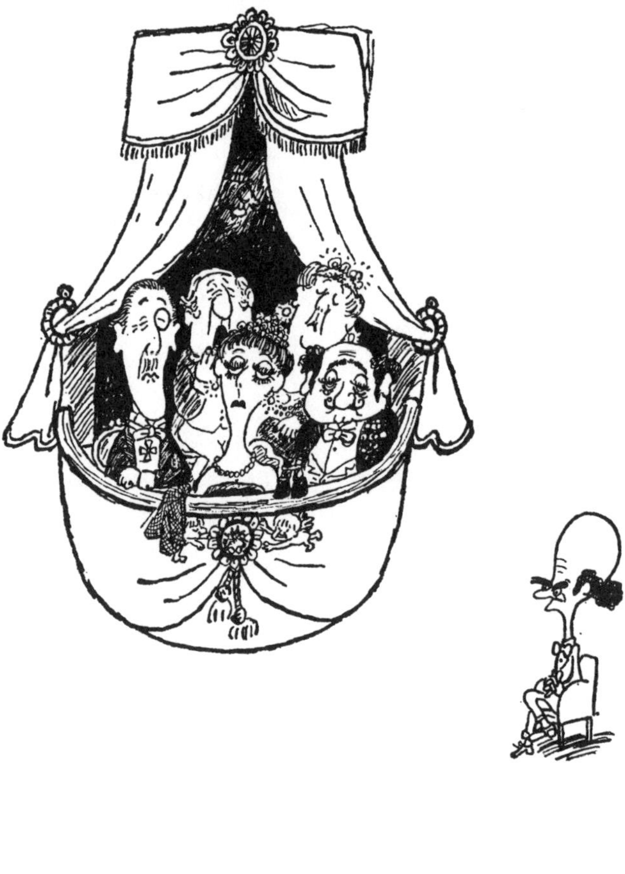

D

Double bass
(Kontrabass)

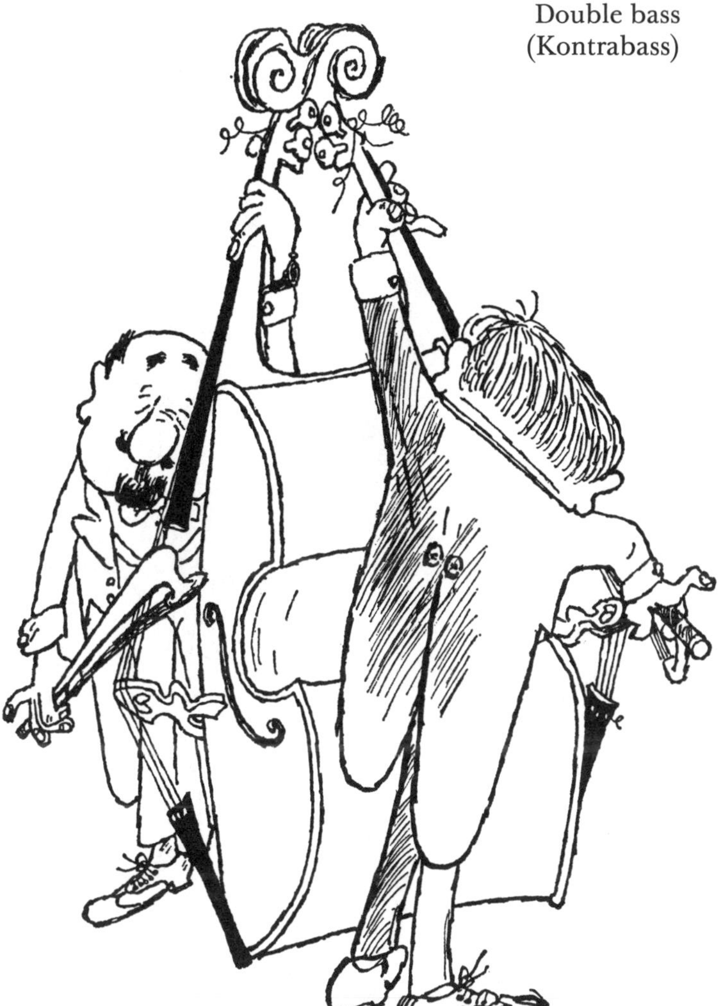

E

Eine kleine Nachtmusik

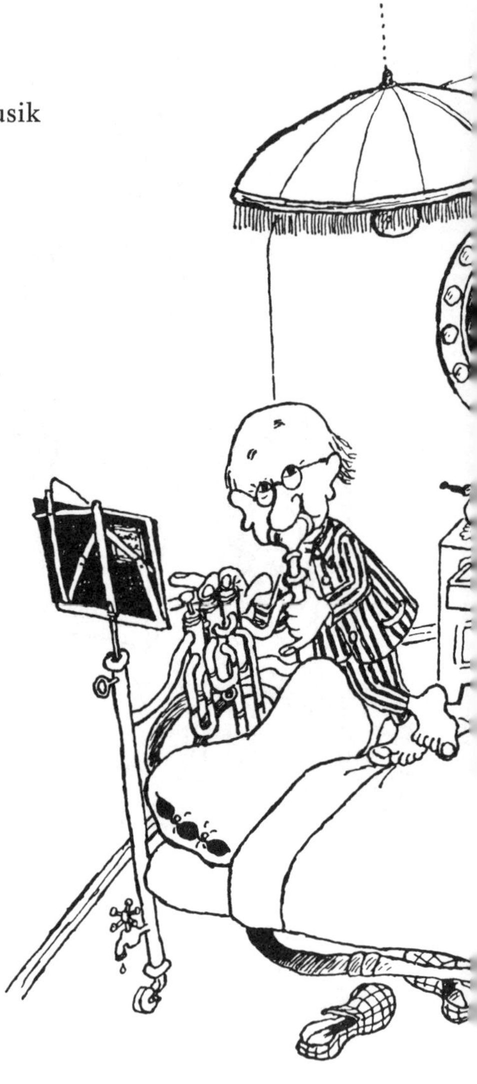

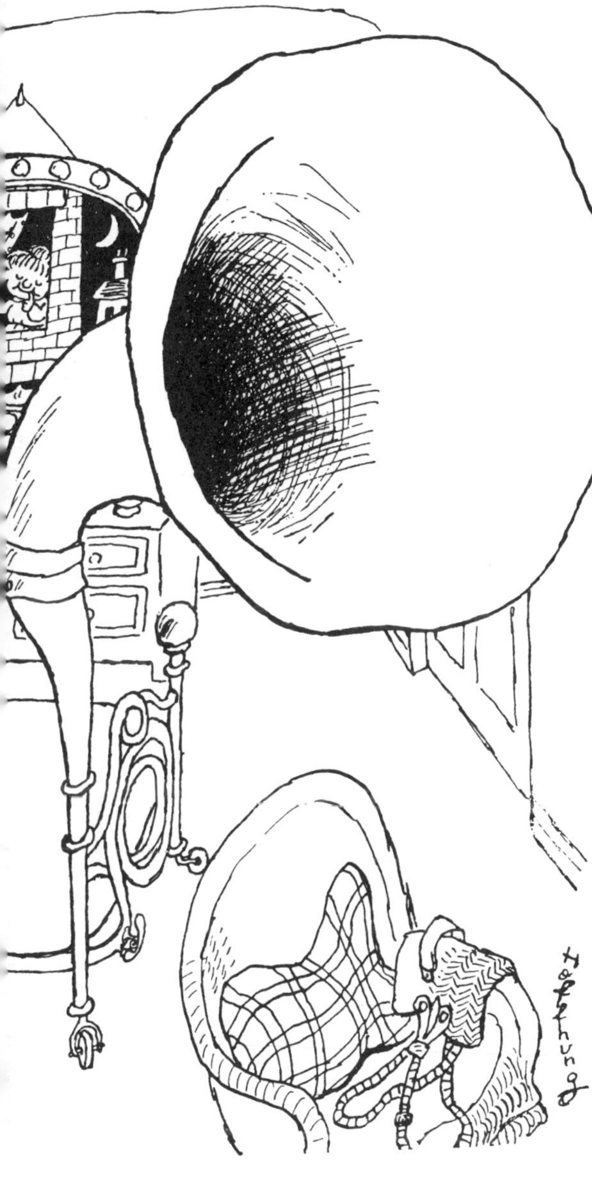
Hoffnung

F

Fernsehen

Diese Einrichtung ist auf dem besten Wege, ein neues inniges Band zwischen dem Musiker und seinen Hörern zu knüpfen

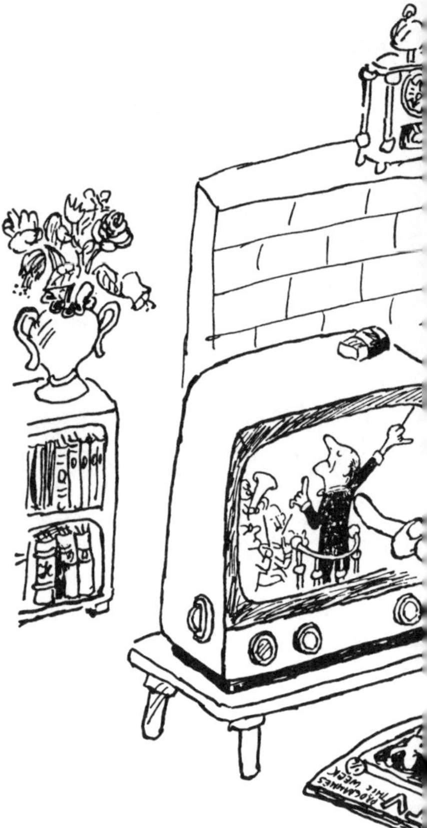

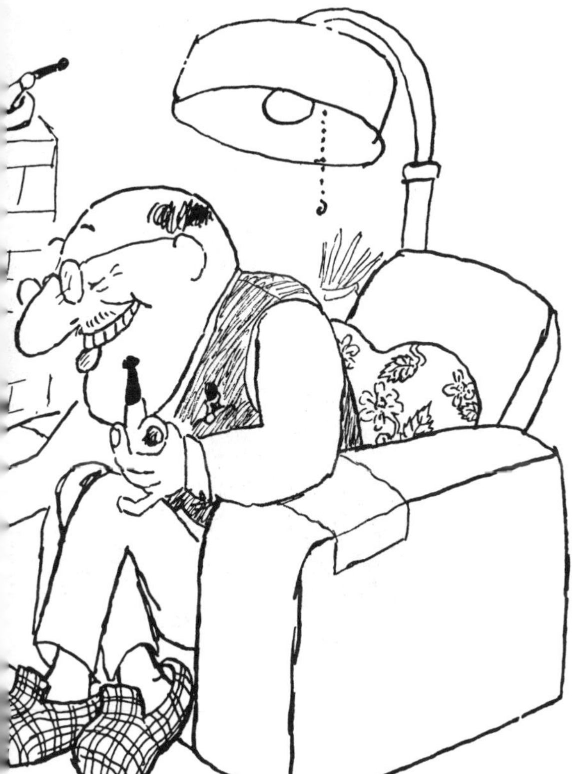

Fuoco
(Feuer)

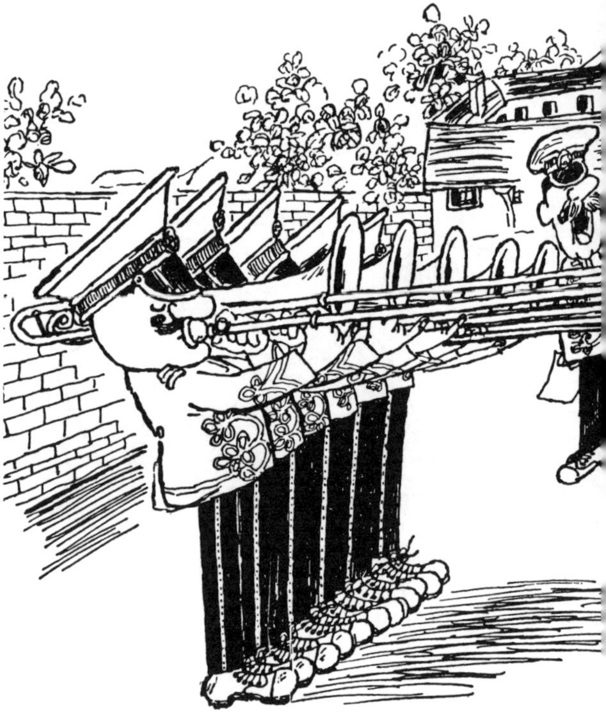

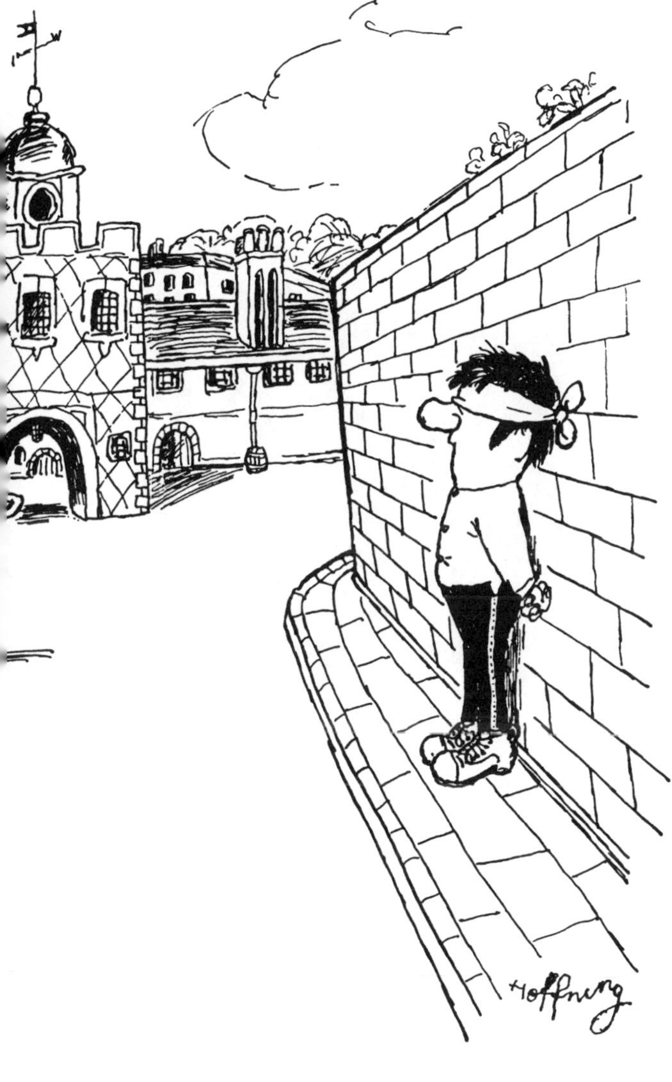

G

Gebrauchsmusik

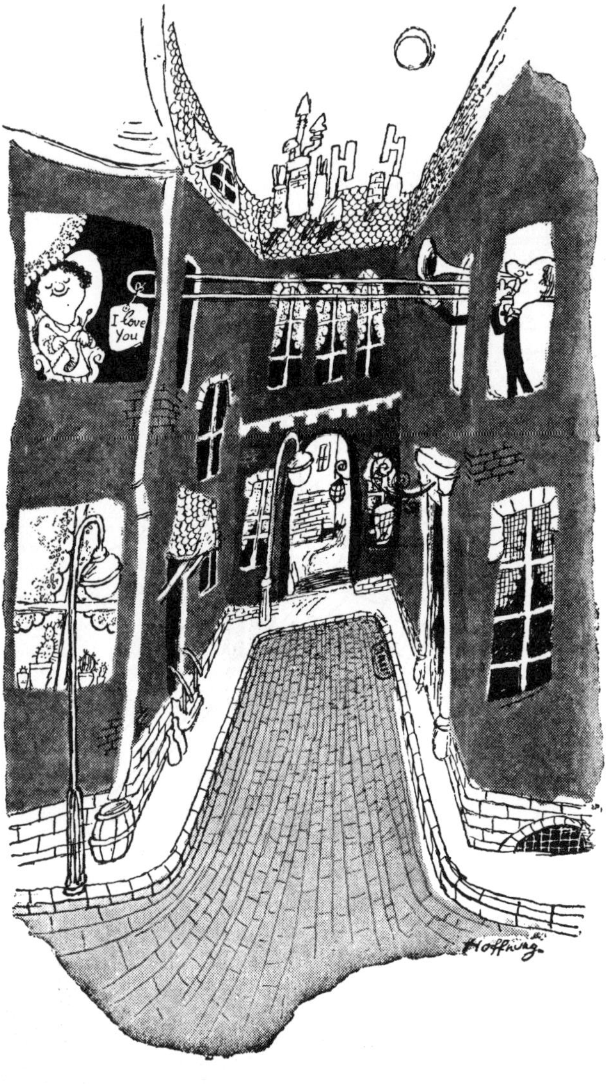

H

Hornfabrikation

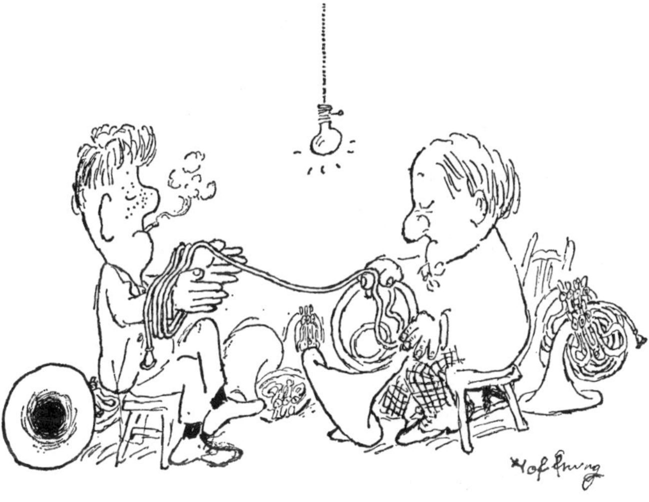

I

Improvisation

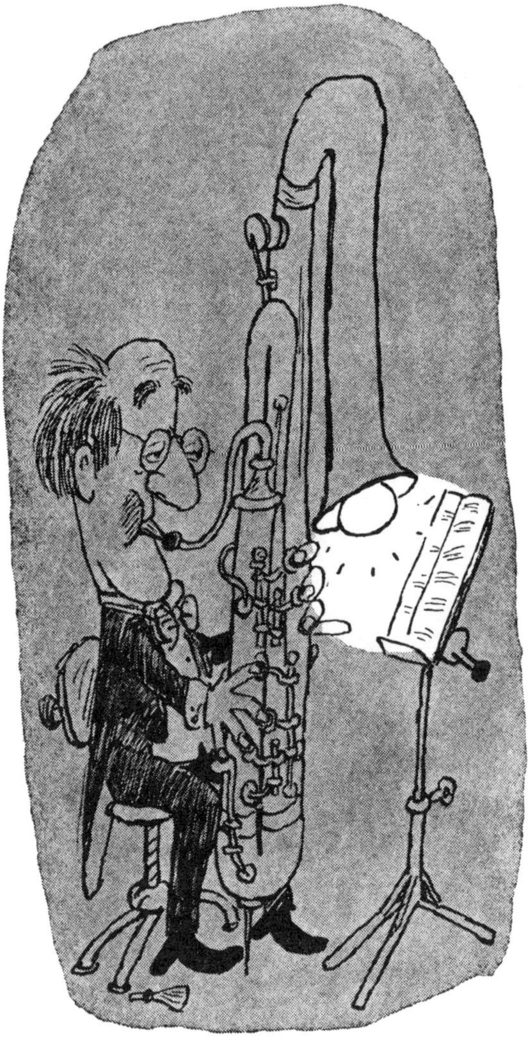

J

Jazz

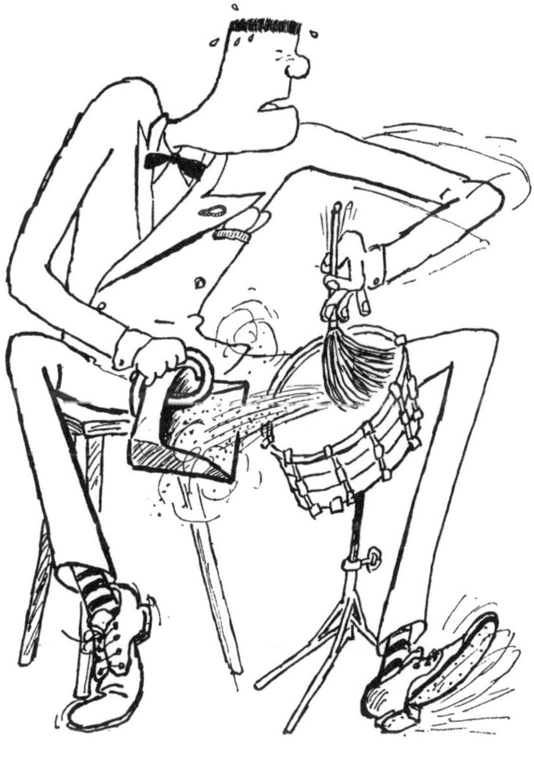

Jazz

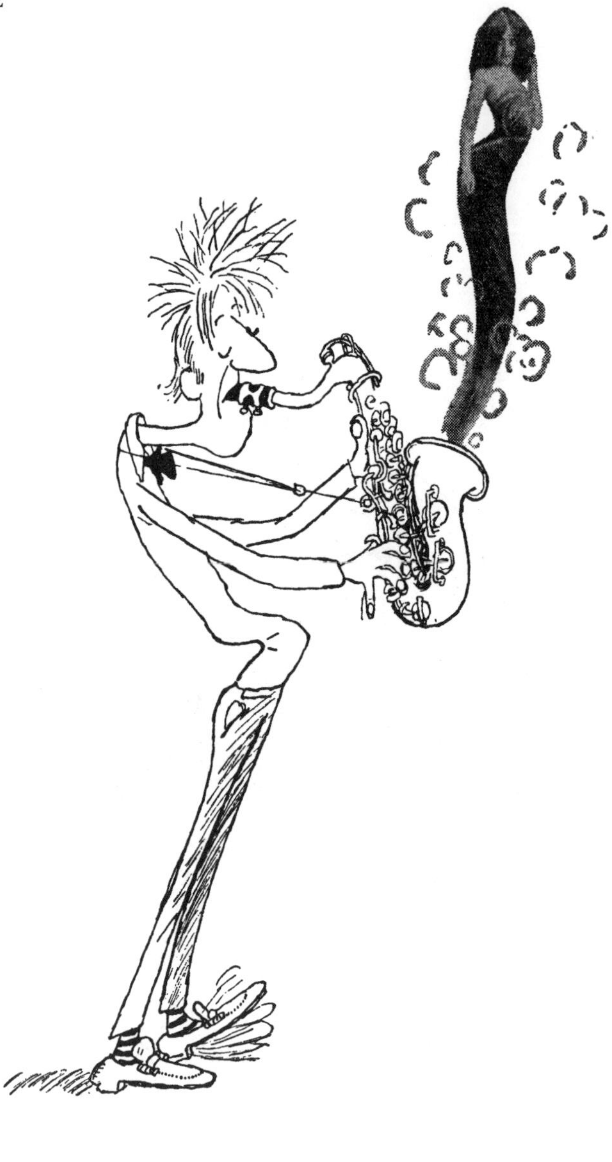

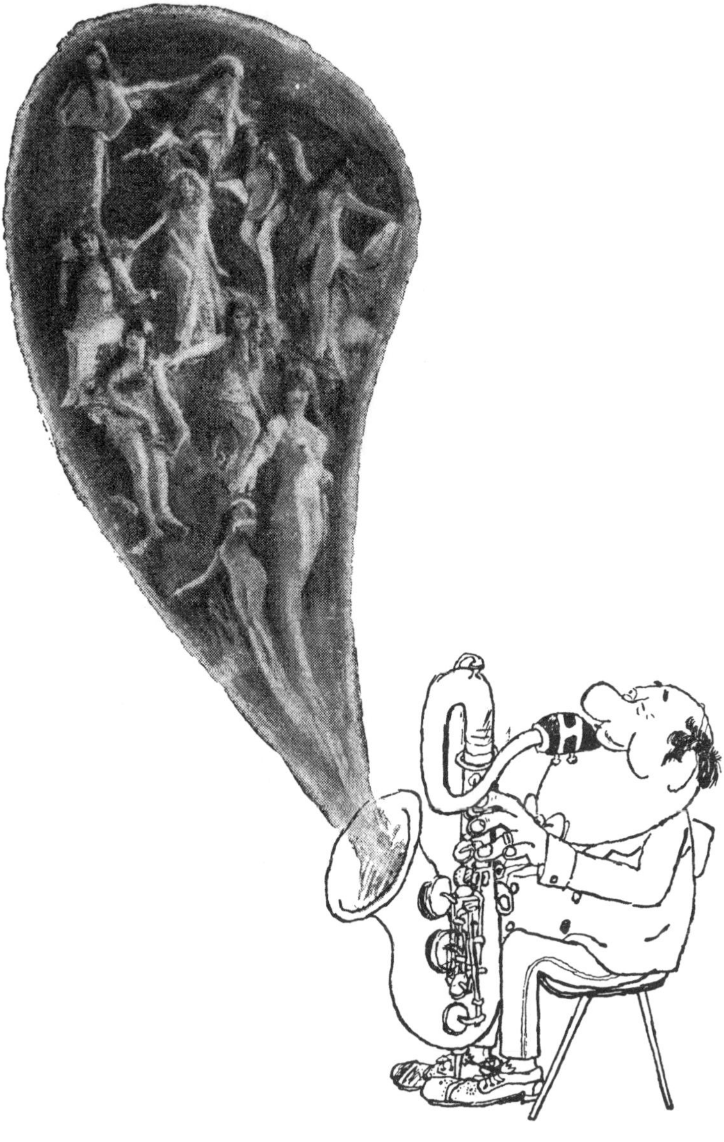

Jazz

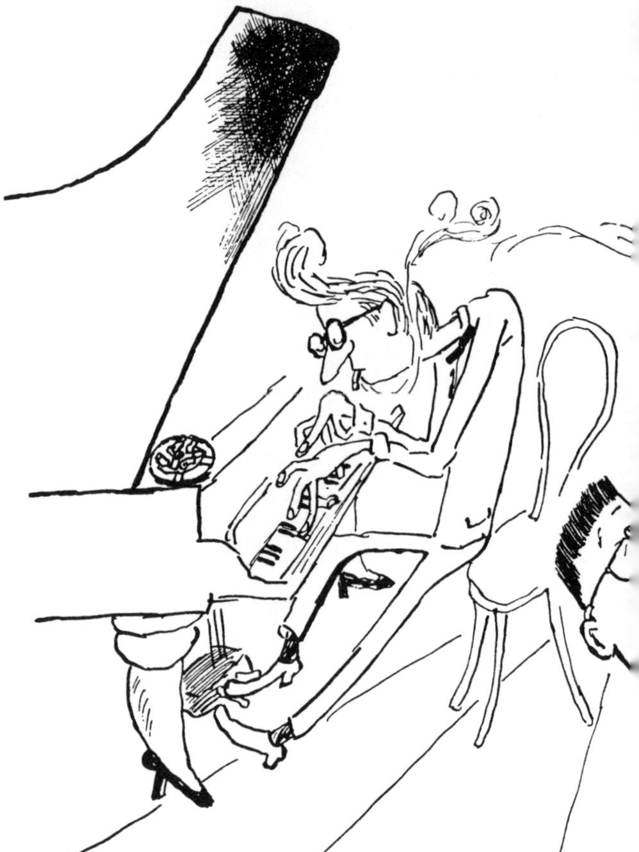

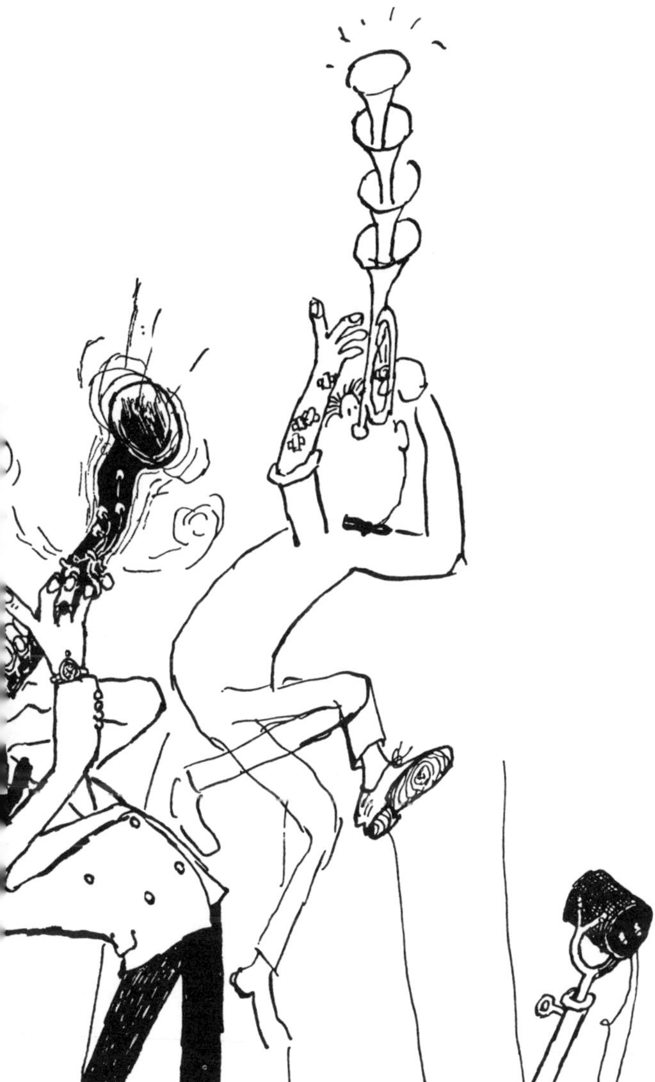

Jazz

Tempo di Rock ’n’ Roll

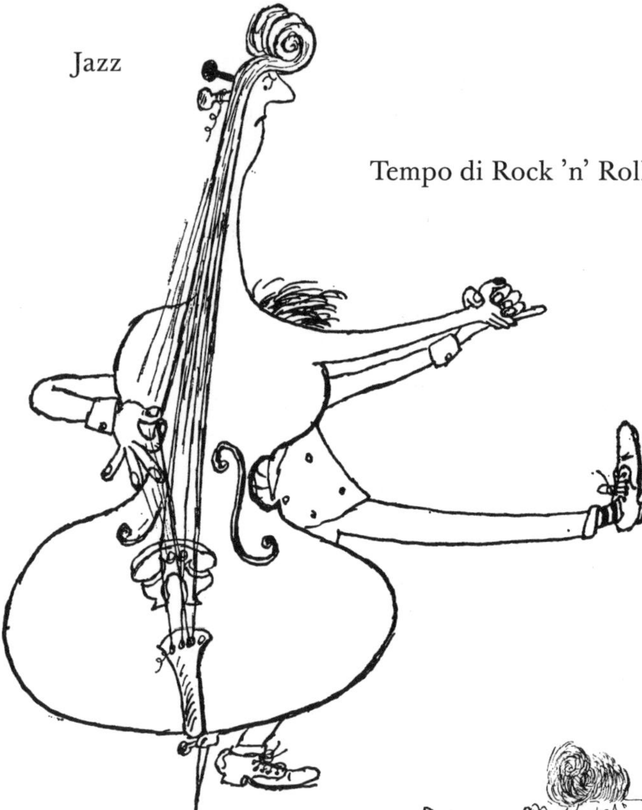

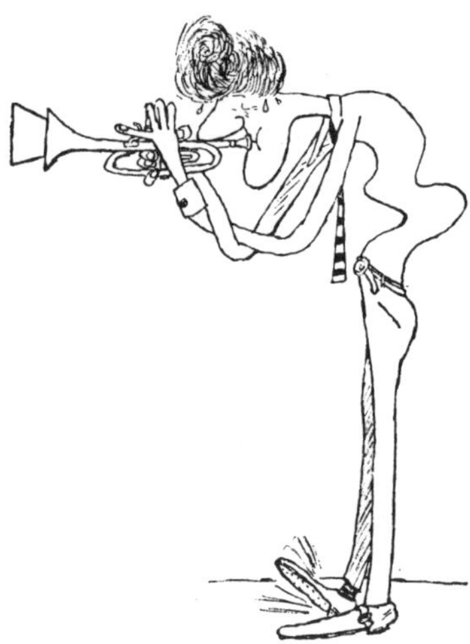

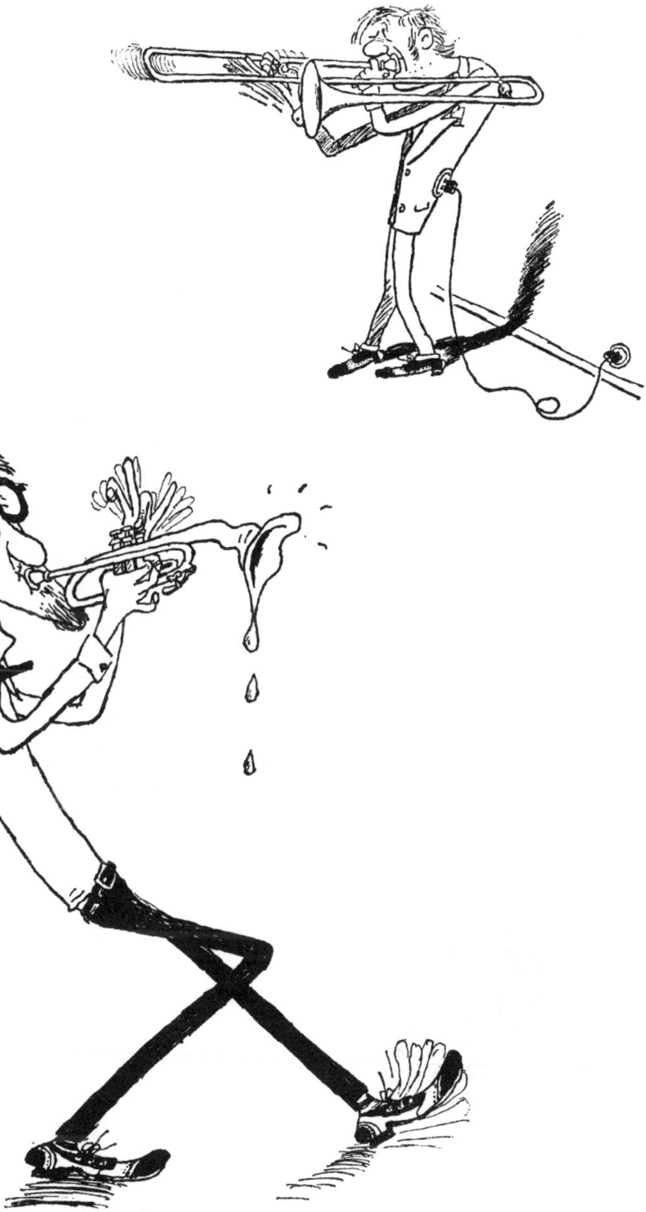

K

Kritiker

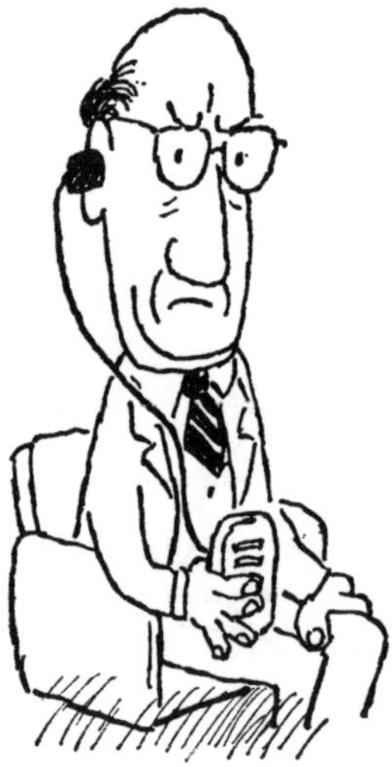

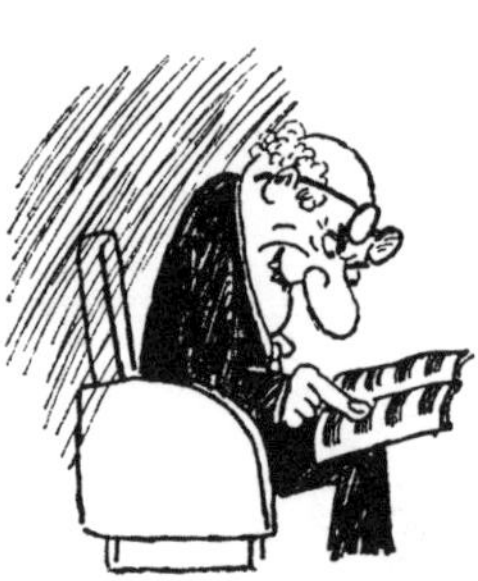

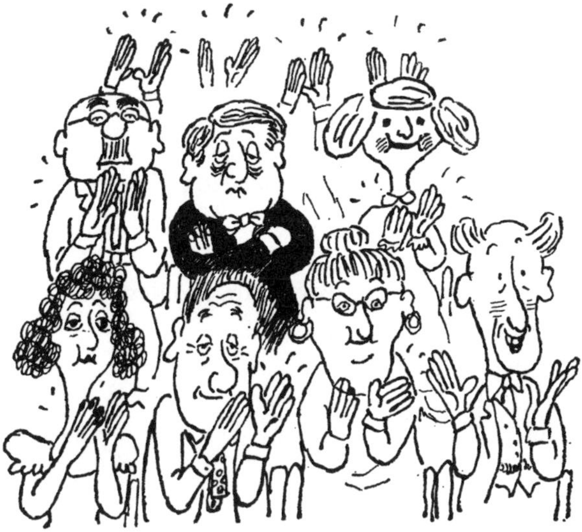

Es schickt sich für den Musikkritiker nicht, zu klatschen ...

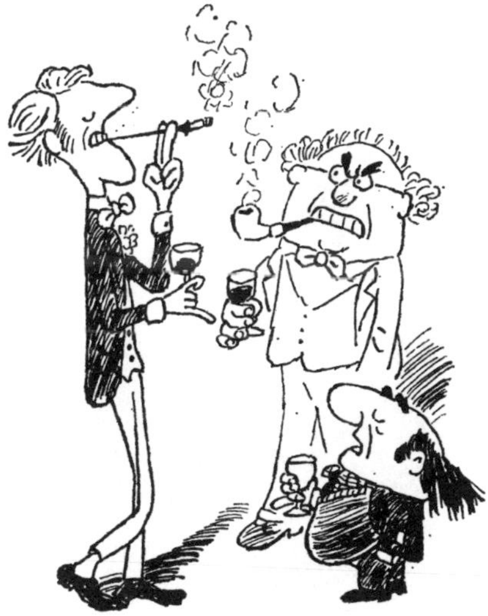

... es sei denn in der Pause

Kritiker

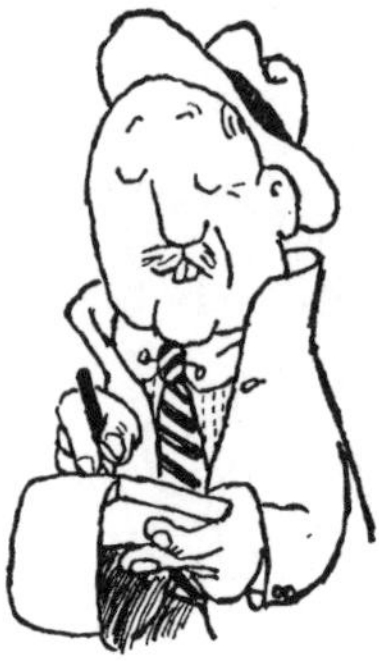

Der vielseitige Berichterstatter,
der nicht nur über Musik,
sondern auch über Verbrechen,
Boxen und Malerei schreibt

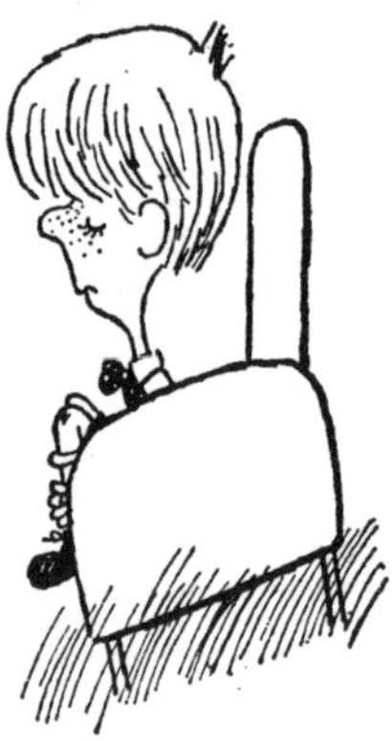

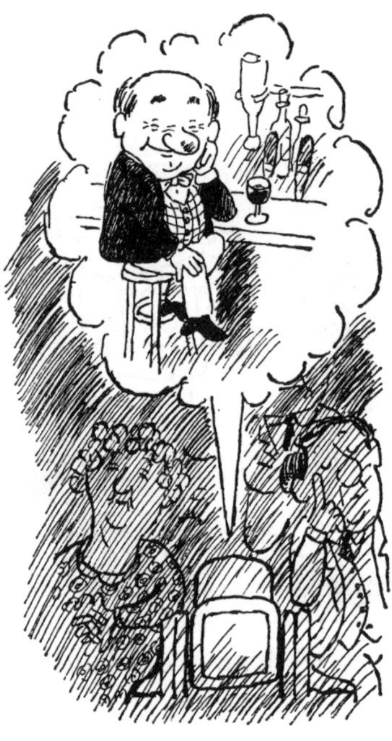

Recensio in spiritu

L

Lullaby
(Wiegenlied)

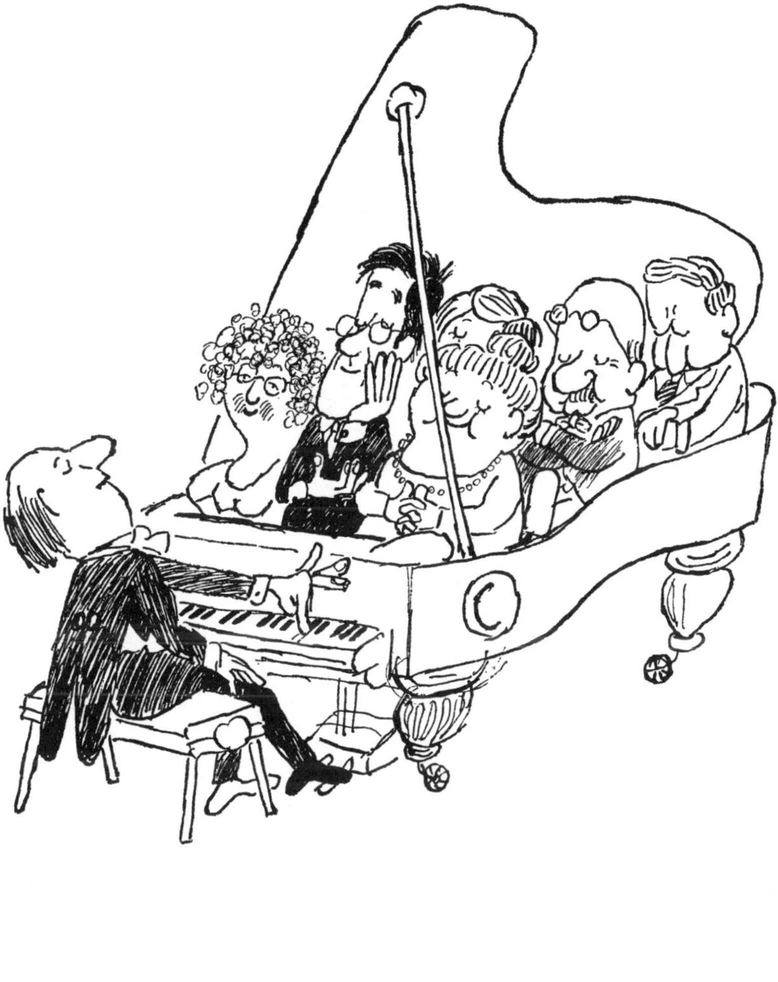

M

Marche militaire

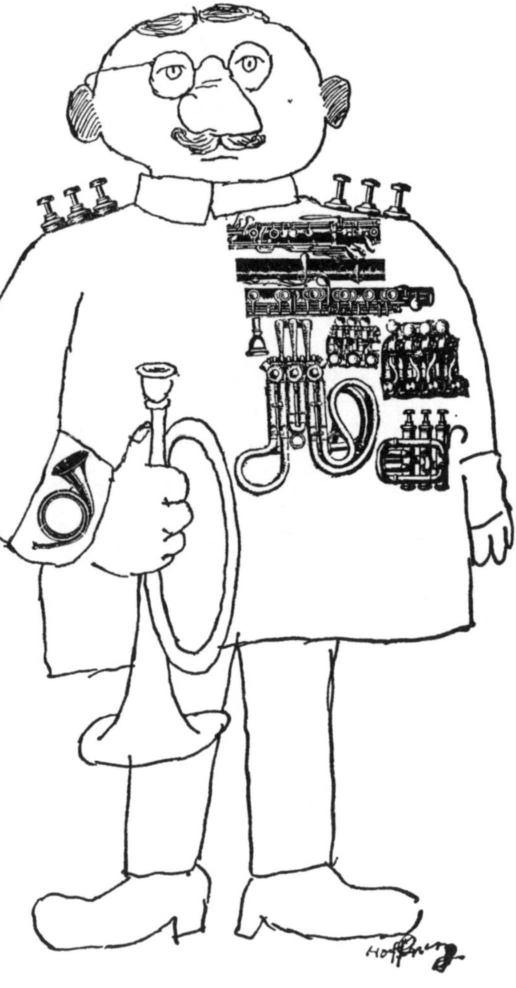

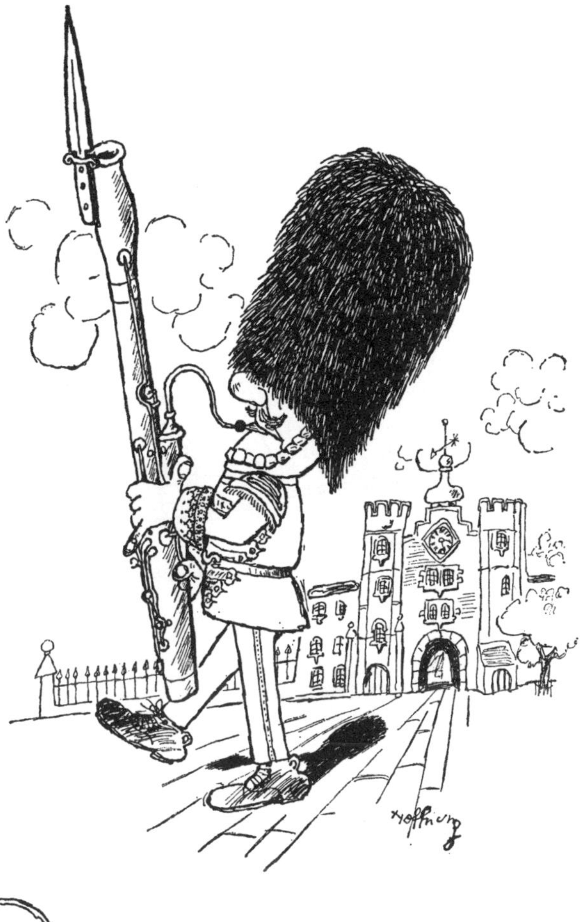

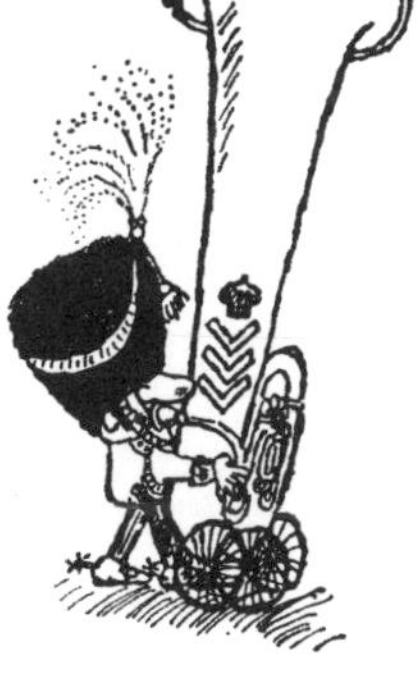

Marche militaire

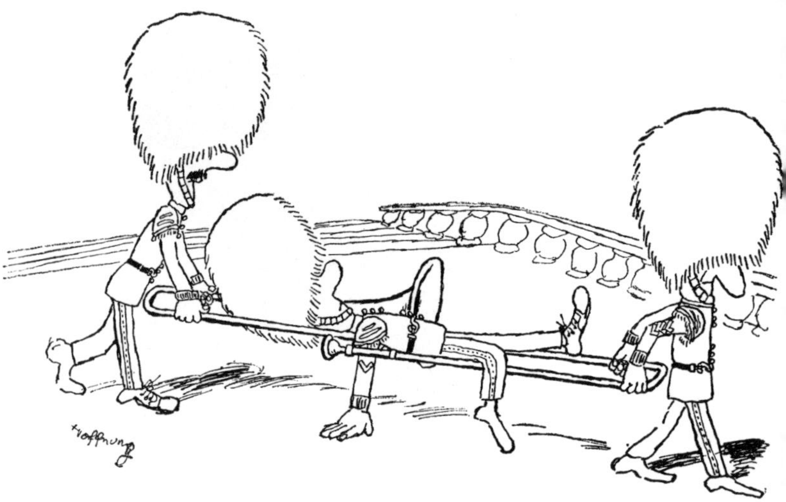

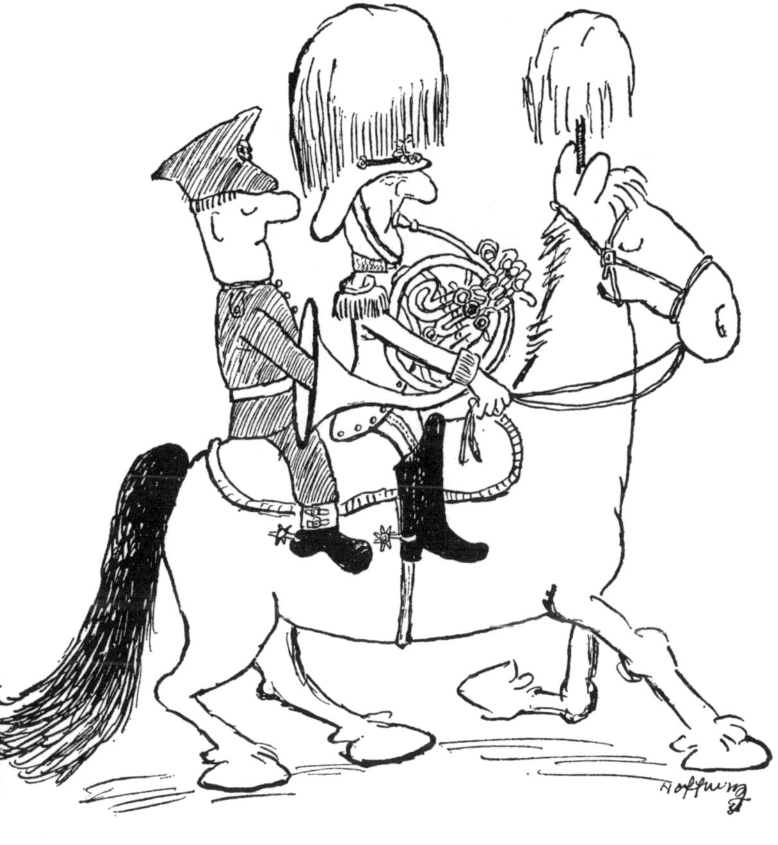

Marche militaire

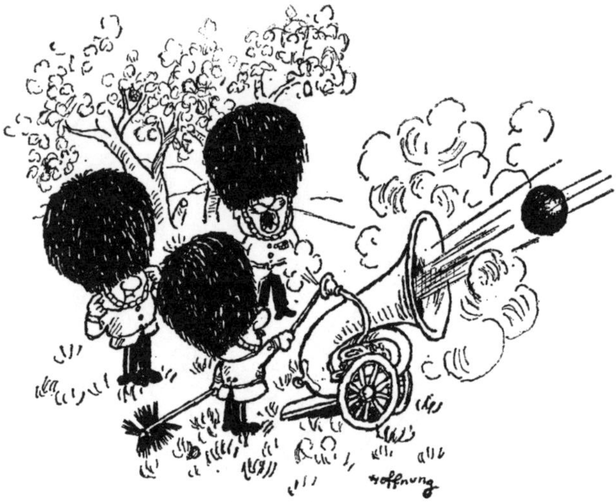

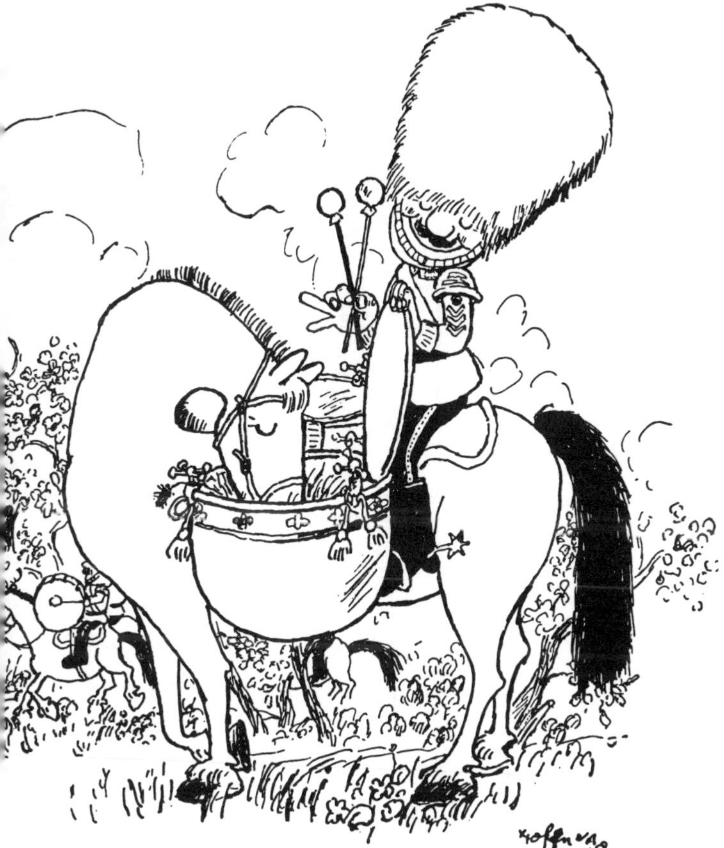

Marche militaire

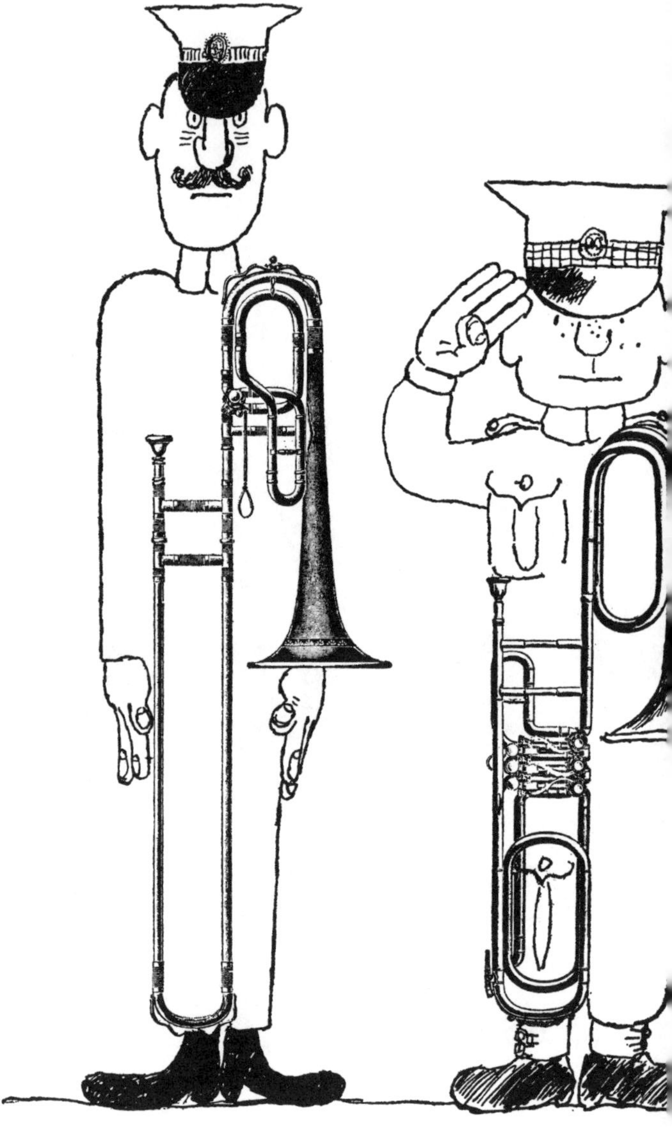

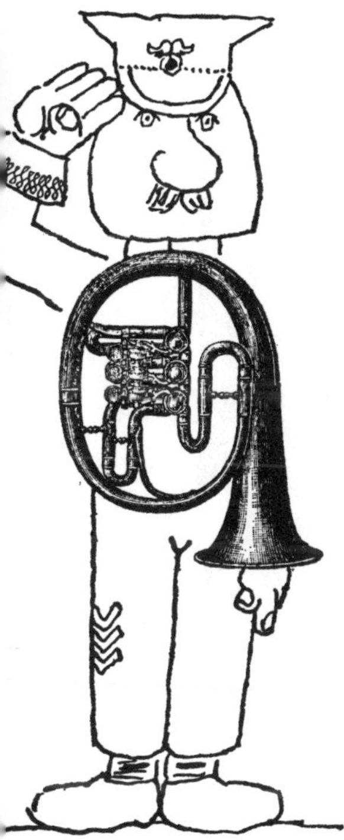

N

Nocturne

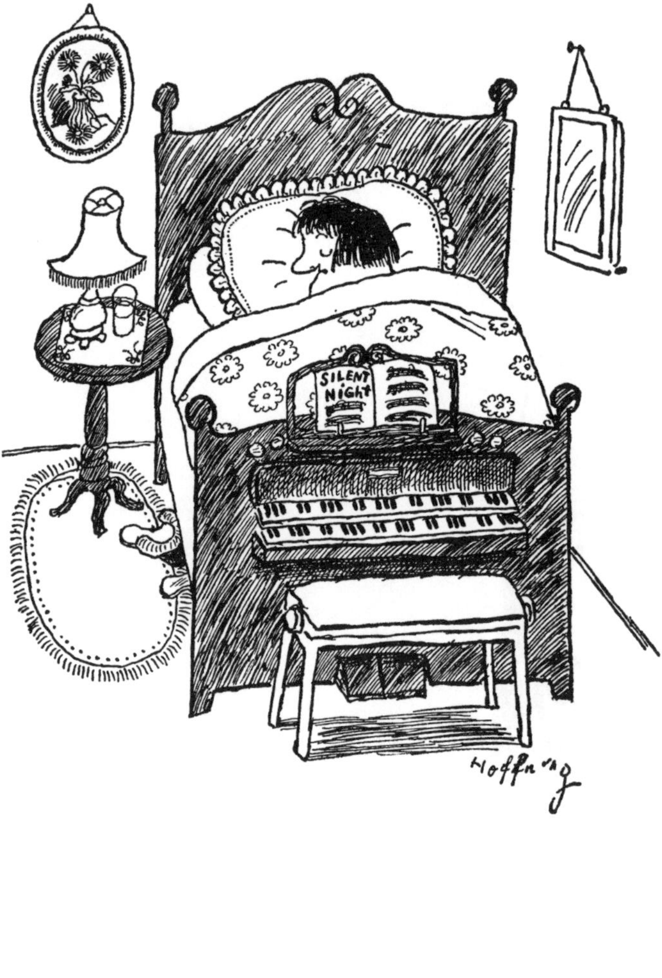

O

Orchestrale Hintergedanken
(oder sechs Methoden der Rache)

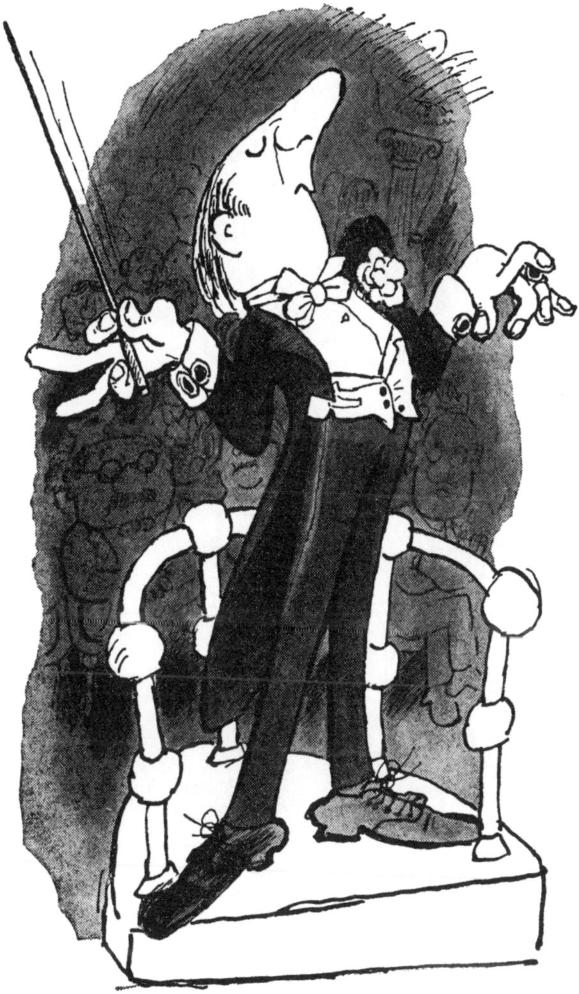

Orchestrale Hintergedanken

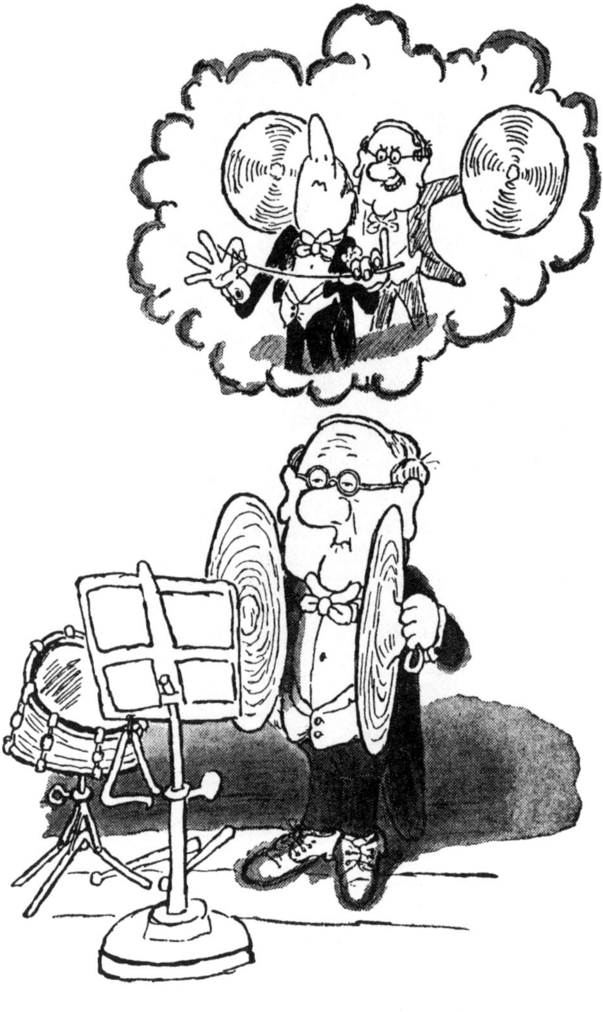

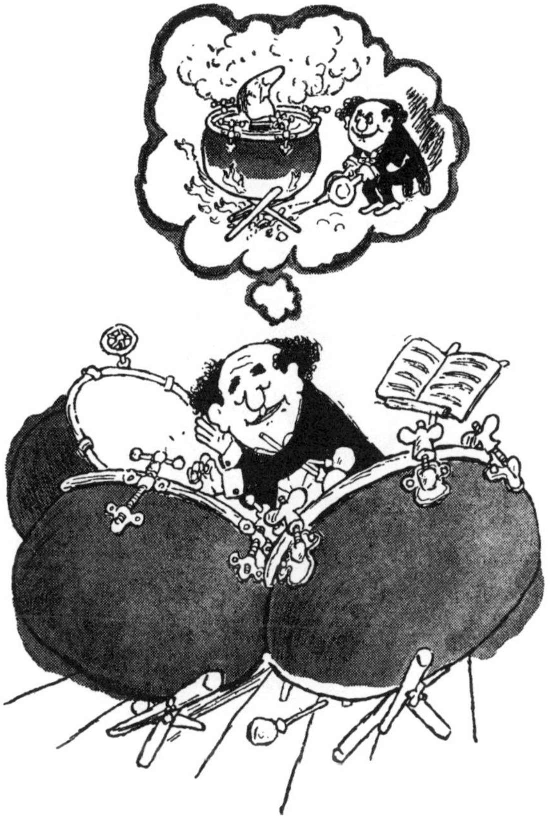

Orchestrale Hintergedanken

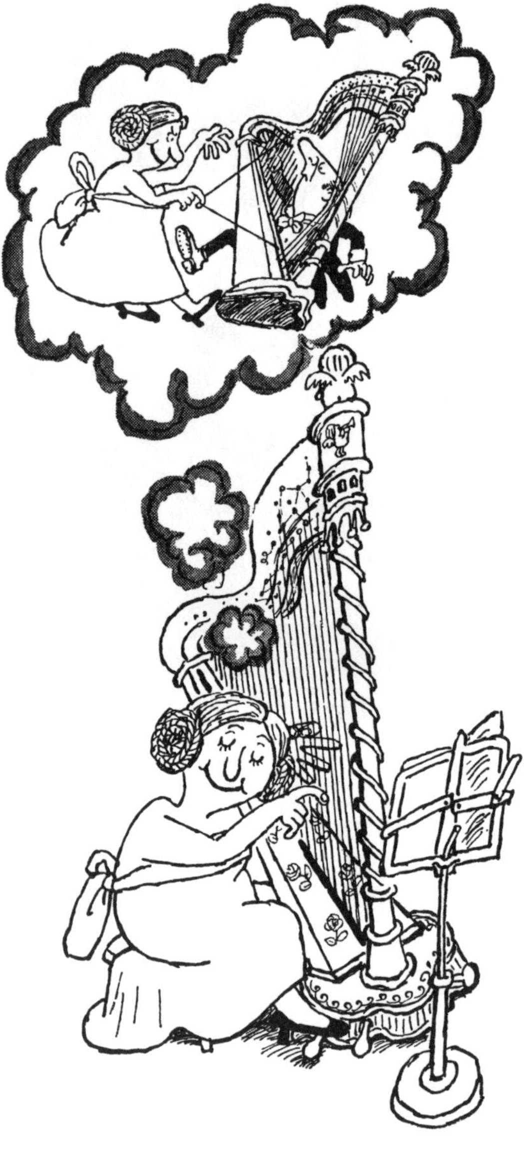

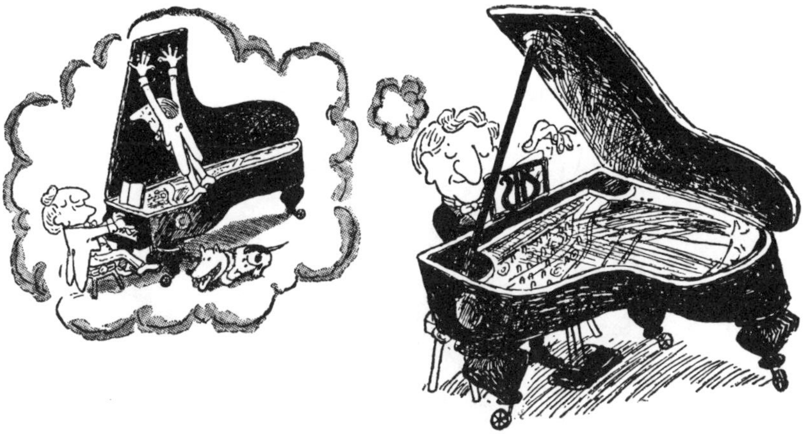

Orchestrale Hintergedanken

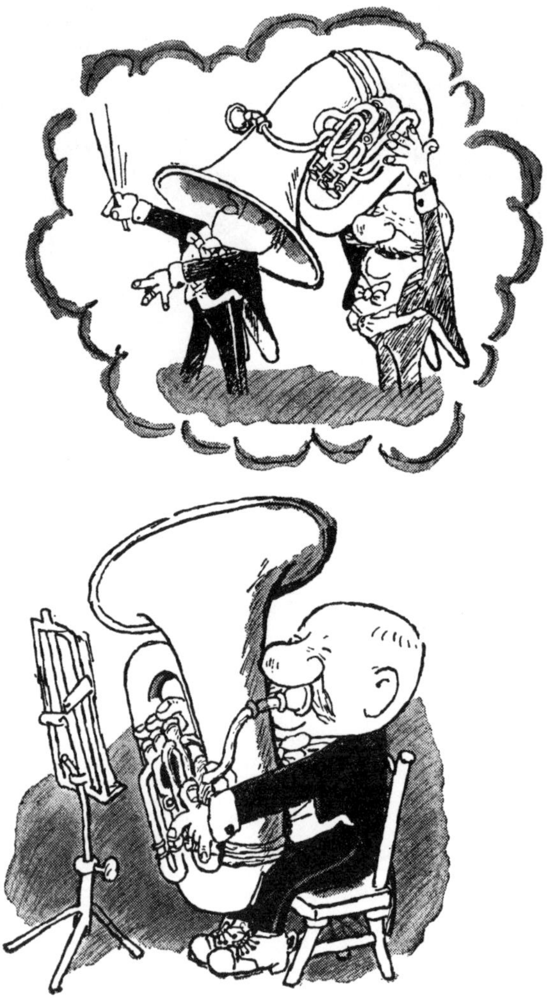

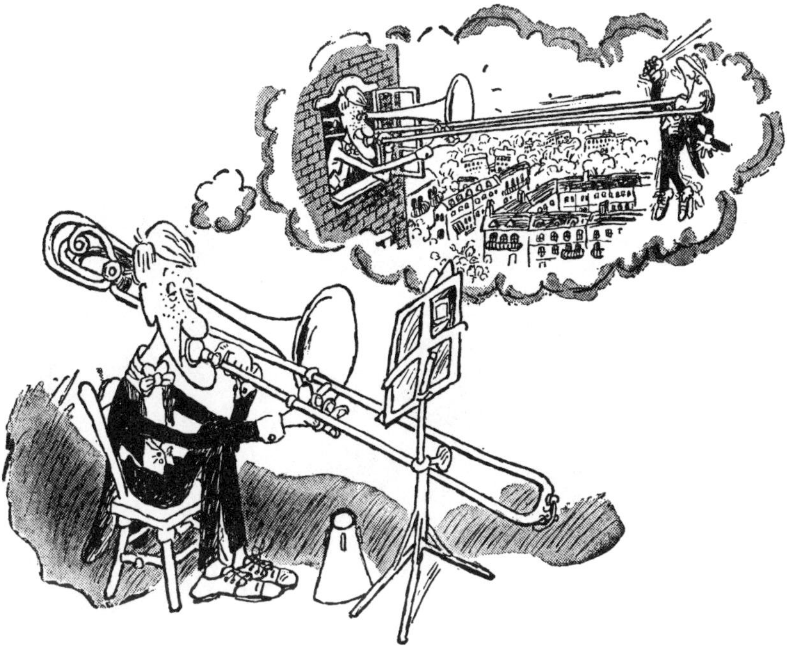

P

Palmen, Wandeln unter

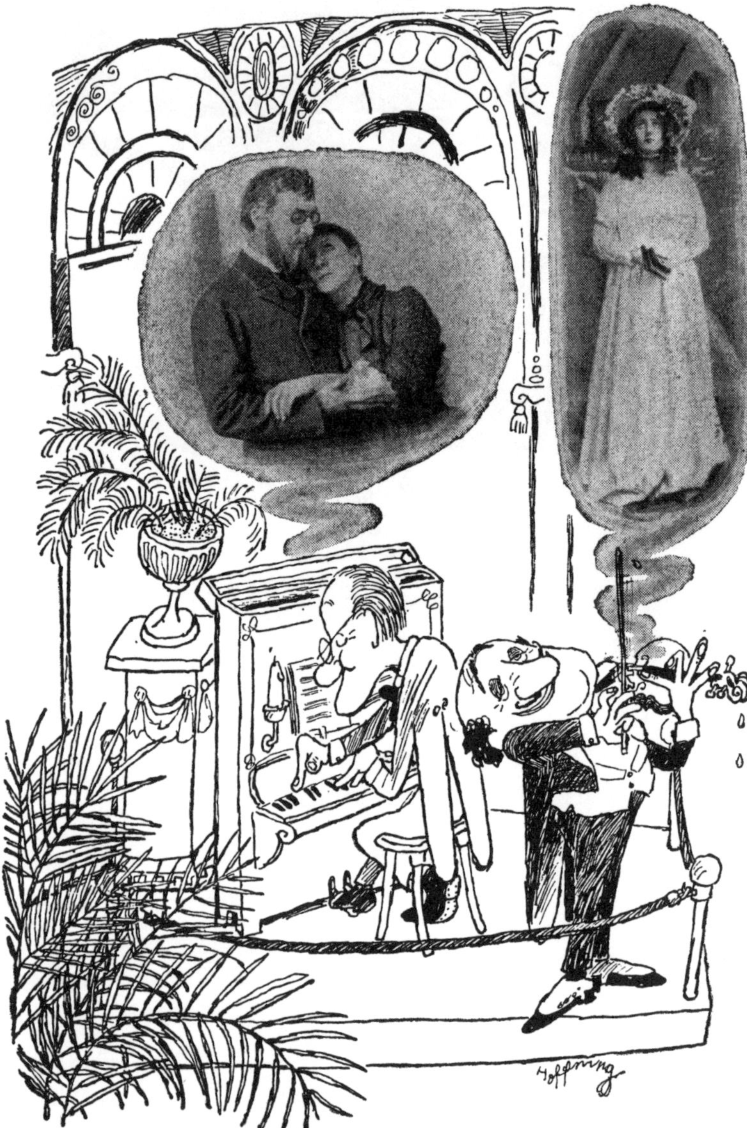

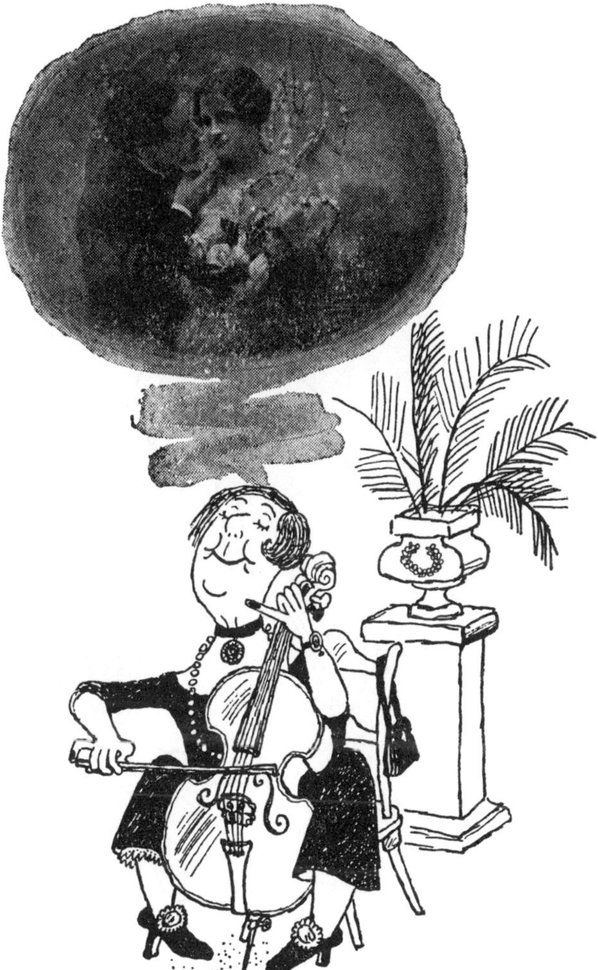

Q

Quartett

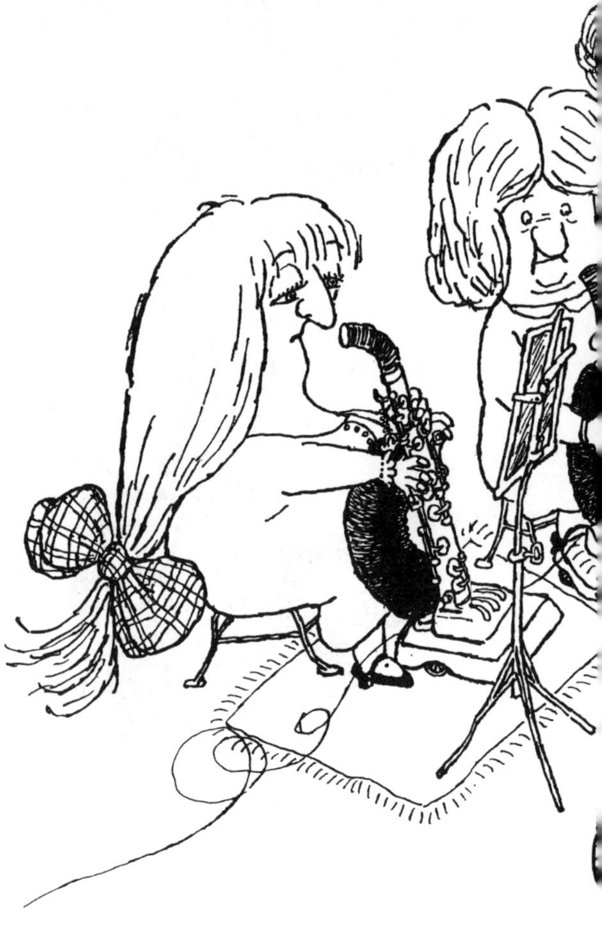

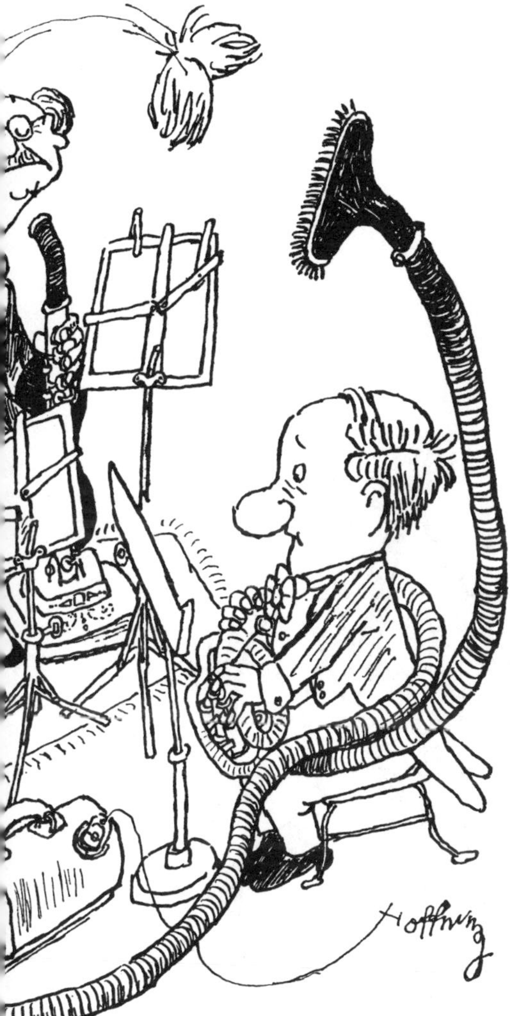

R

Rhythmus

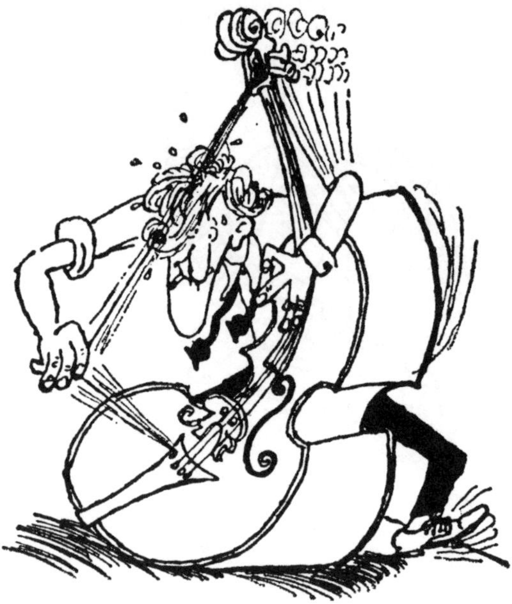

S

Schlüssel

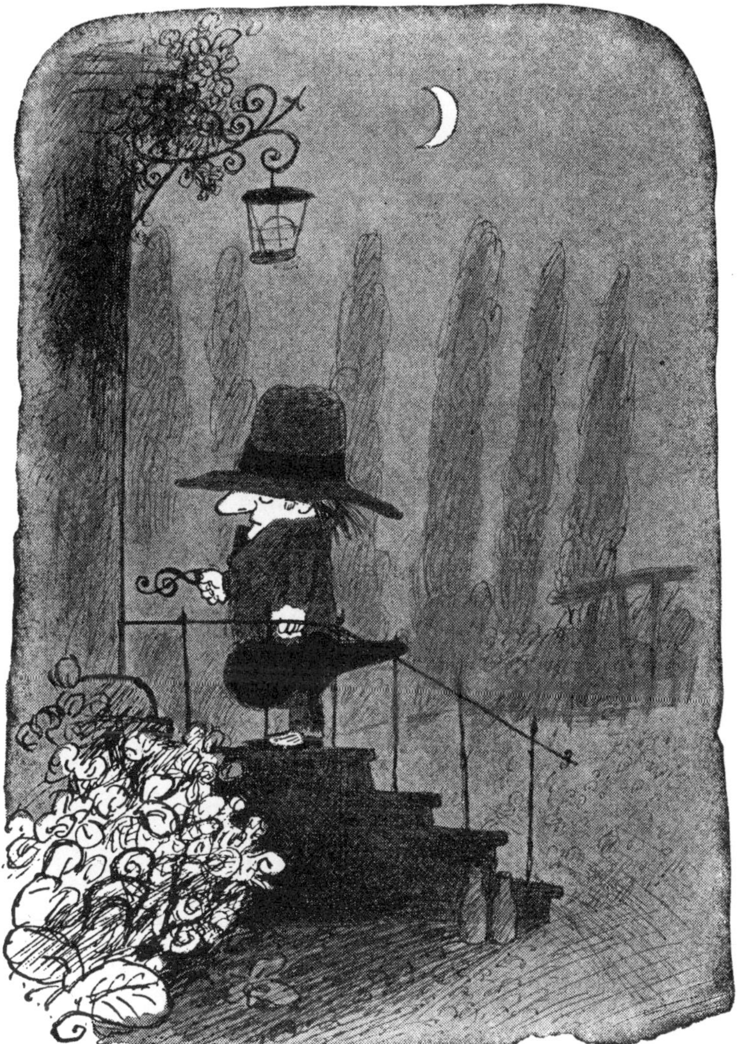

T

Tuba

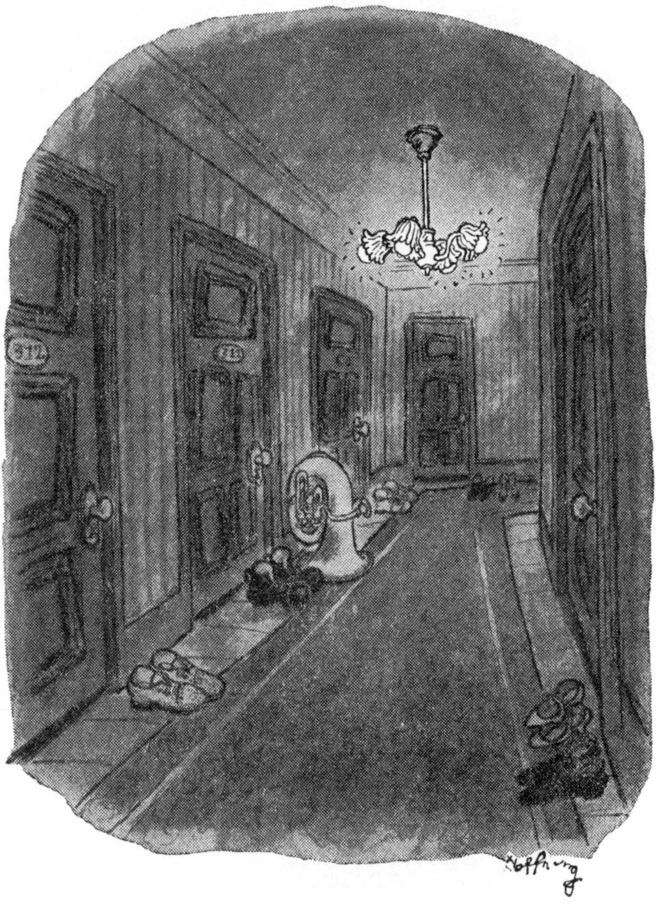

U

Üben, üben, üben

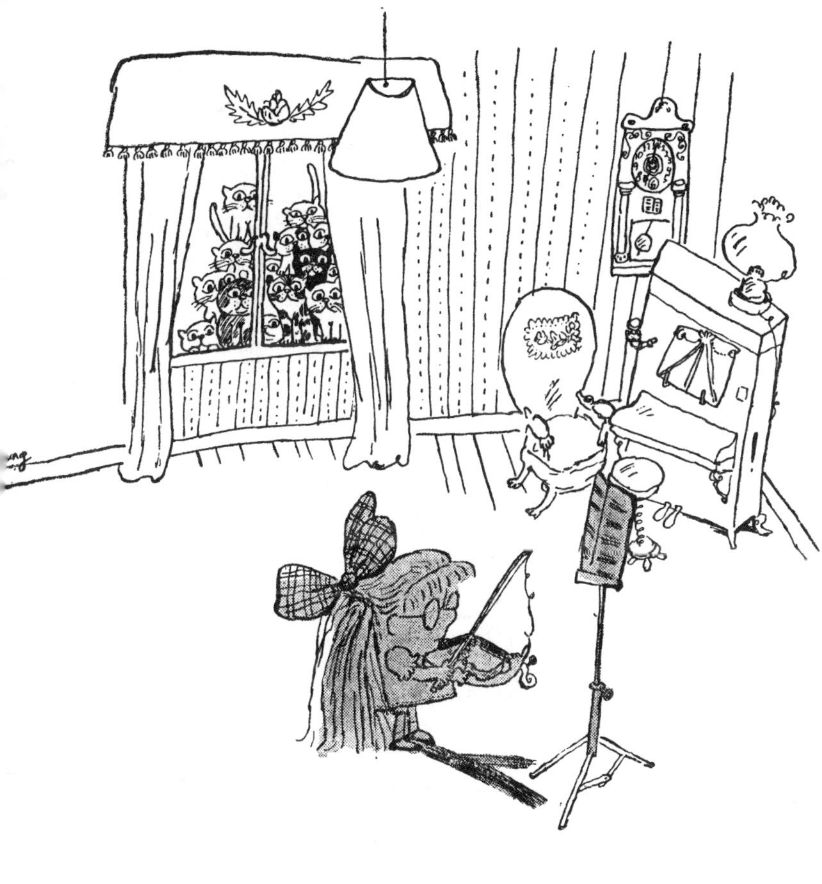

V

Volante
(fliegend)

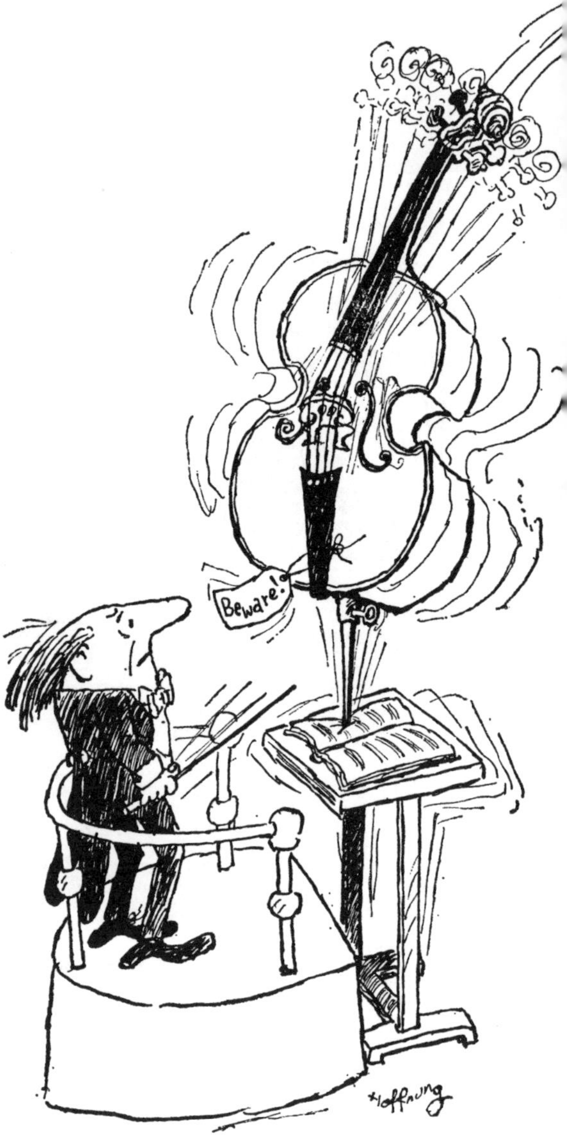

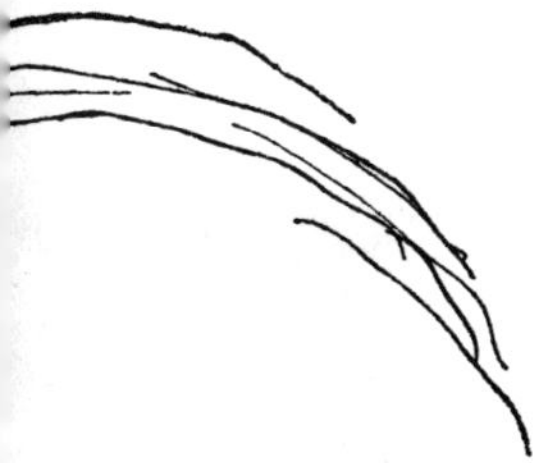

W

Windmaschine

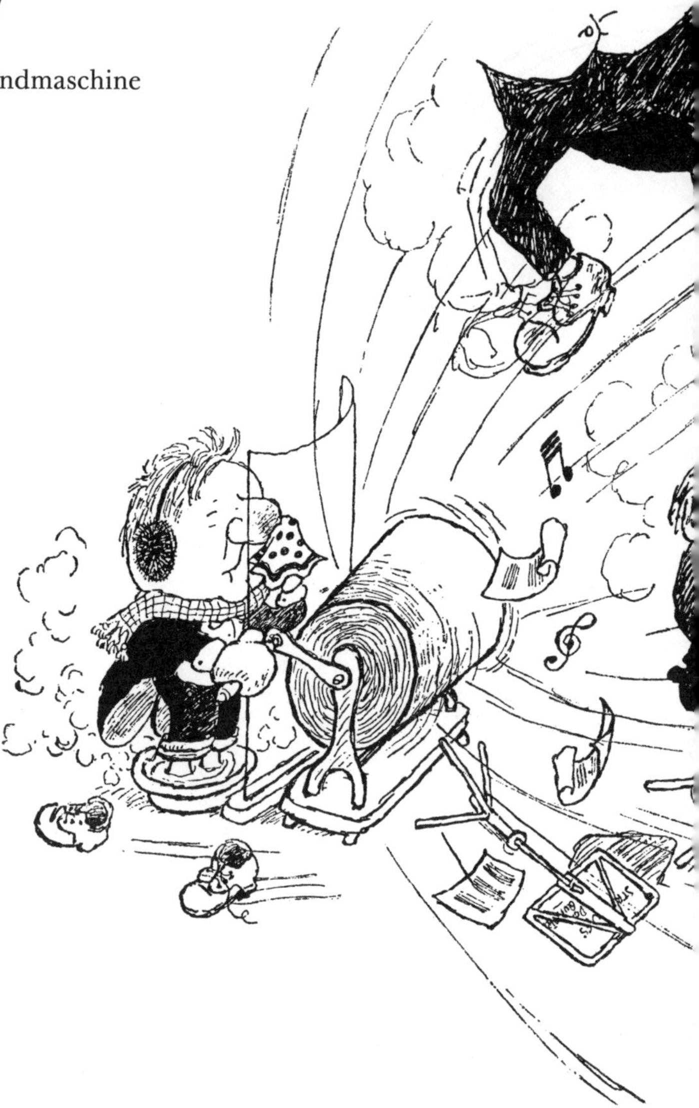

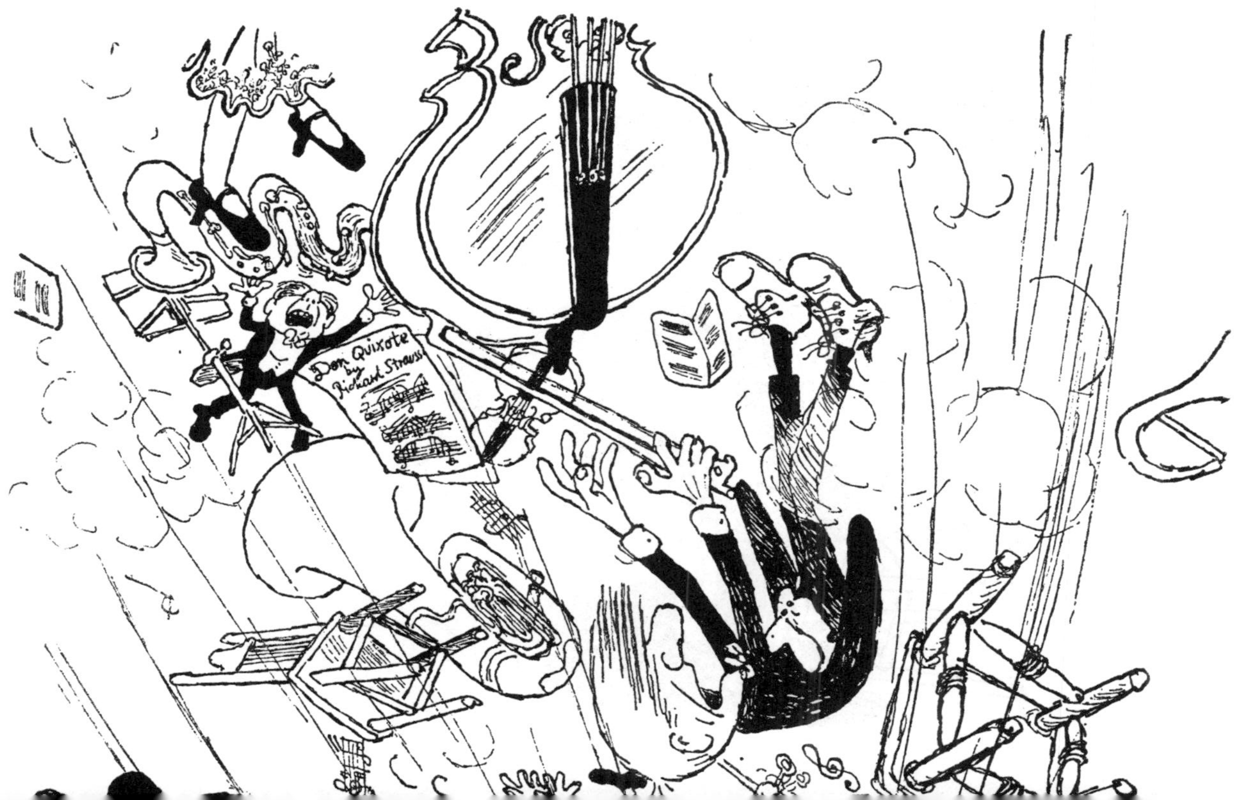
Don Quixote
by
Richard Strauss

X

Xylophon

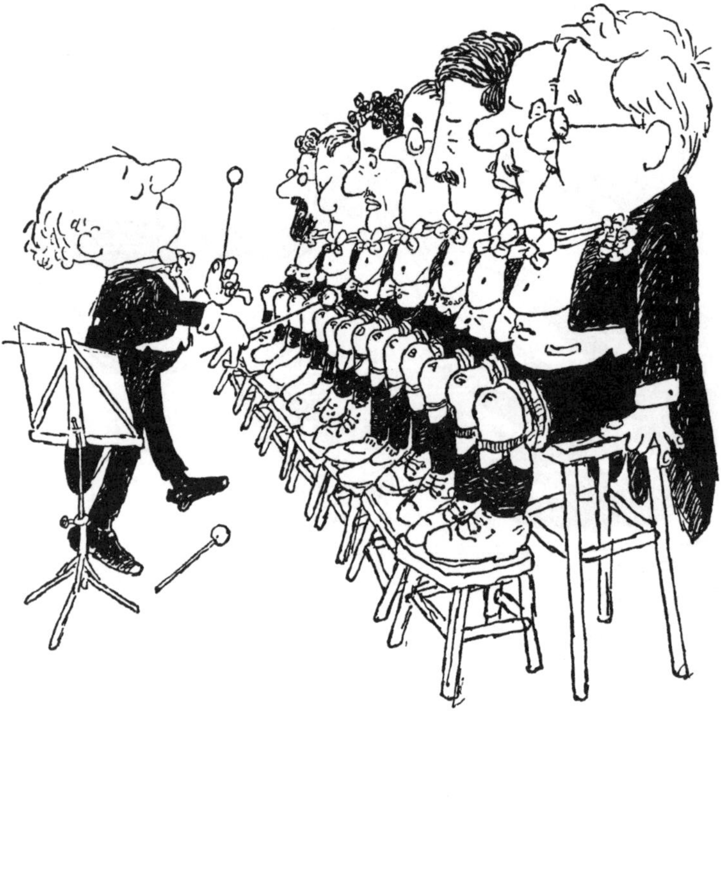

Y

Yo-Yo

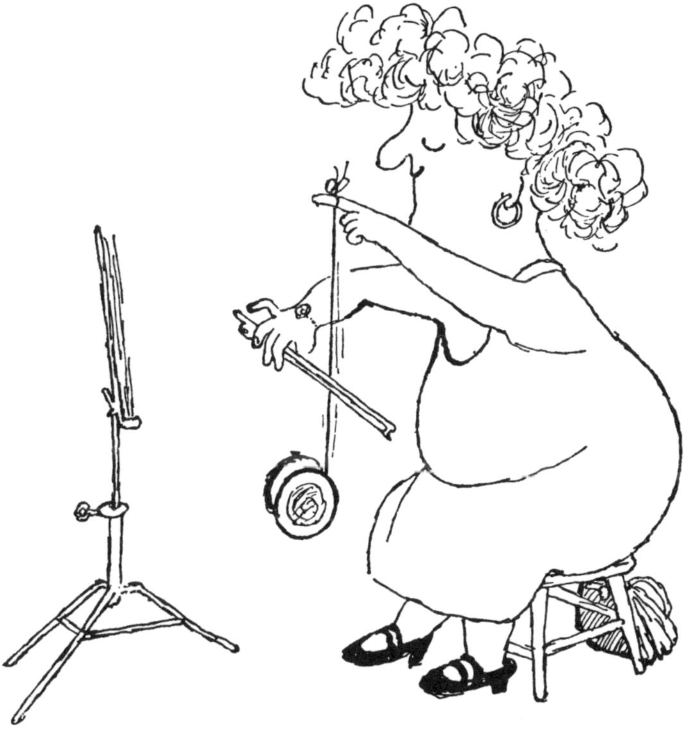

Z

Zither

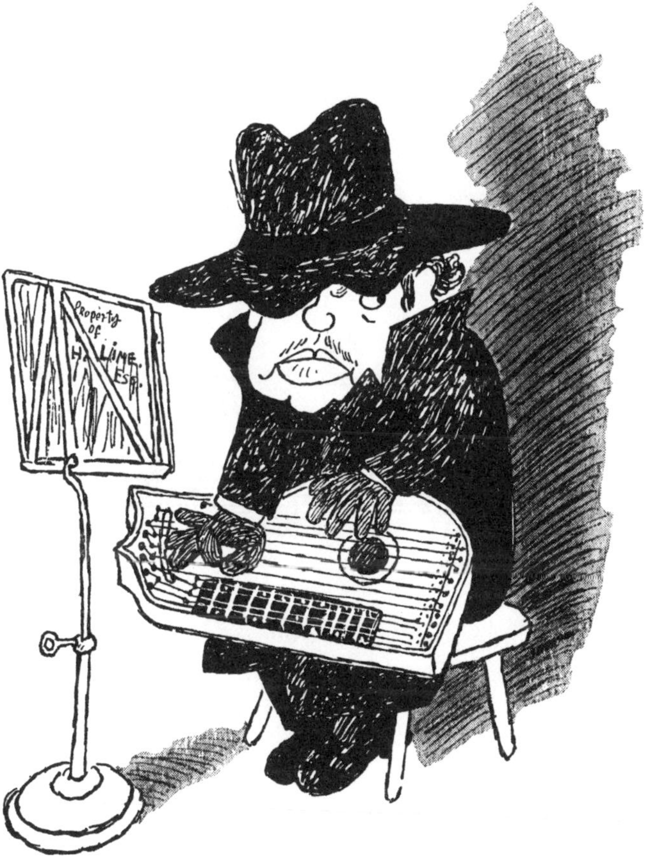

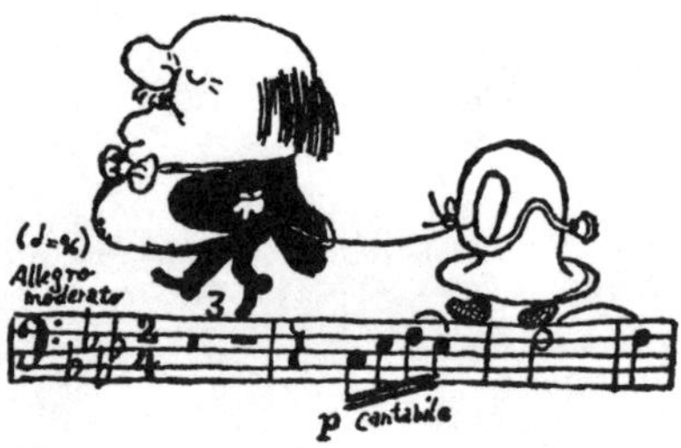

Ende

Hoffnungs

Zwischenspiel

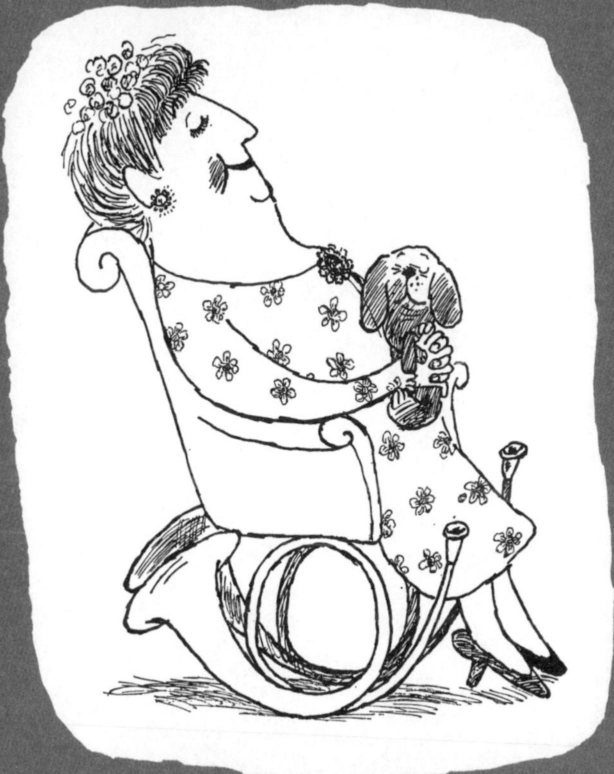

Für
Malcolm Arnold

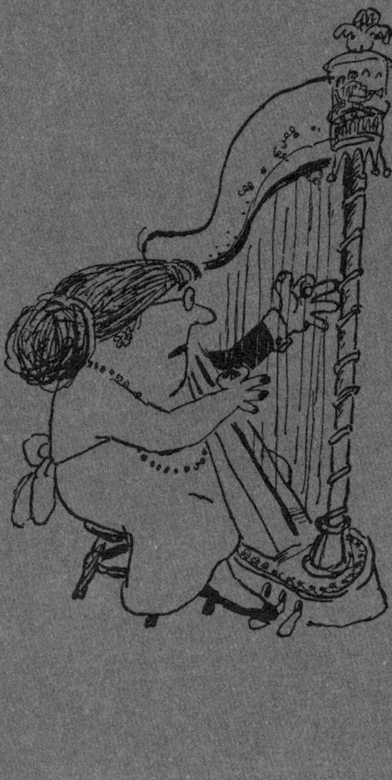

Karneval der Tiere

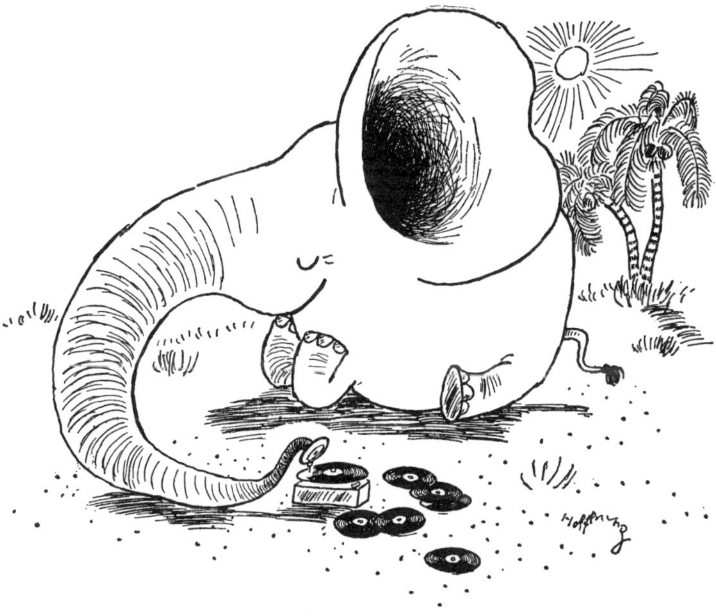

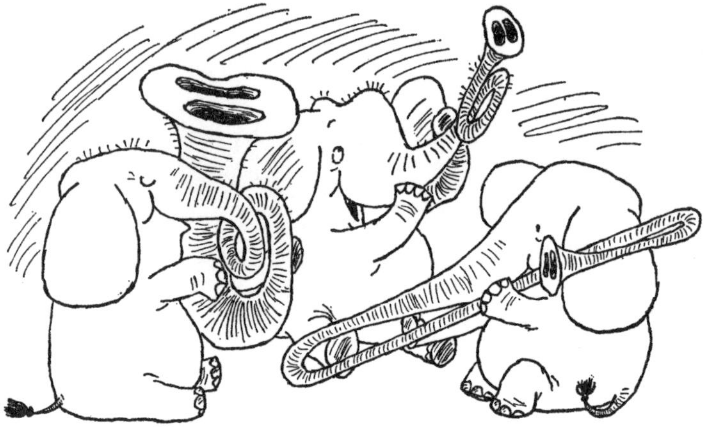

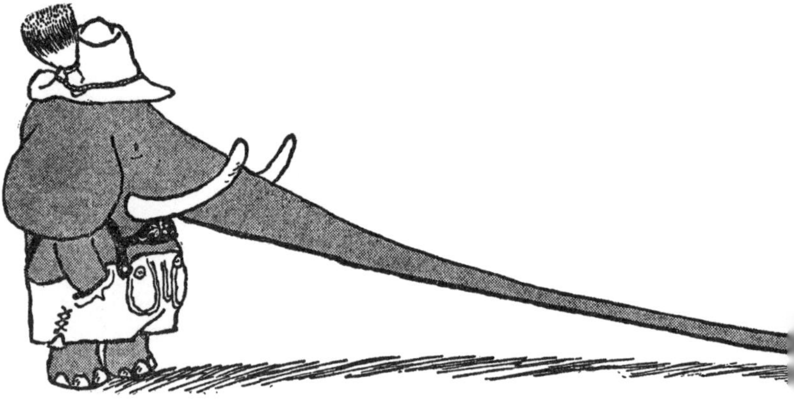

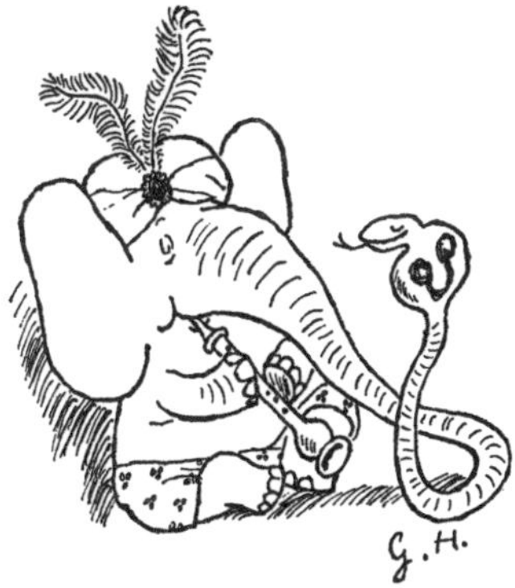
G.H.

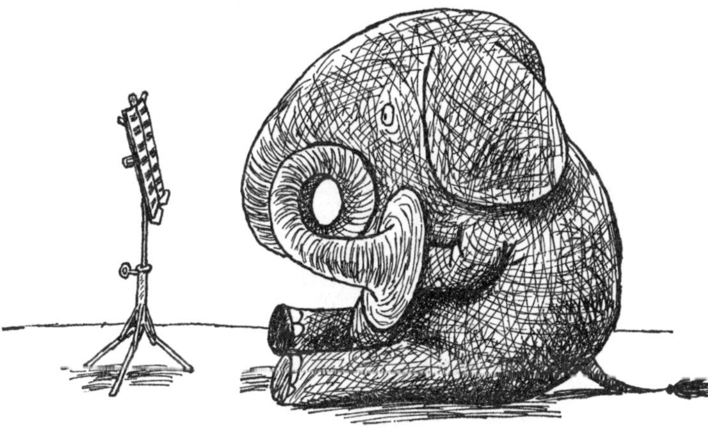

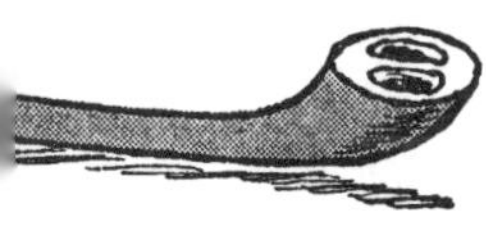

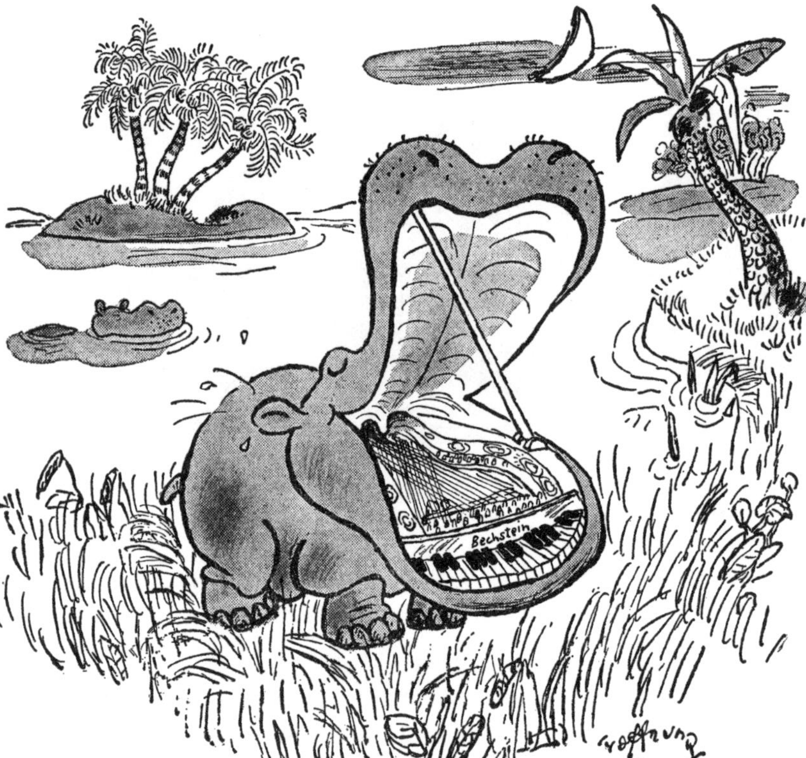
Bechstein

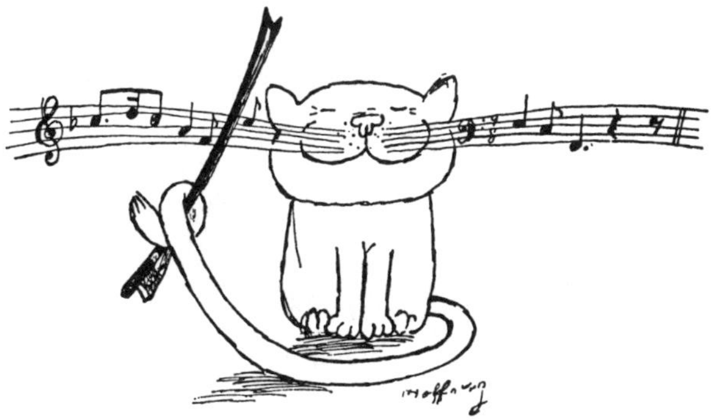

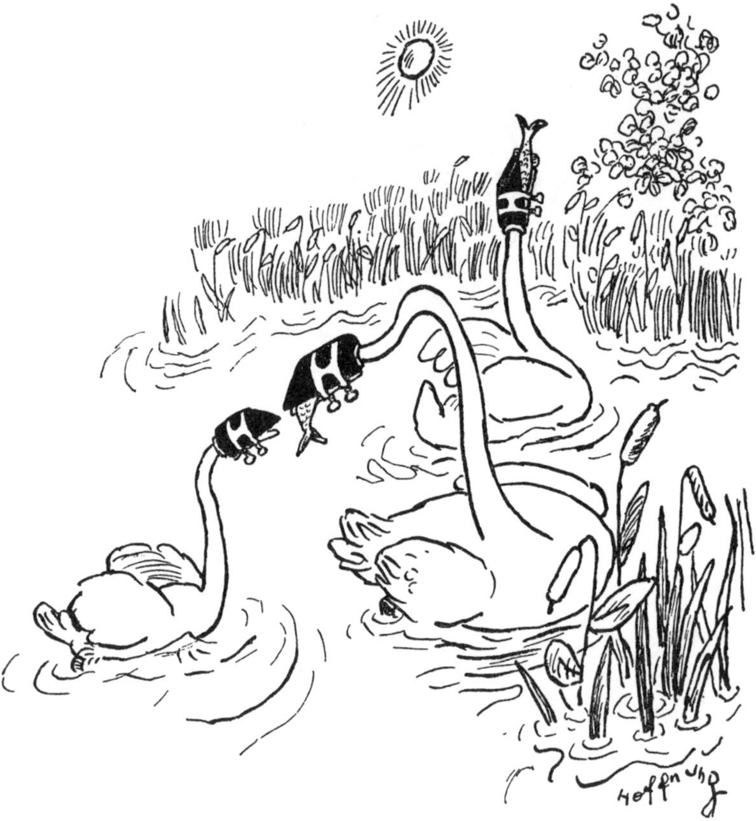
Hoffnung

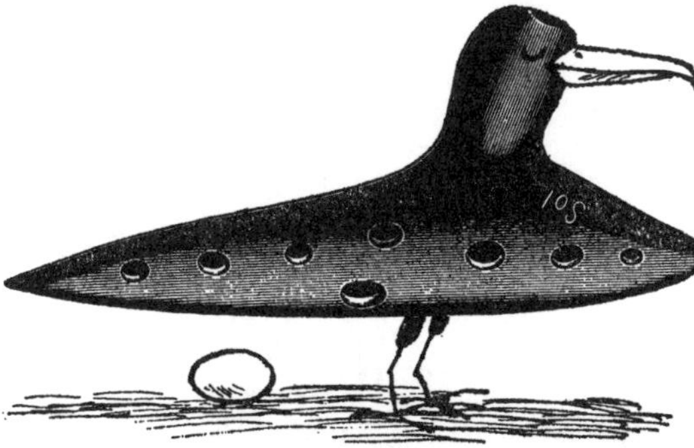

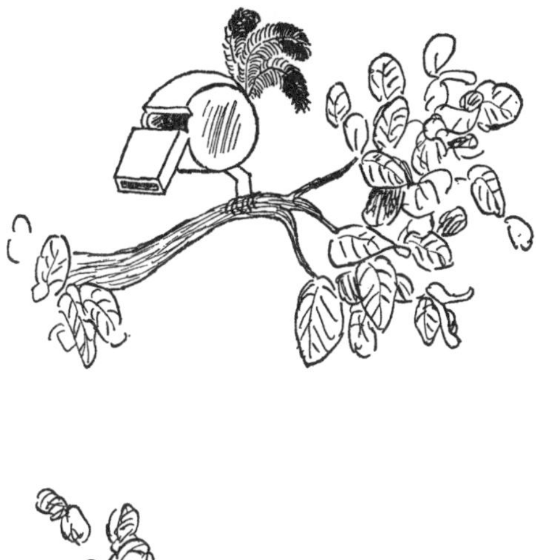

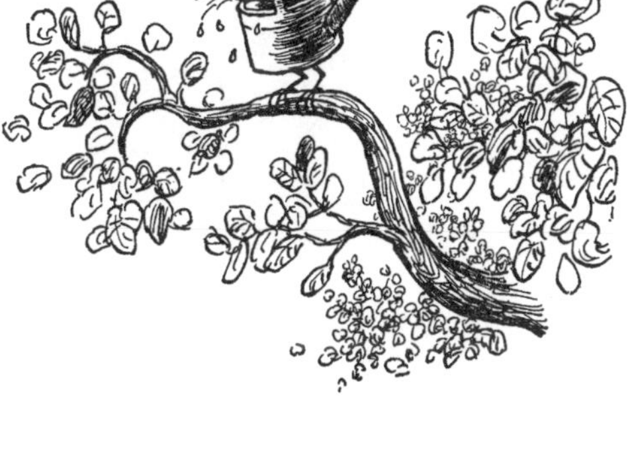

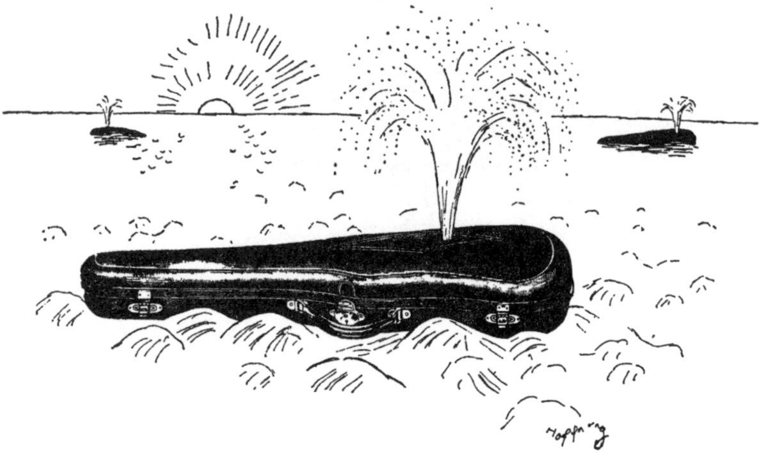

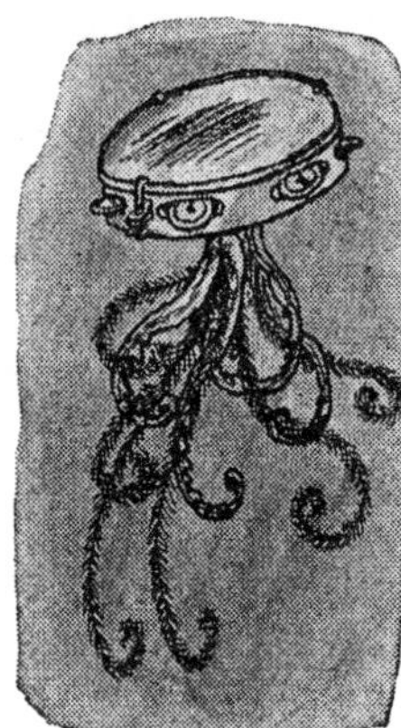

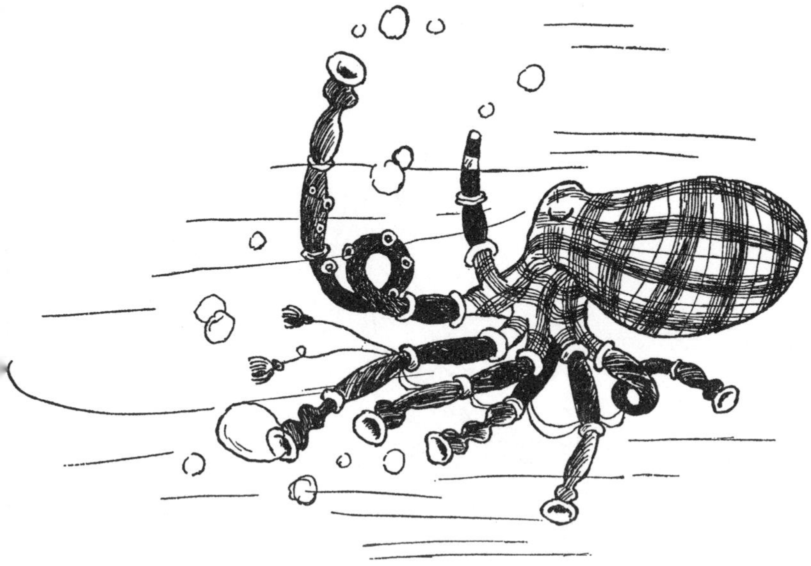

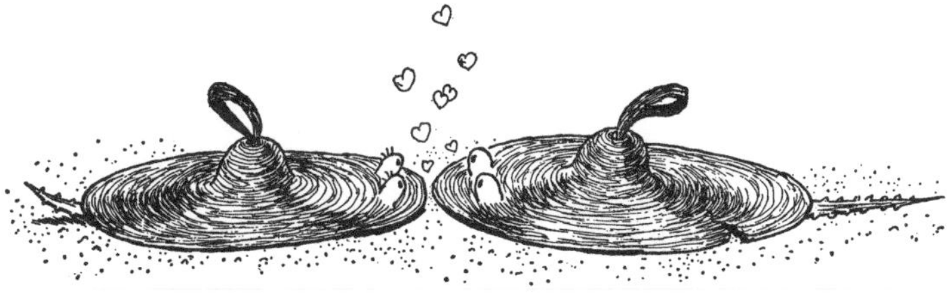

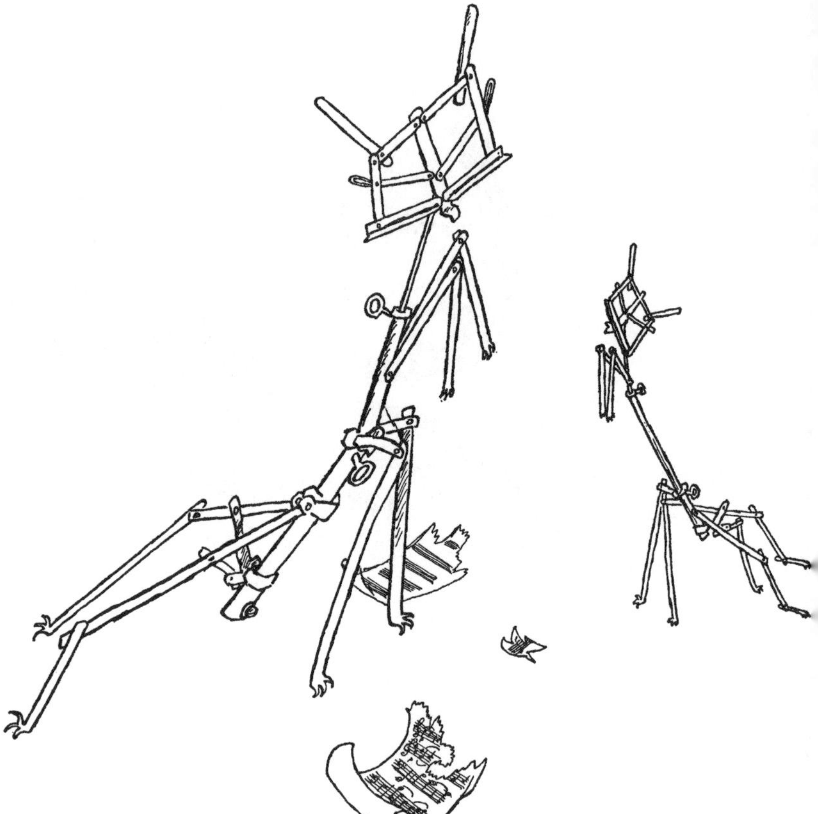

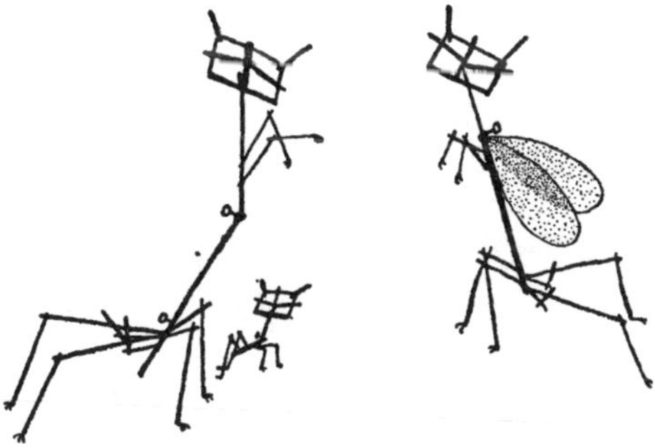

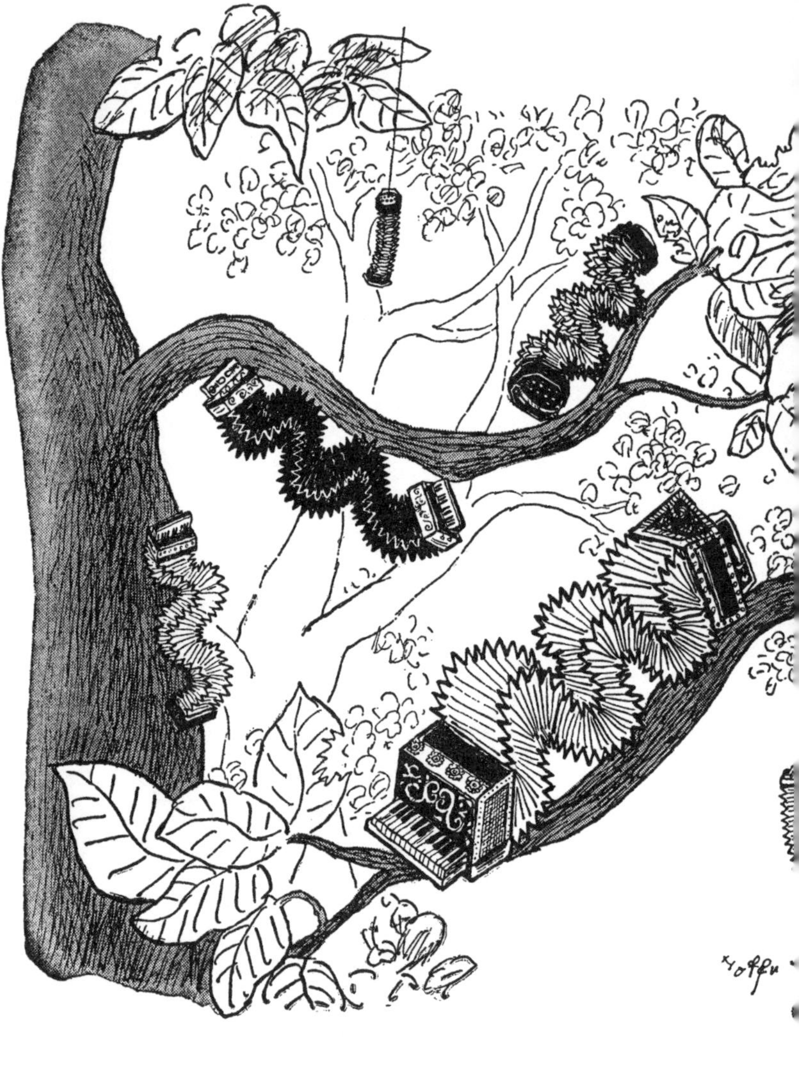

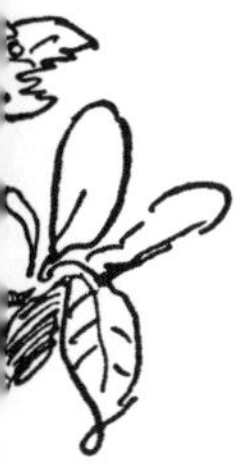

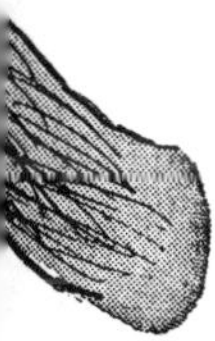

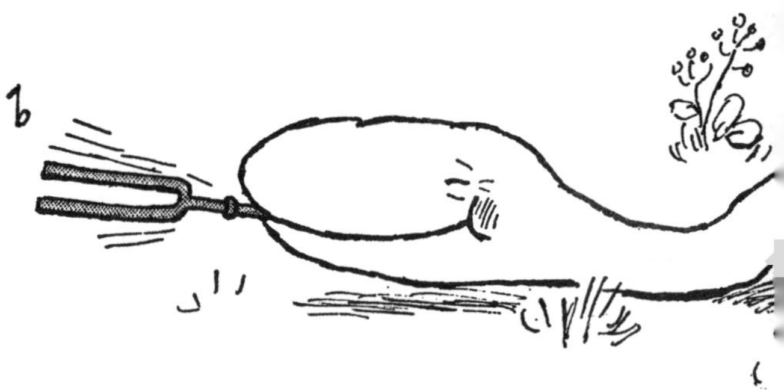

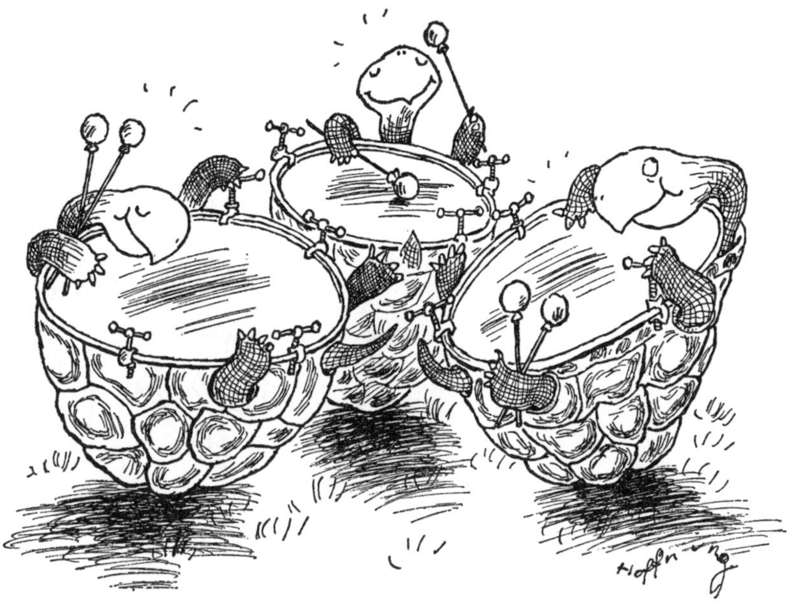

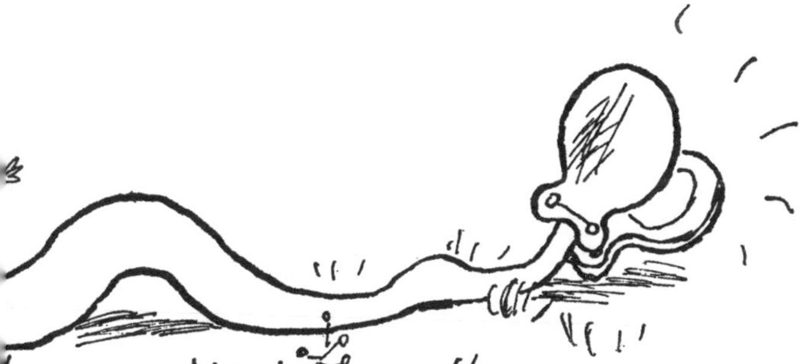

Leichte Kavallerie

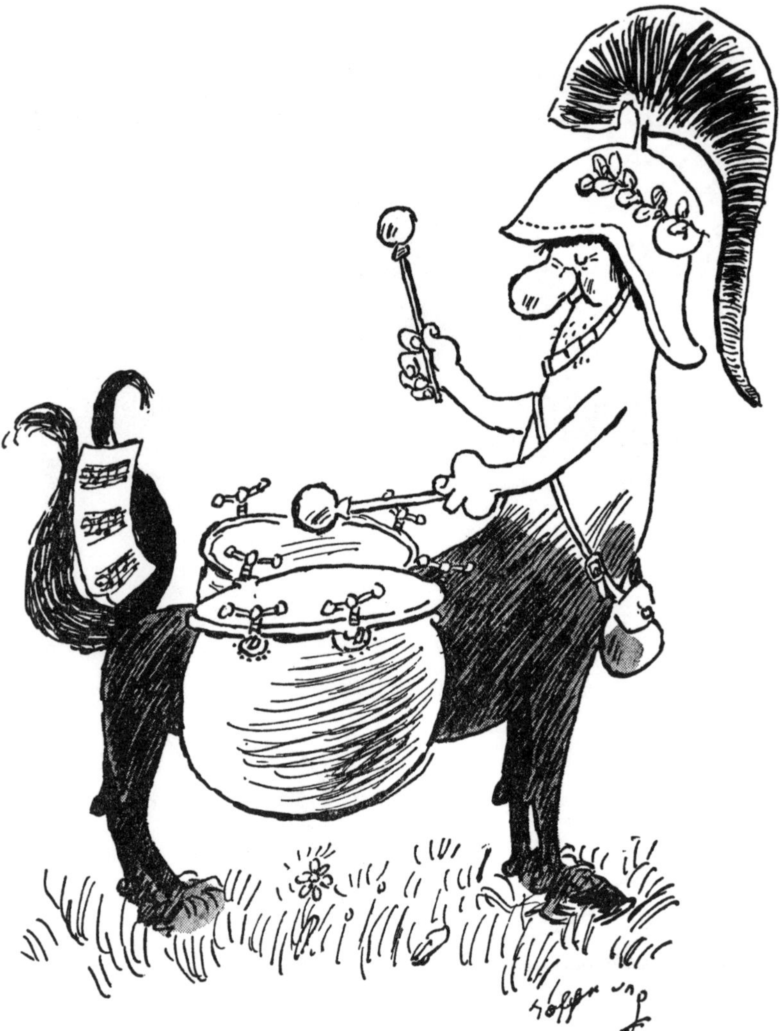

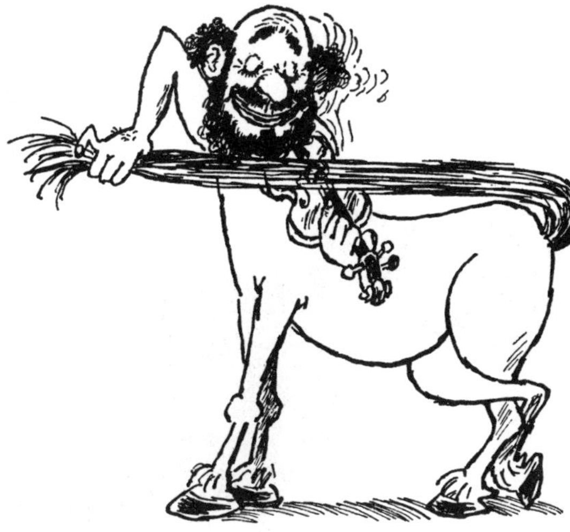

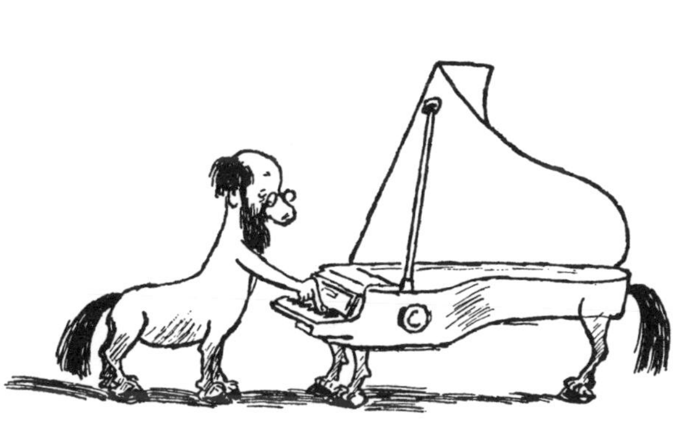

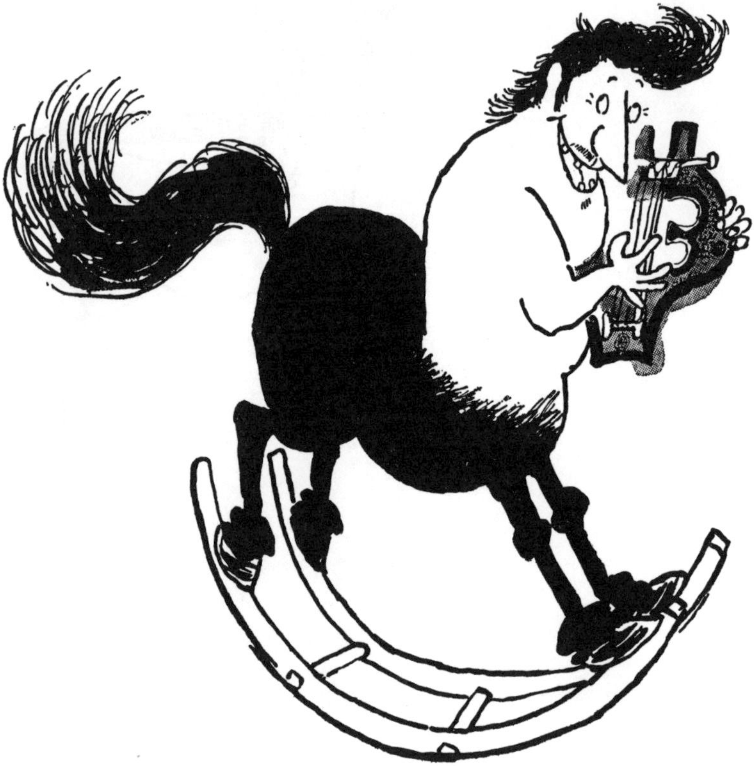

Frühe Ausbrüche des Rock 'n' Roll

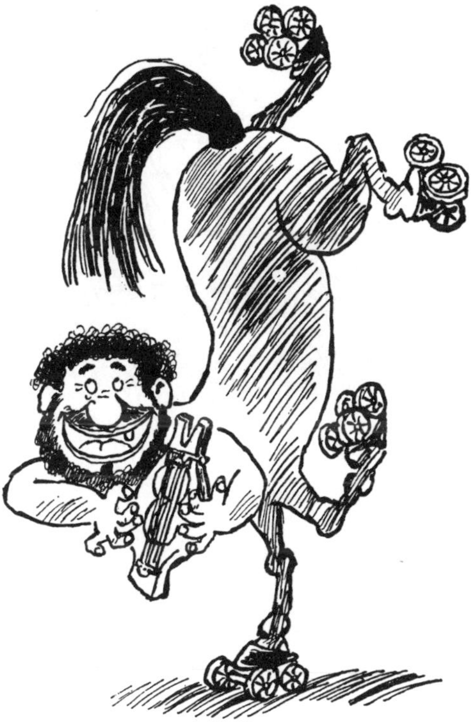

Le sacre du printemps

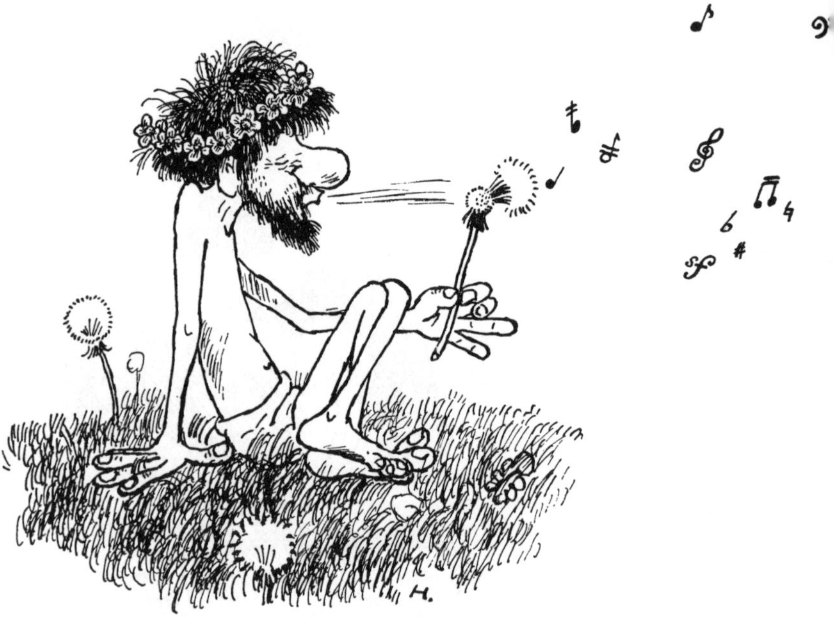

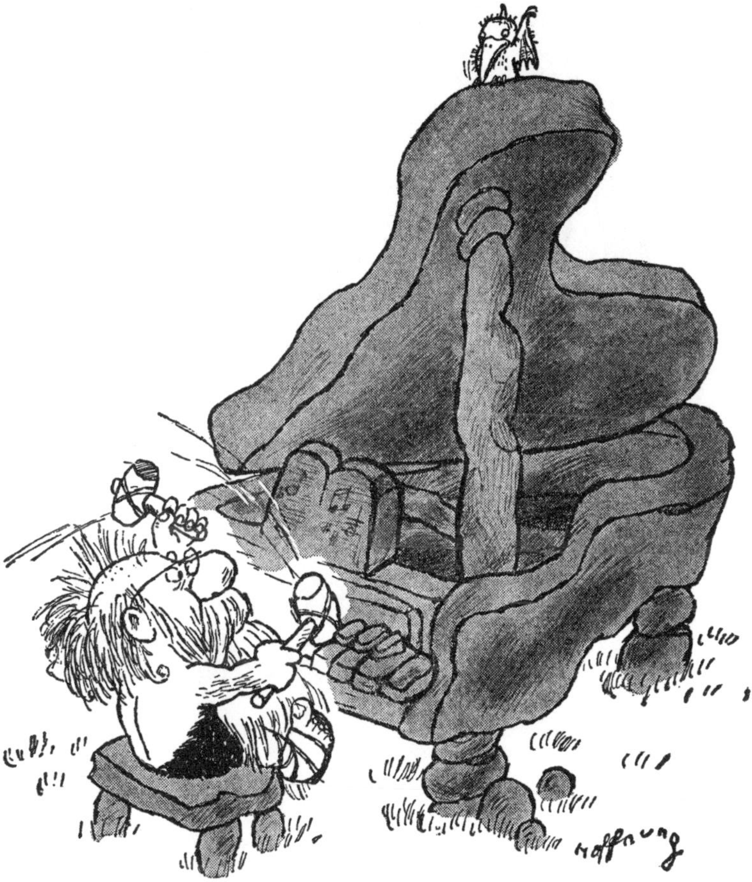

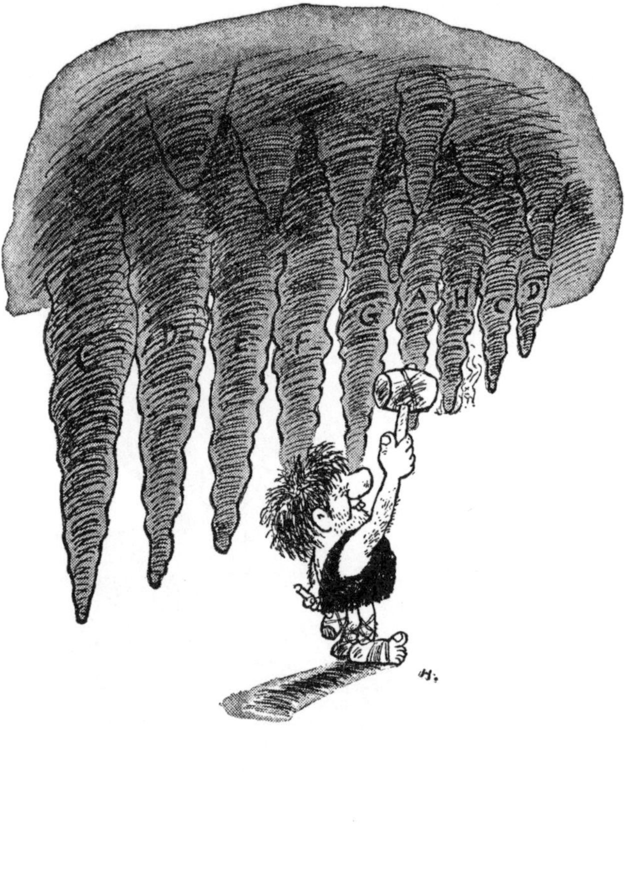
C
D
E
F
G
A
H
C
D

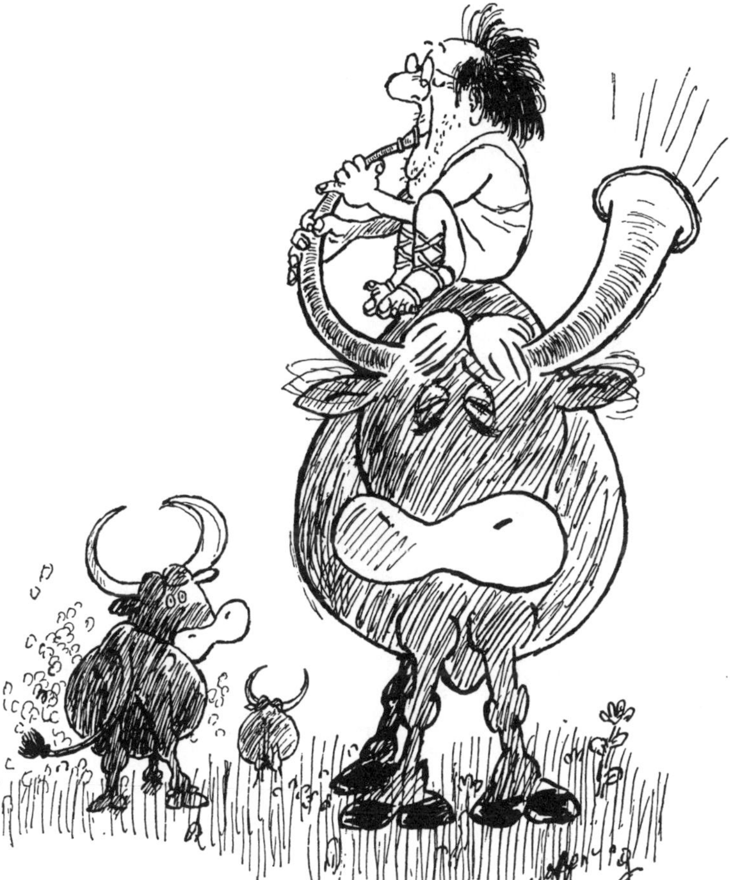

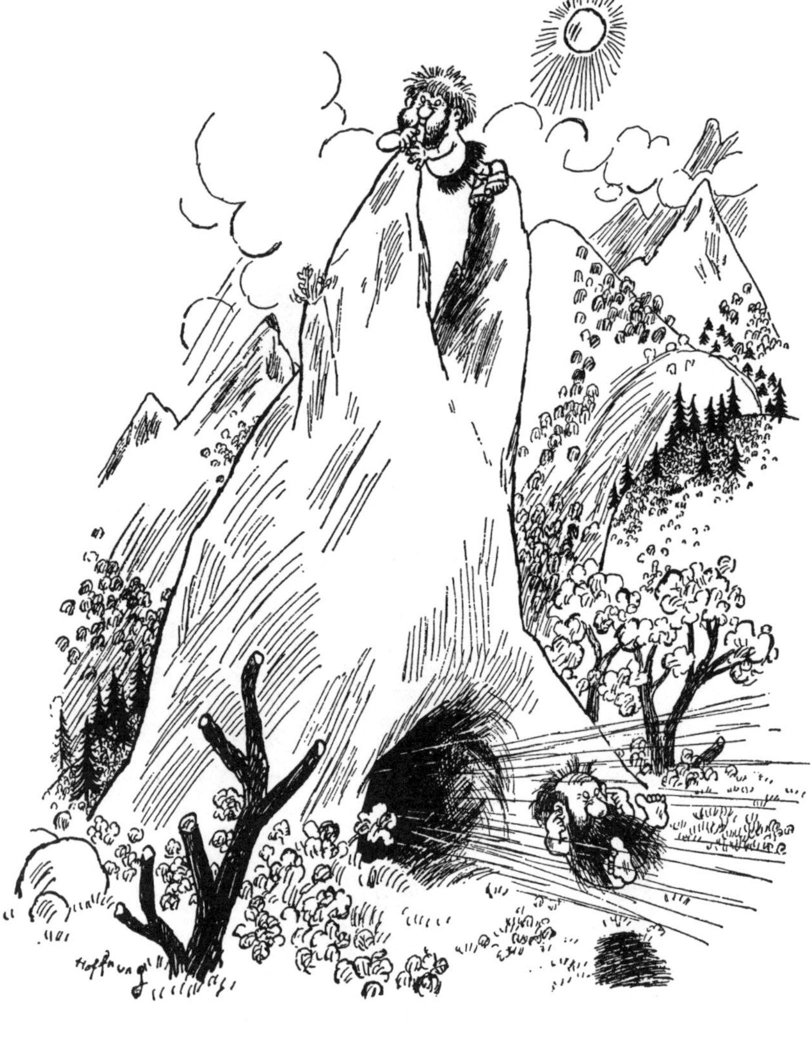

Alphorn (in Es)

Eine Kapelle im Tal

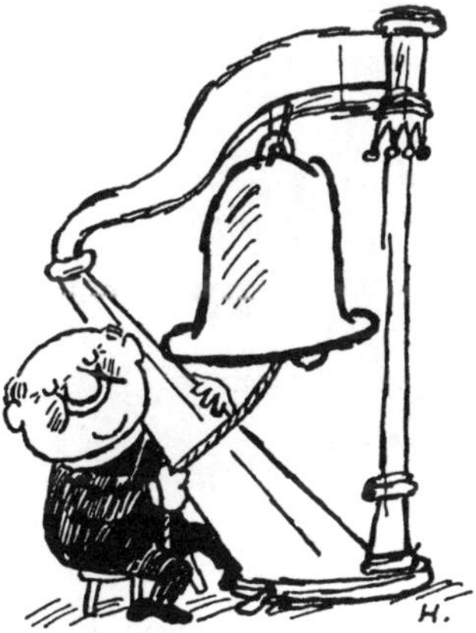

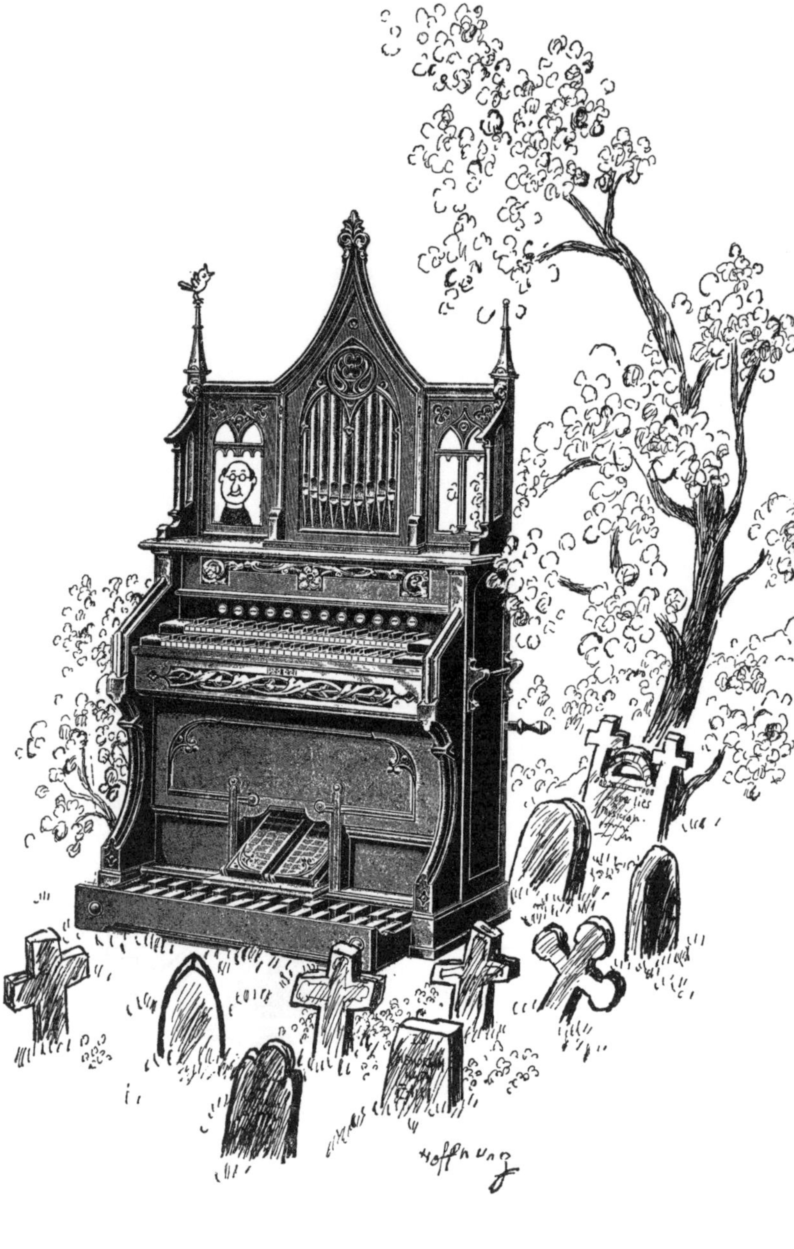
Here lies a musician.
Hoffnung

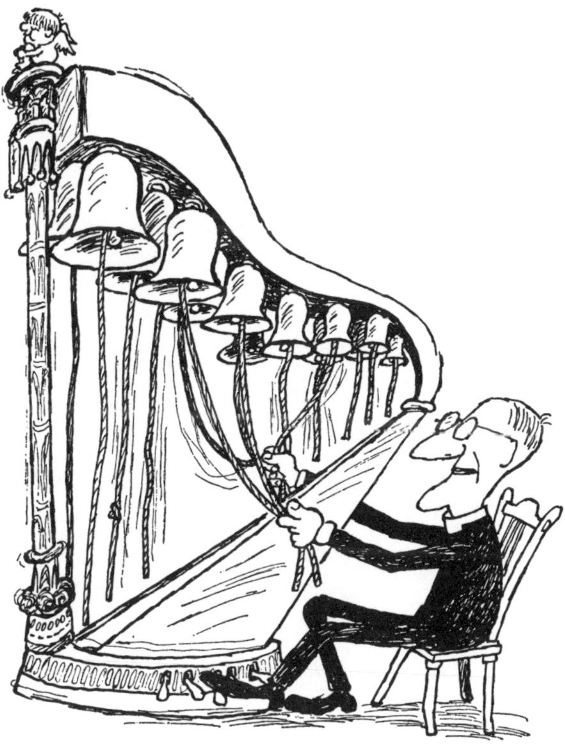

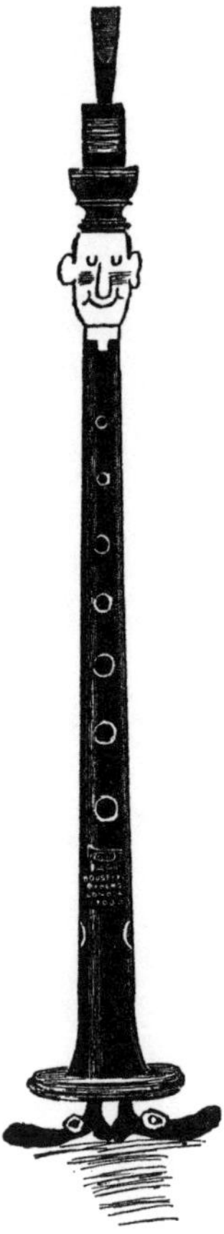

Flageolett

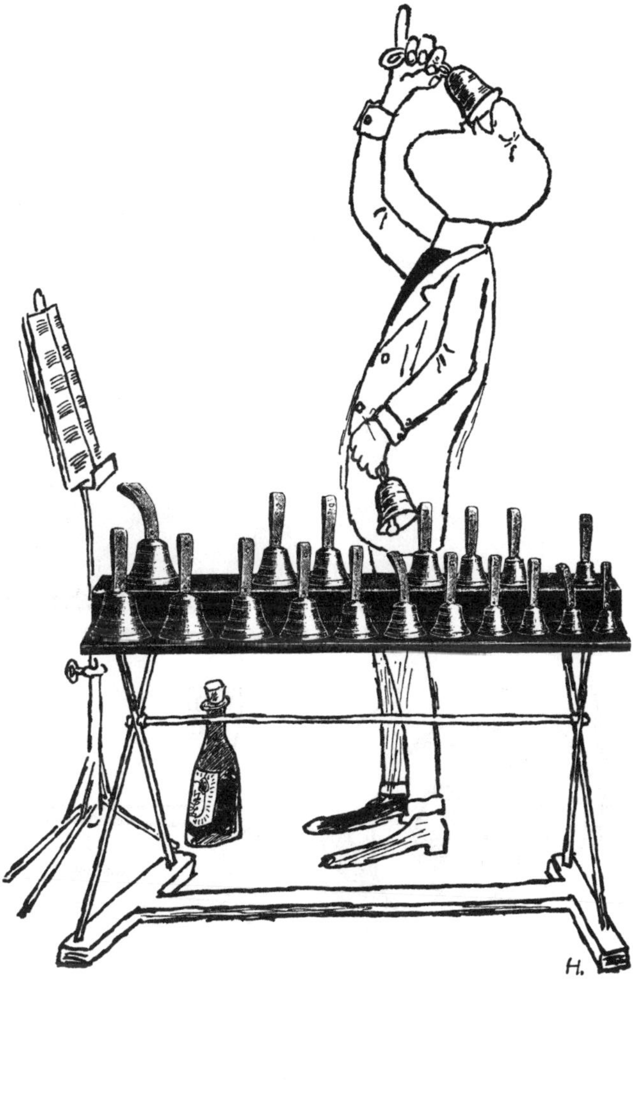
H.

Marche funèbre

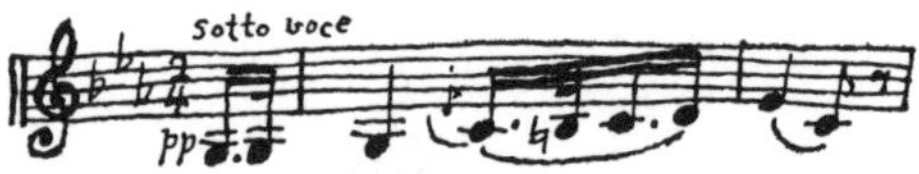

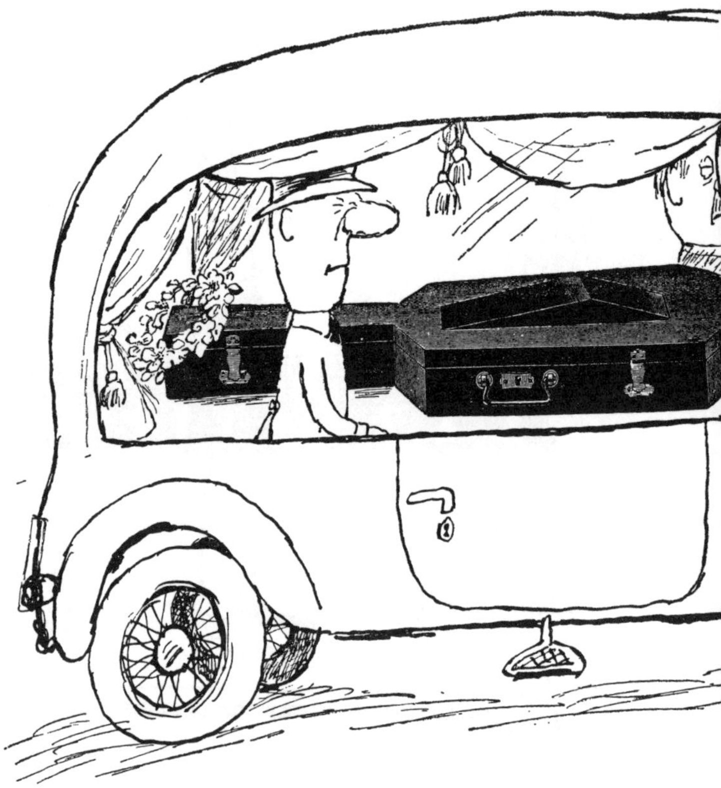

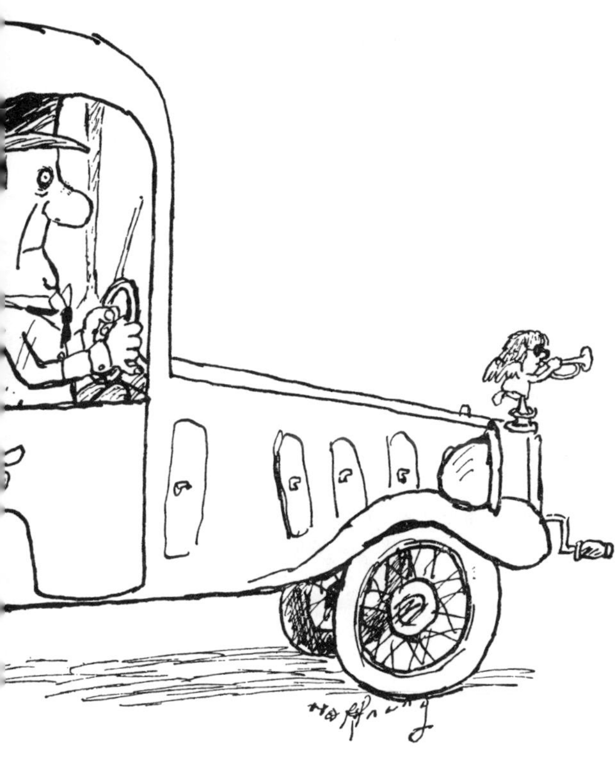

Sinfonia domestica

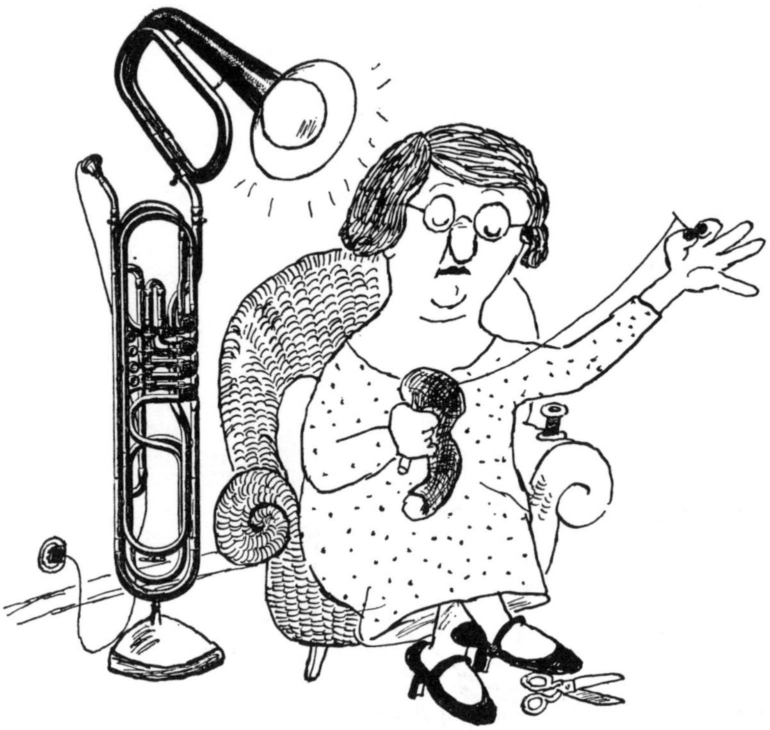

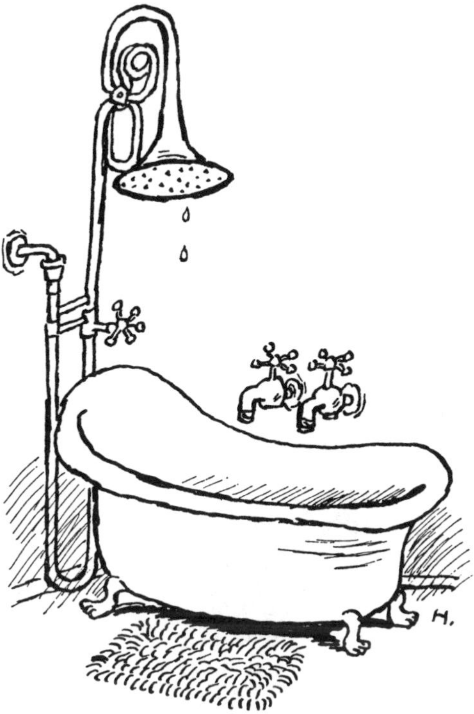

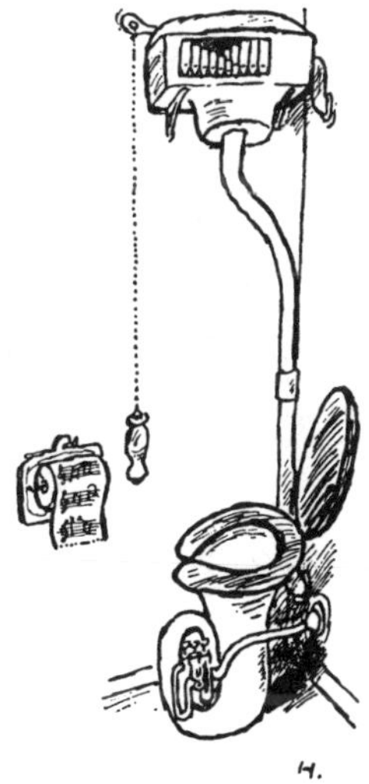

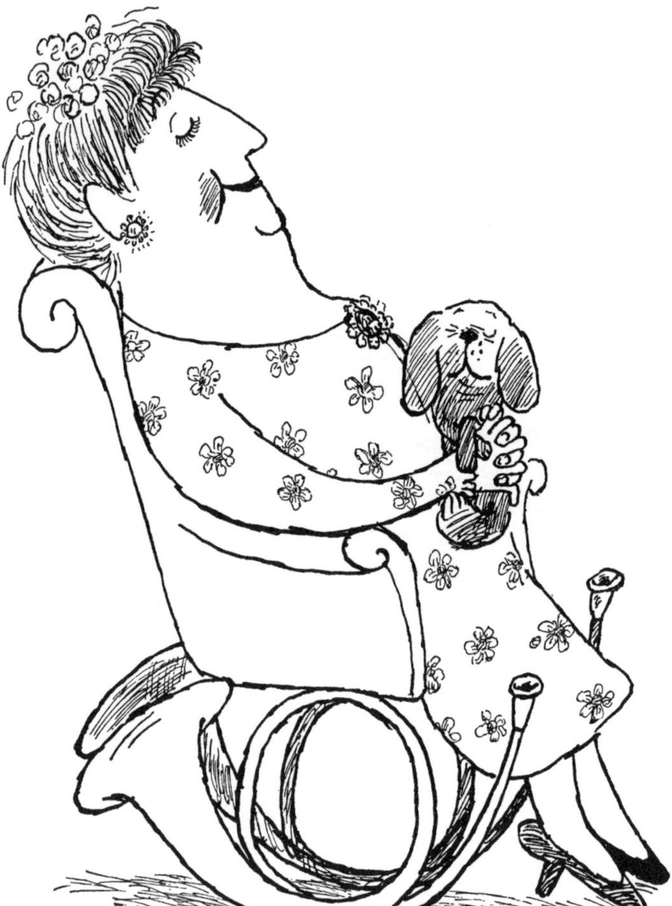

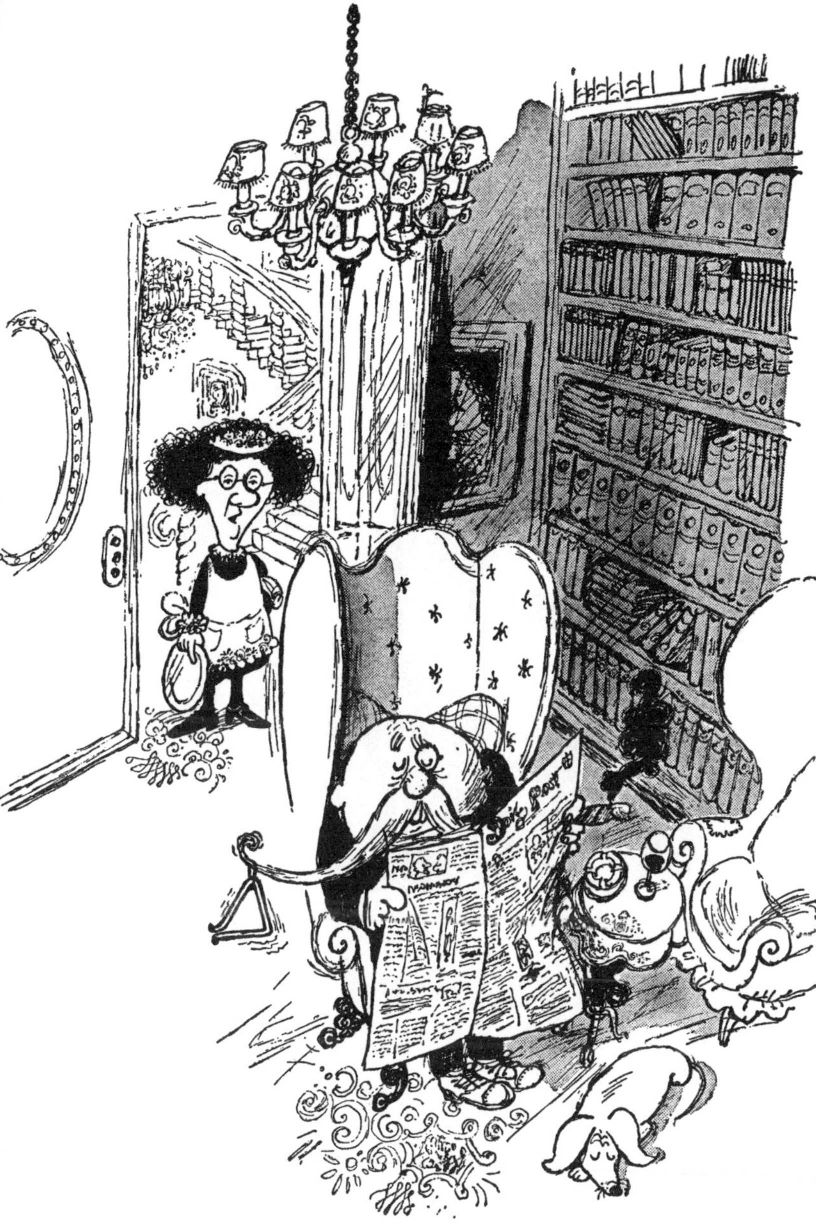

»Haben Sie geläutet, Sir?«

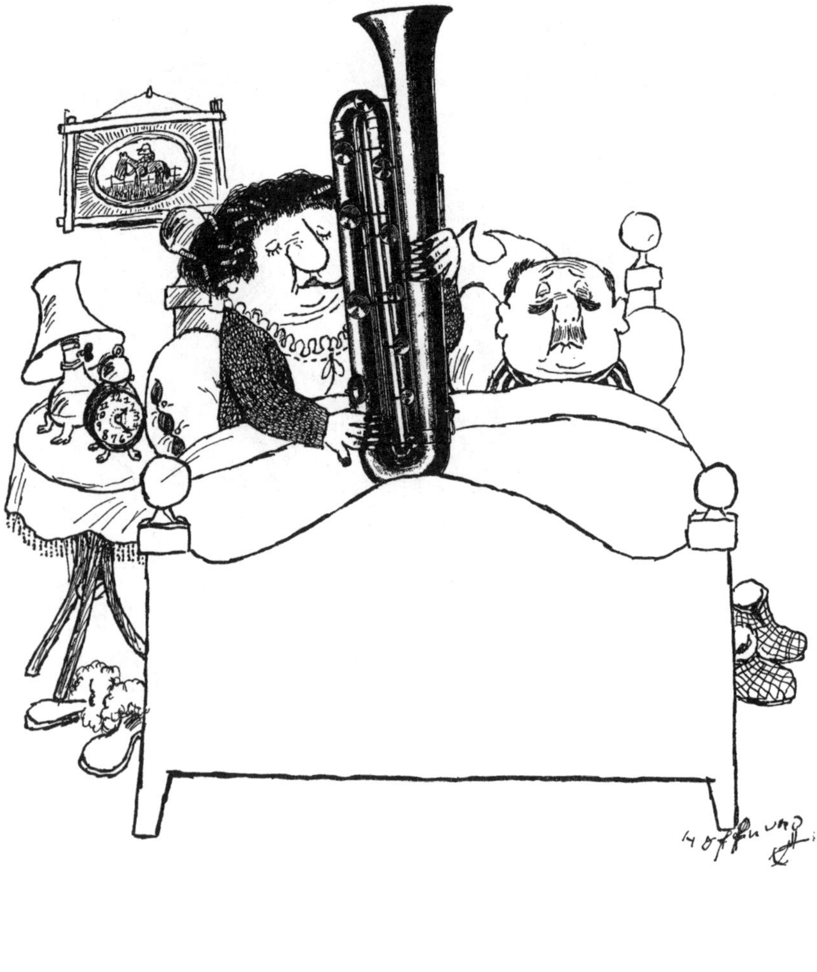

Children's Corner

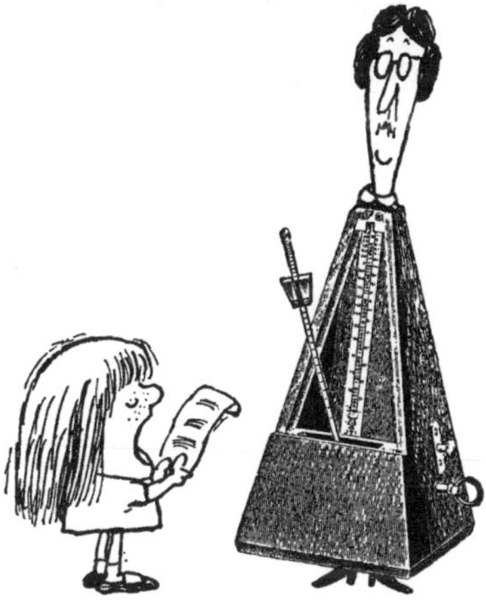

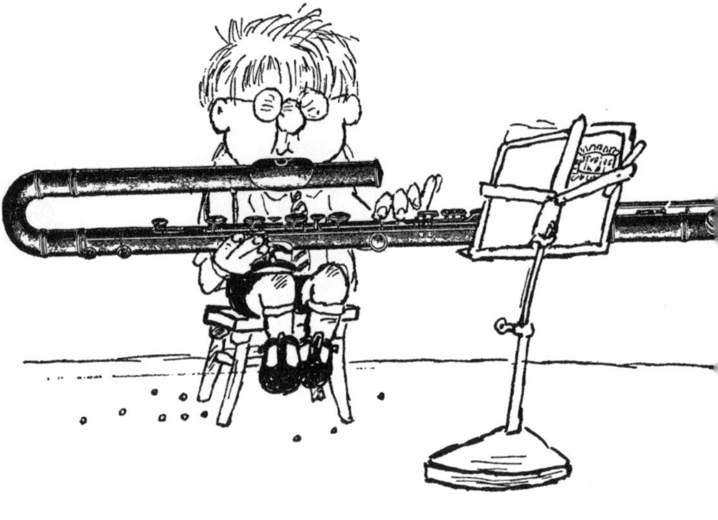

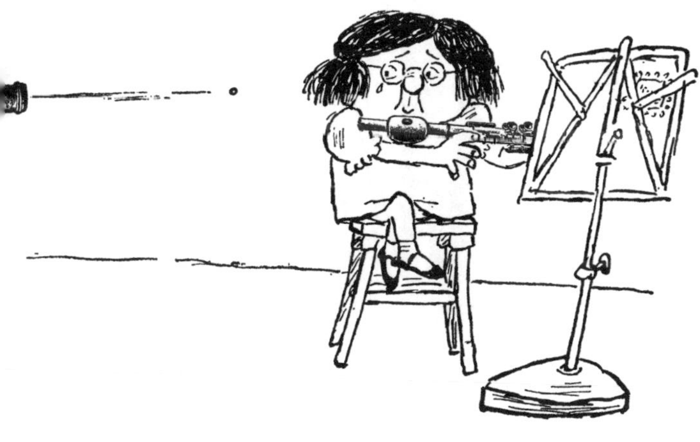

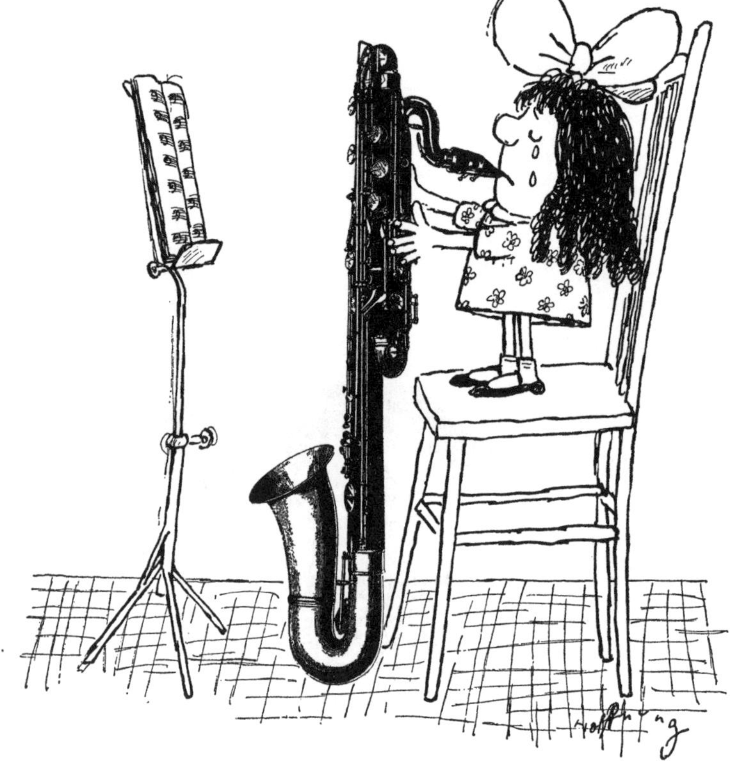

Impromptu à la mode

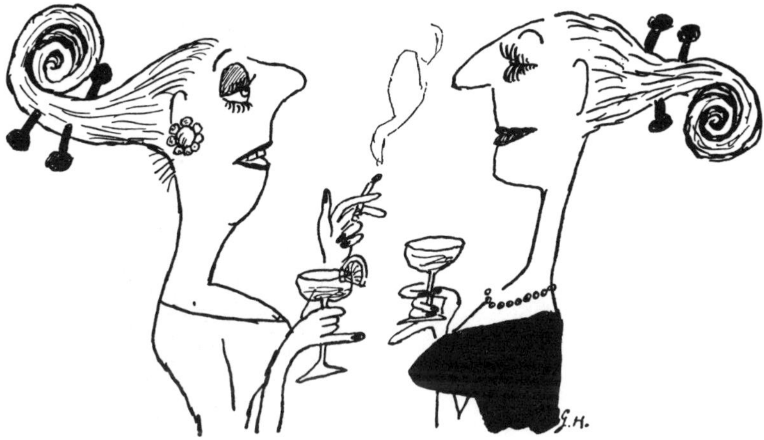

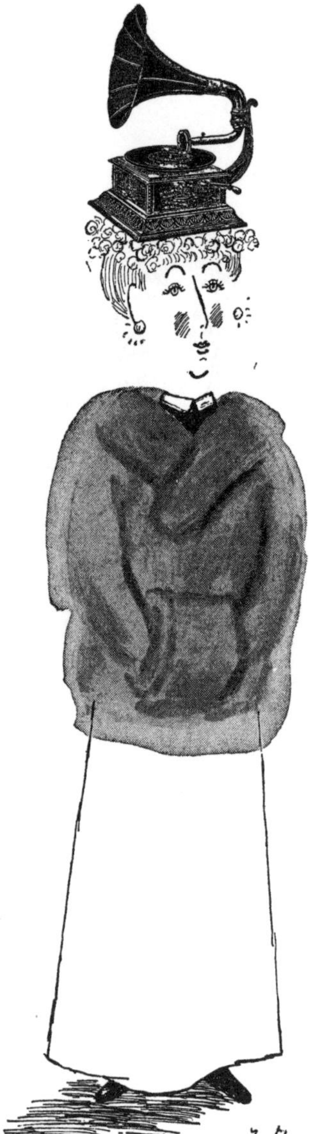
J. M.

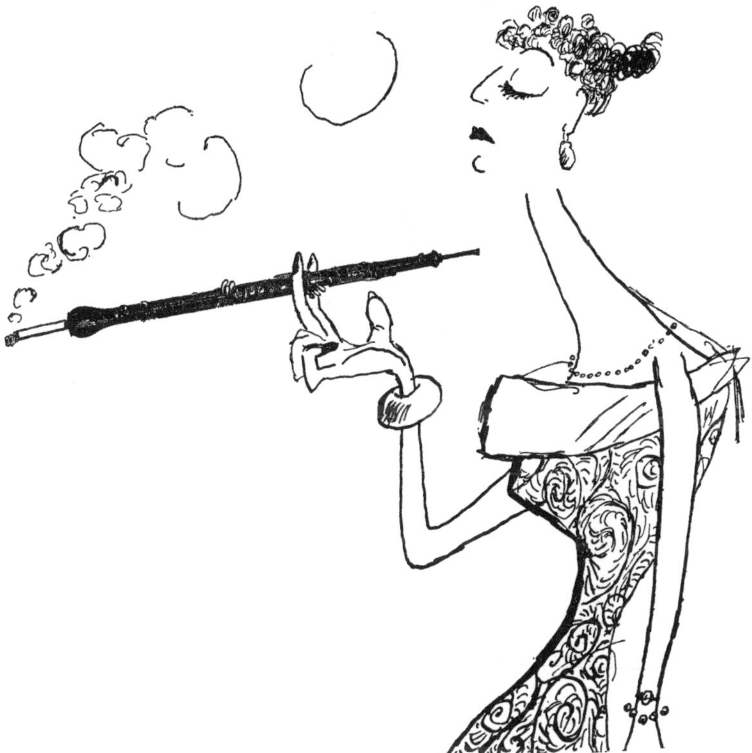

Was blasen die Trompeten?

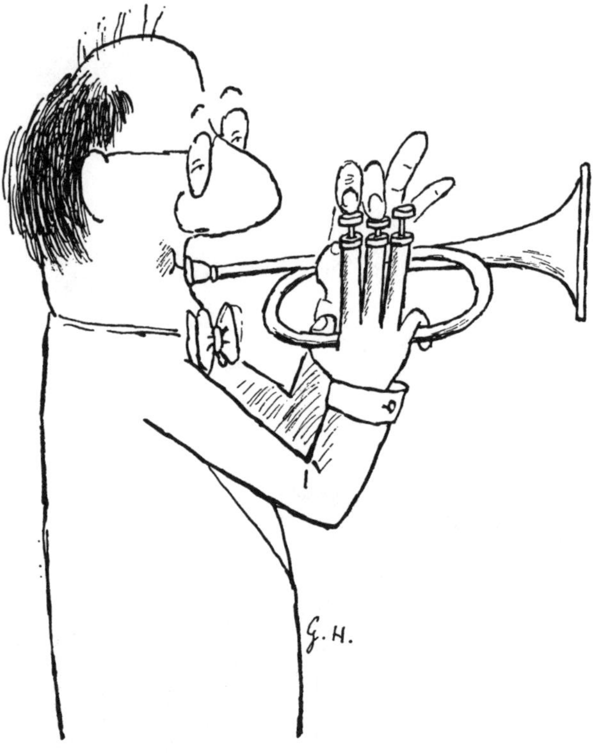

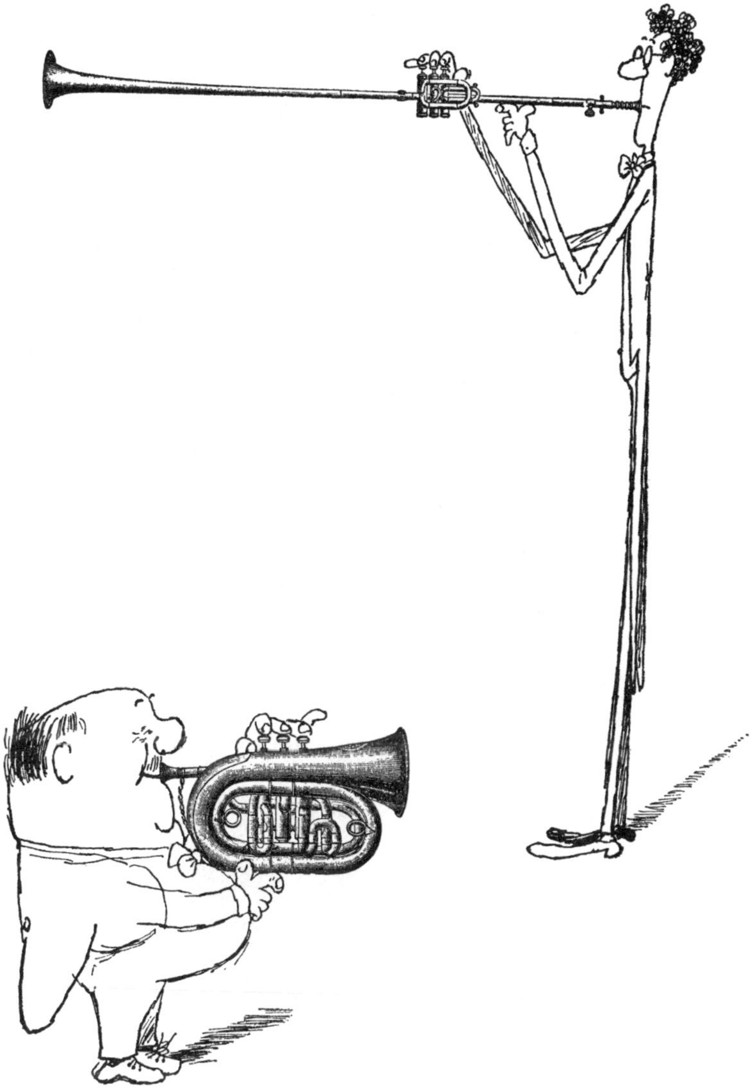

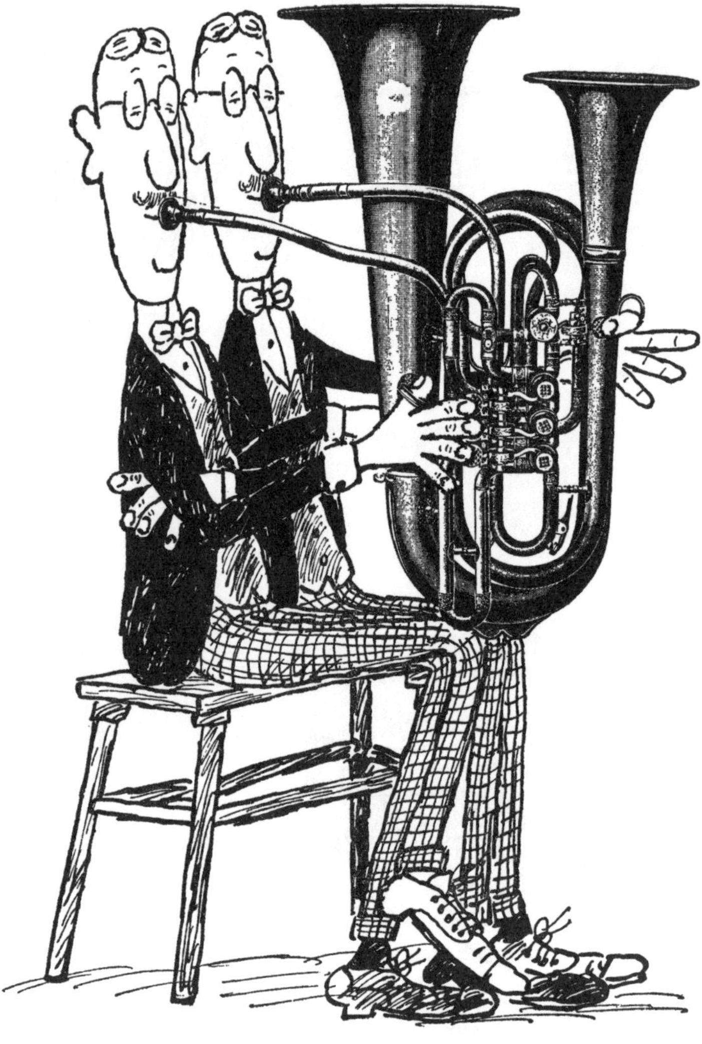

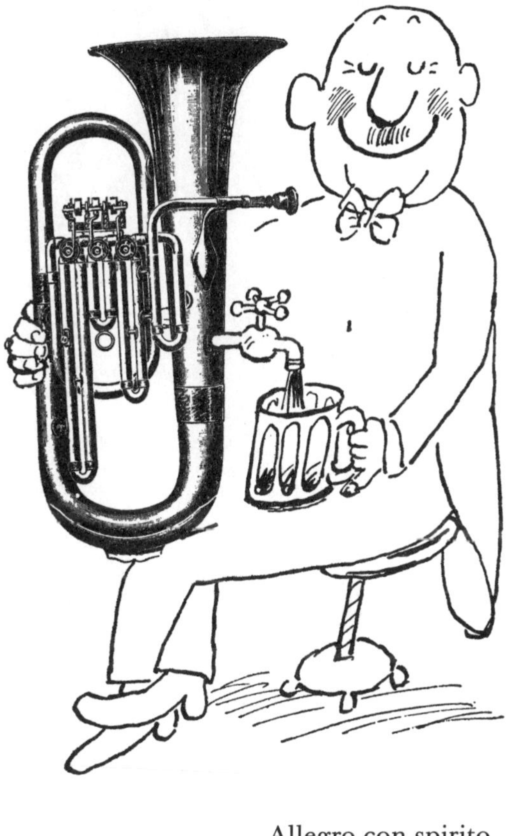

Allegro con spirito

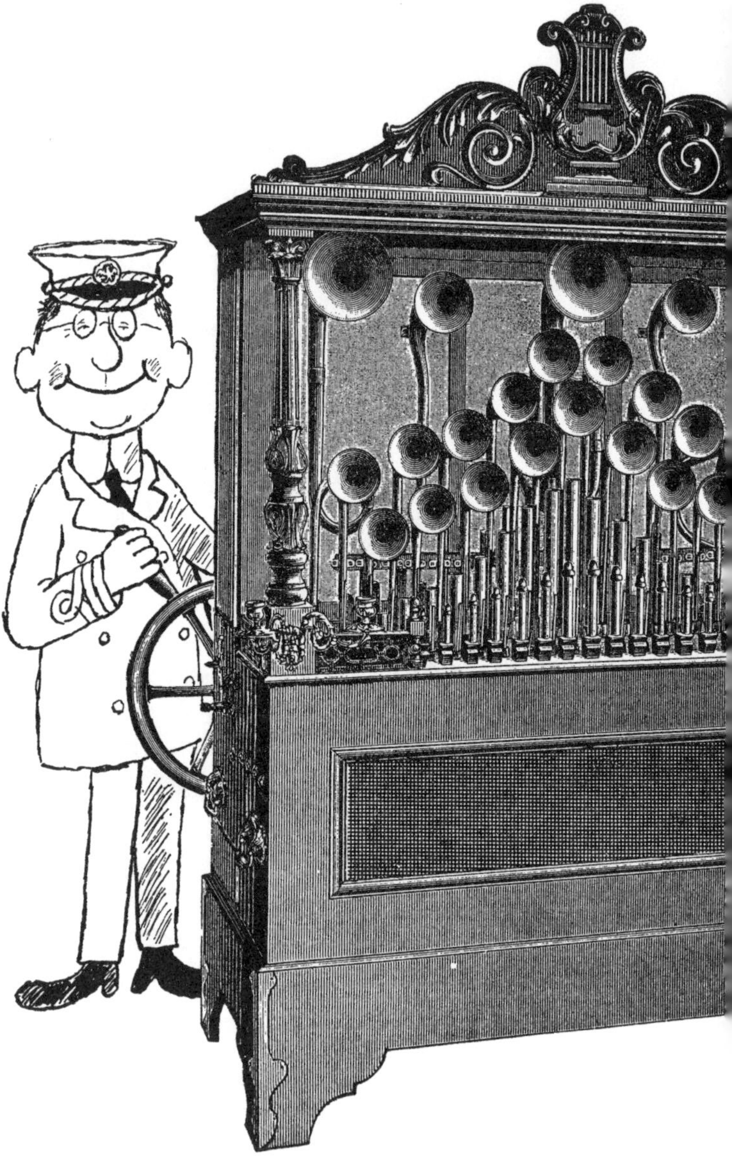

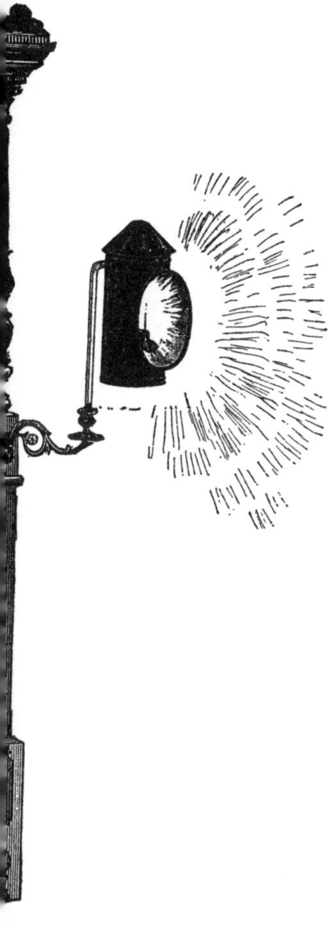

Meeresstille und glückliche Fahrt

Nachspiel

1.

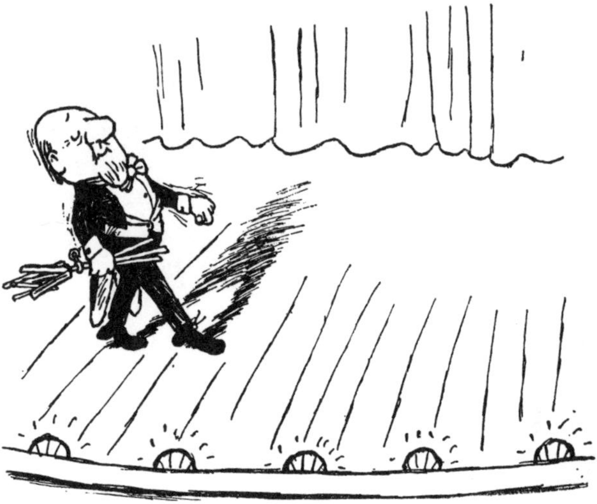

2.

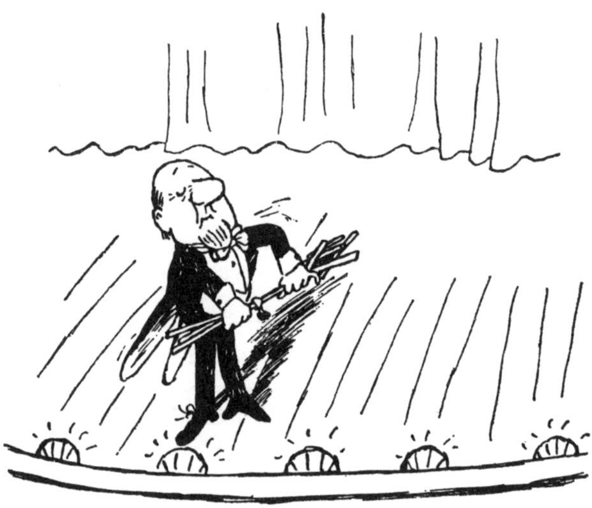

3.

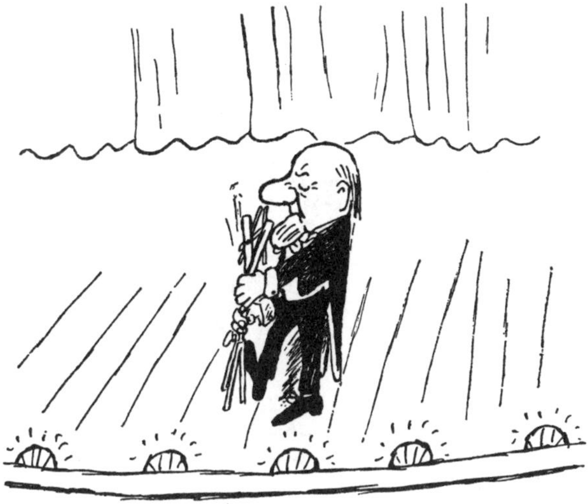

4.

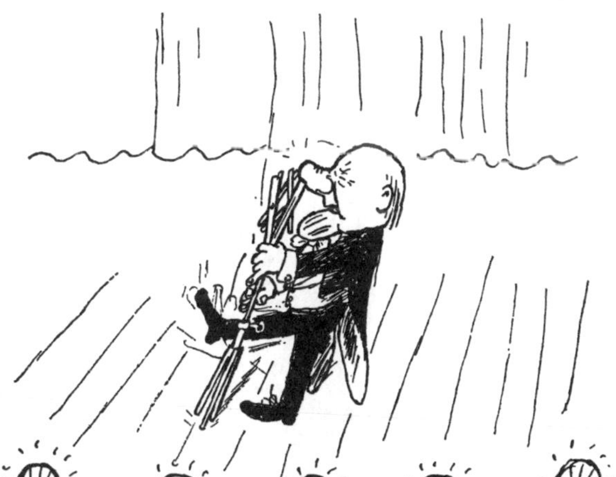

5.

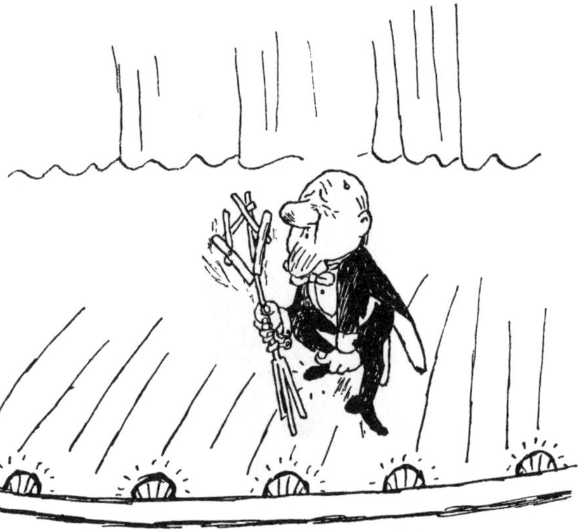

6.

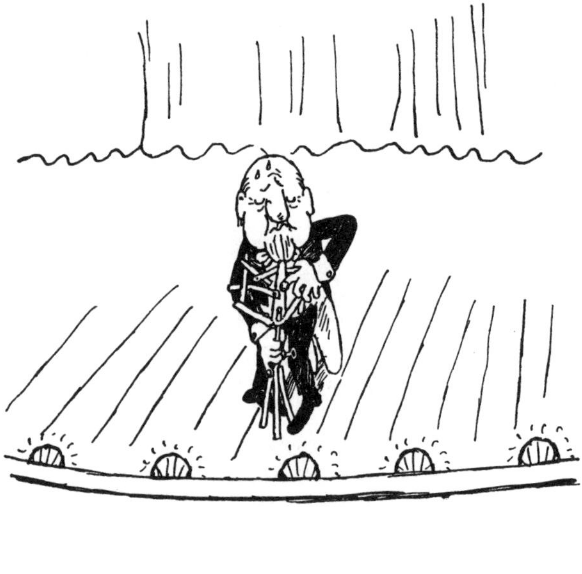

7.

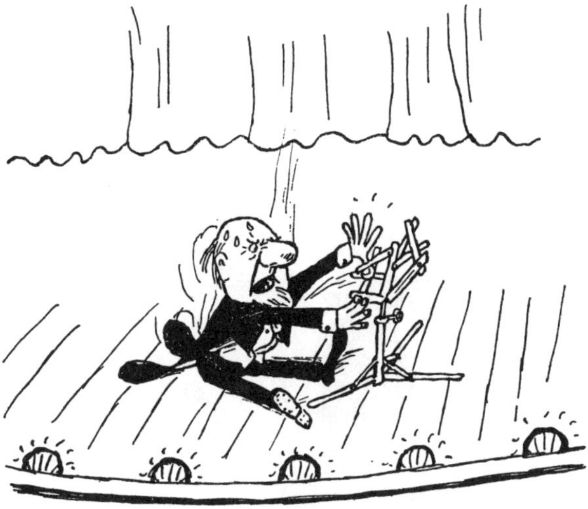

8.

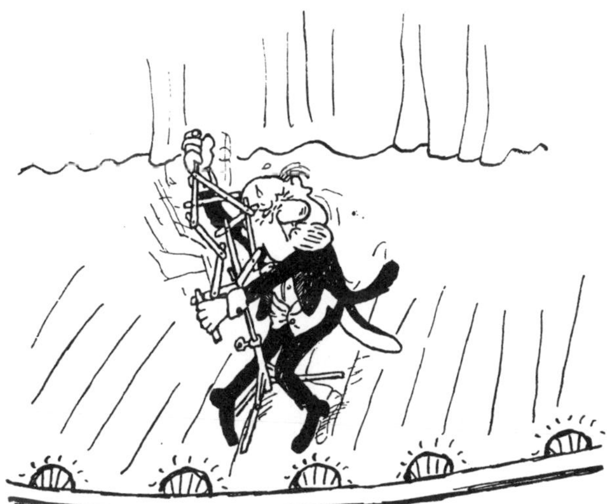

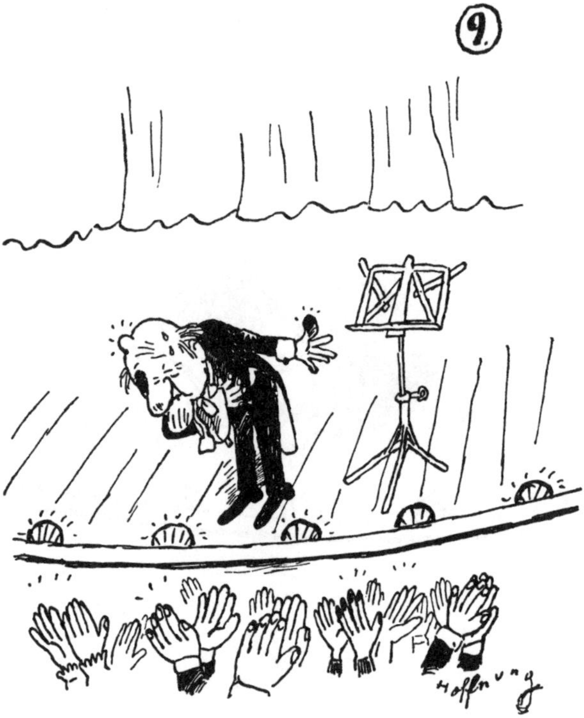

Ende

Hoffnungs Klänge

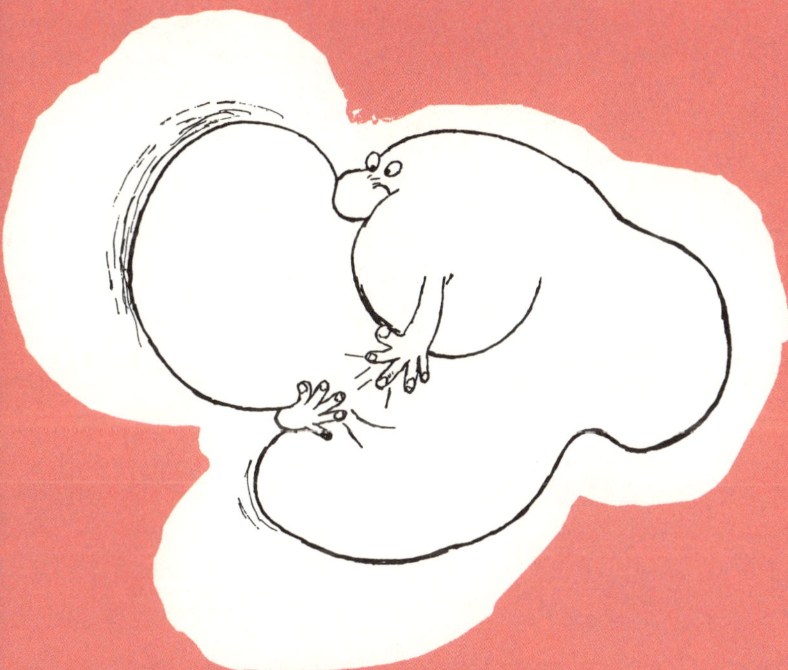

Für
Dr. Howard Ferguson

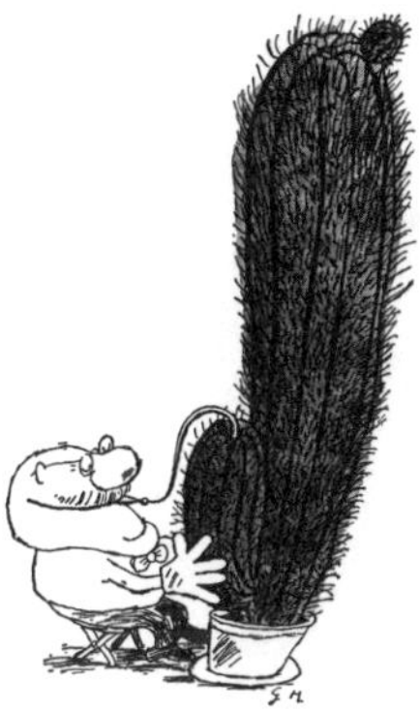

Die Tasteninstrumente

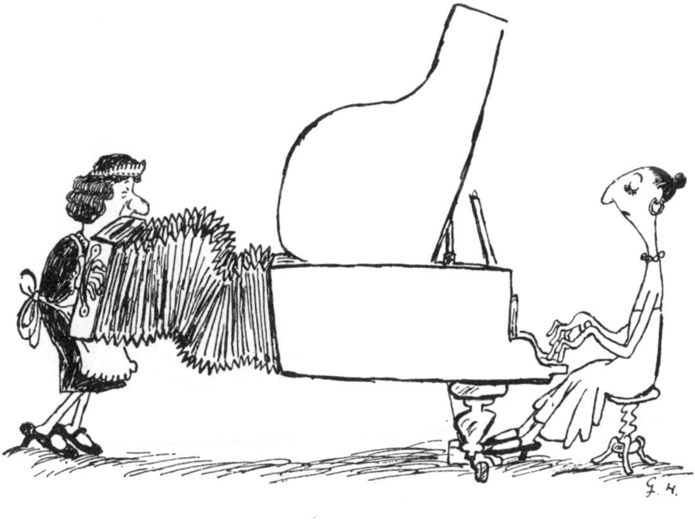

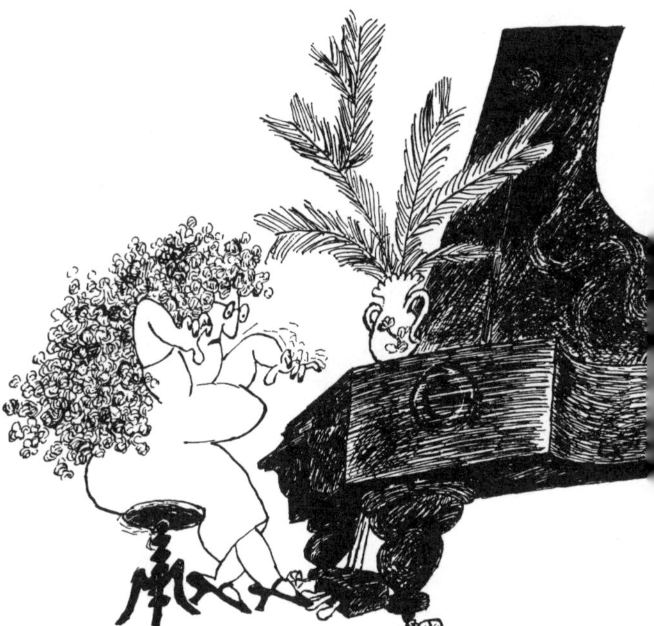

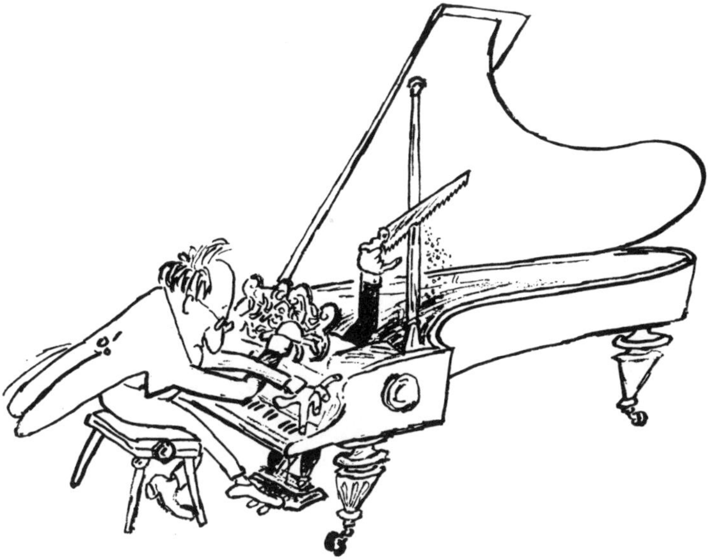

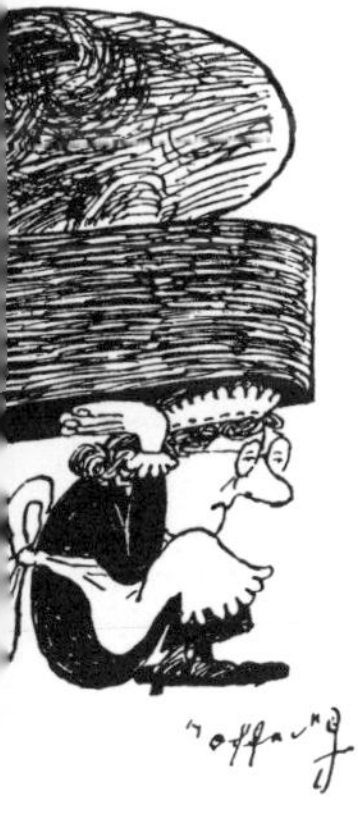

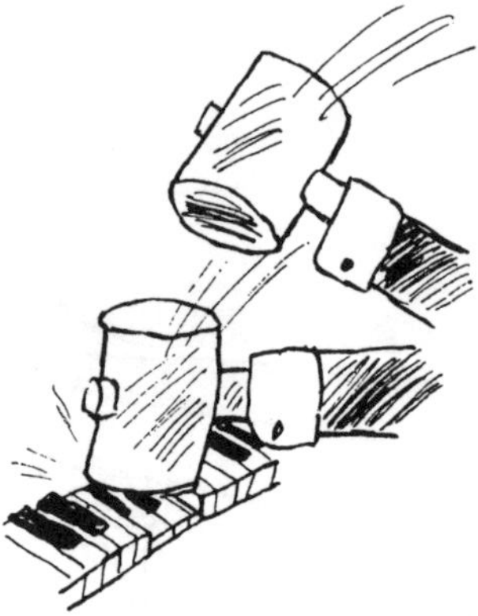

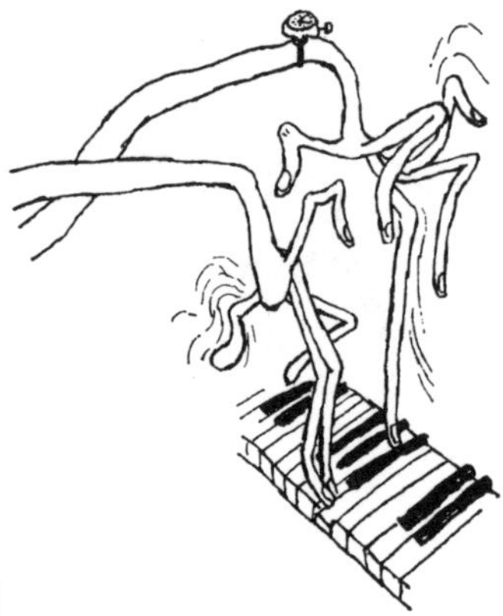

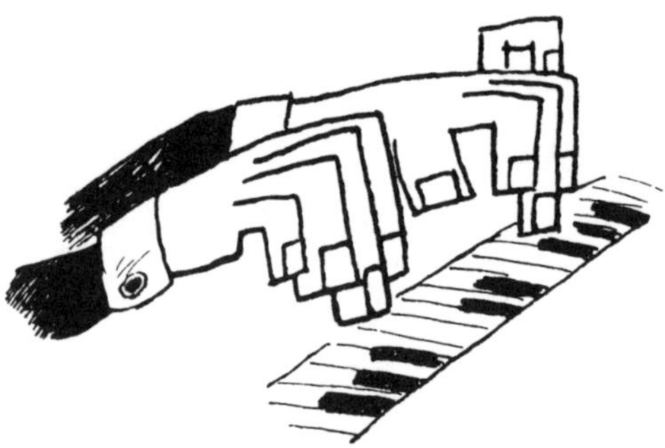

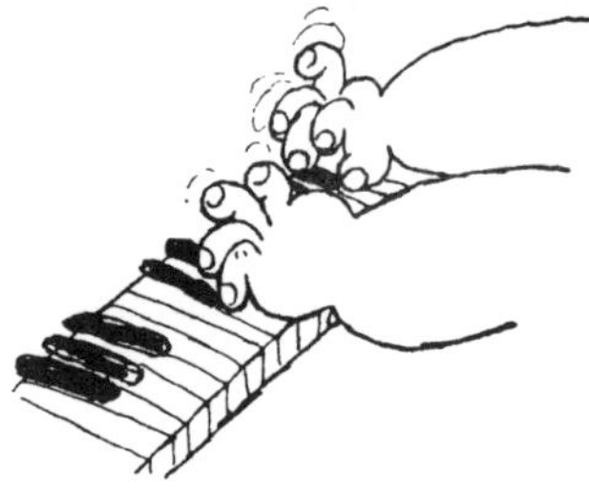

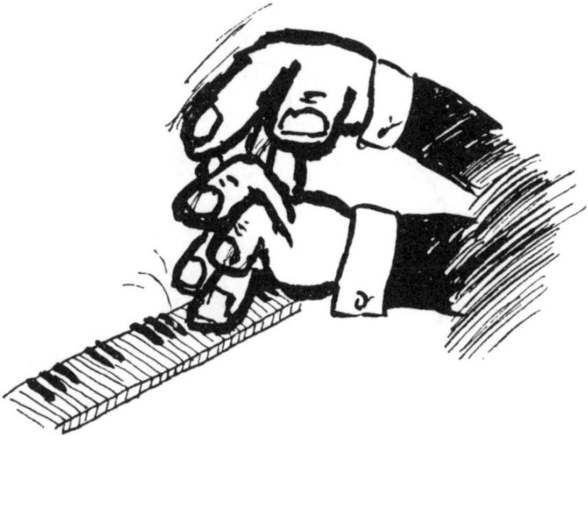

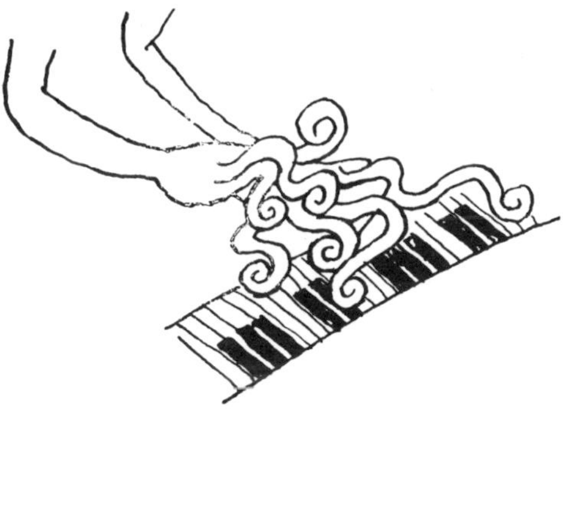

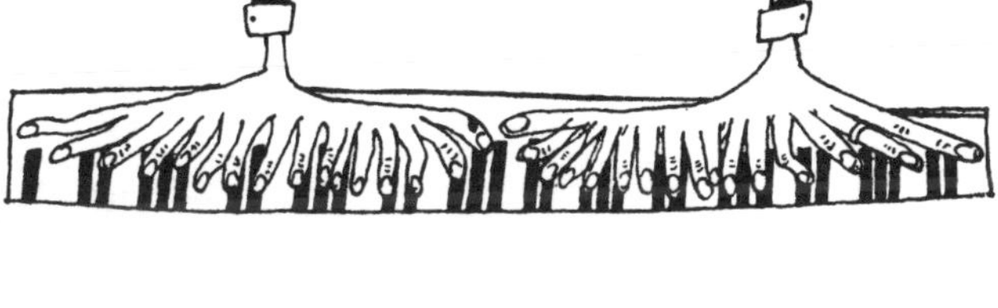

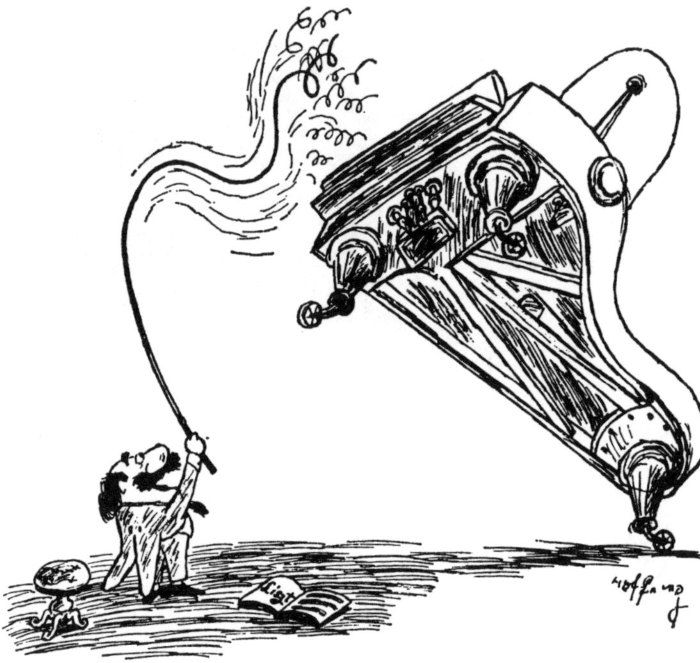

Liszt

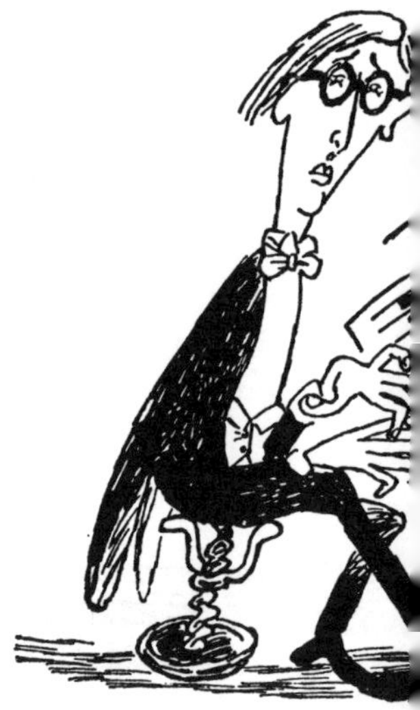

Schönberg

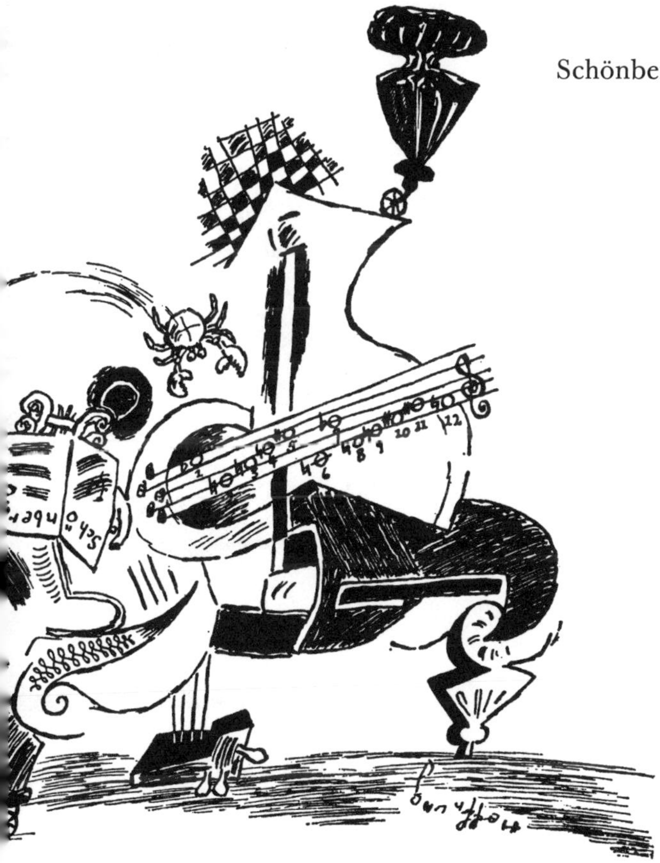

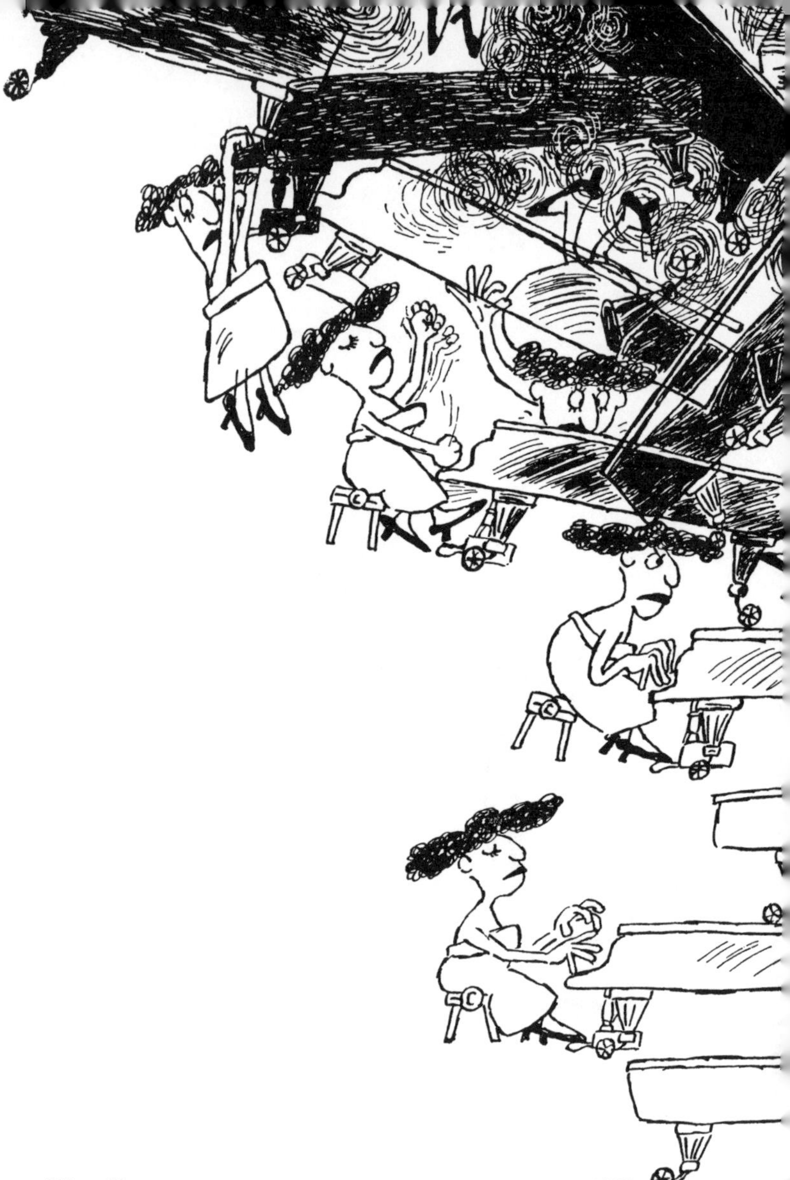

Eine Fuge

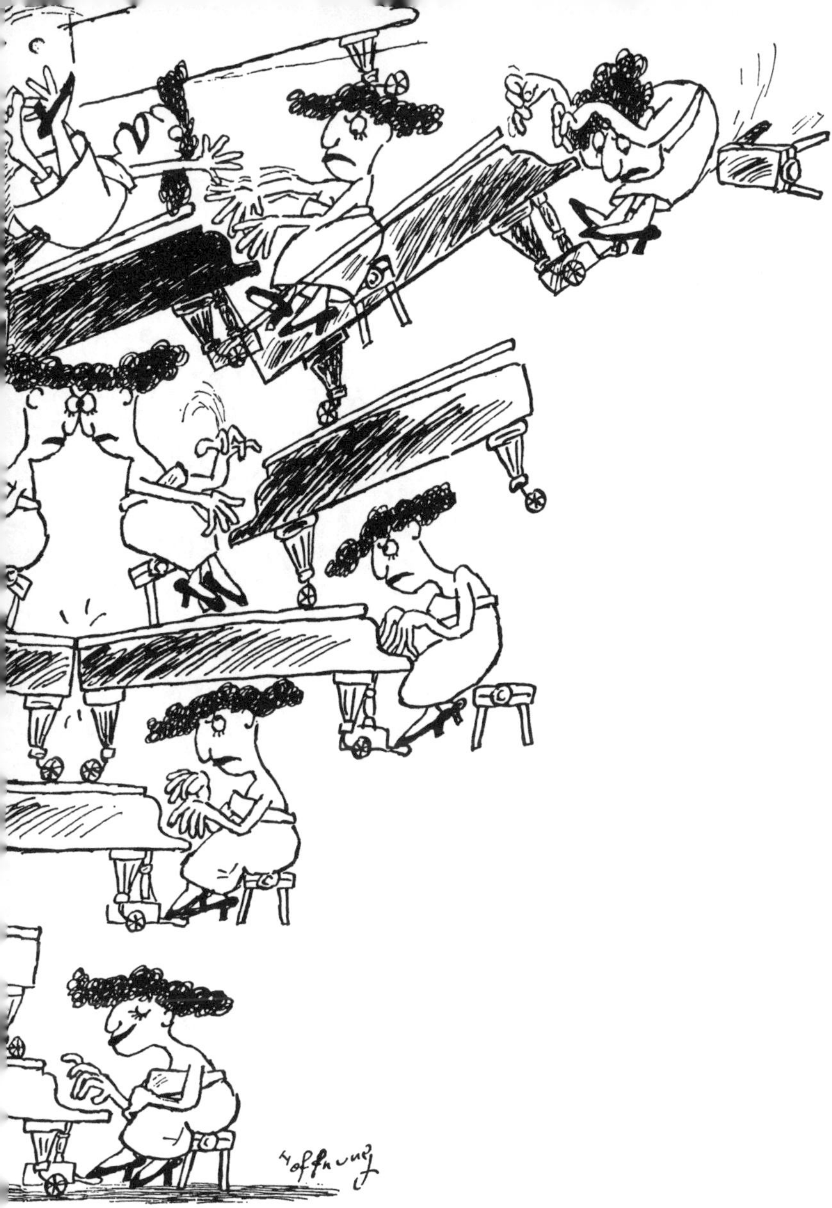
Hoffnung

De Falla

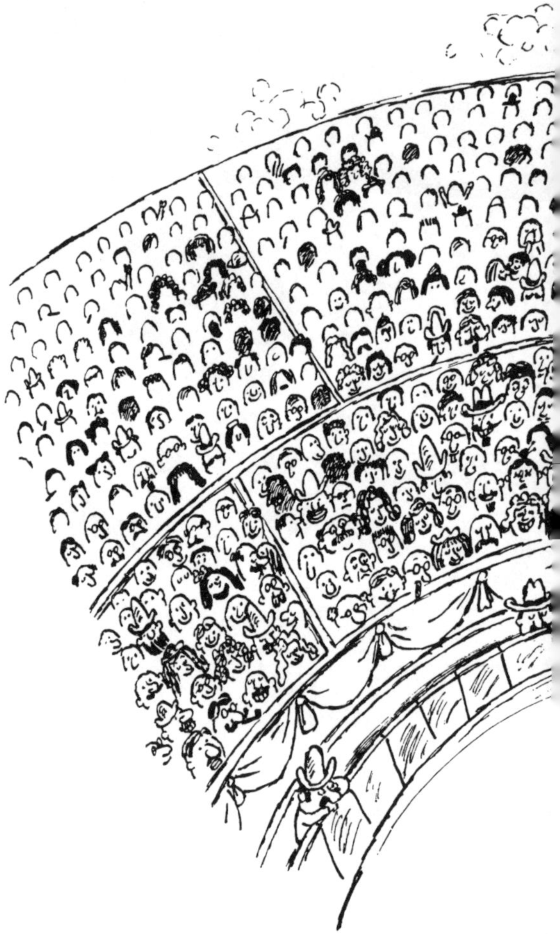

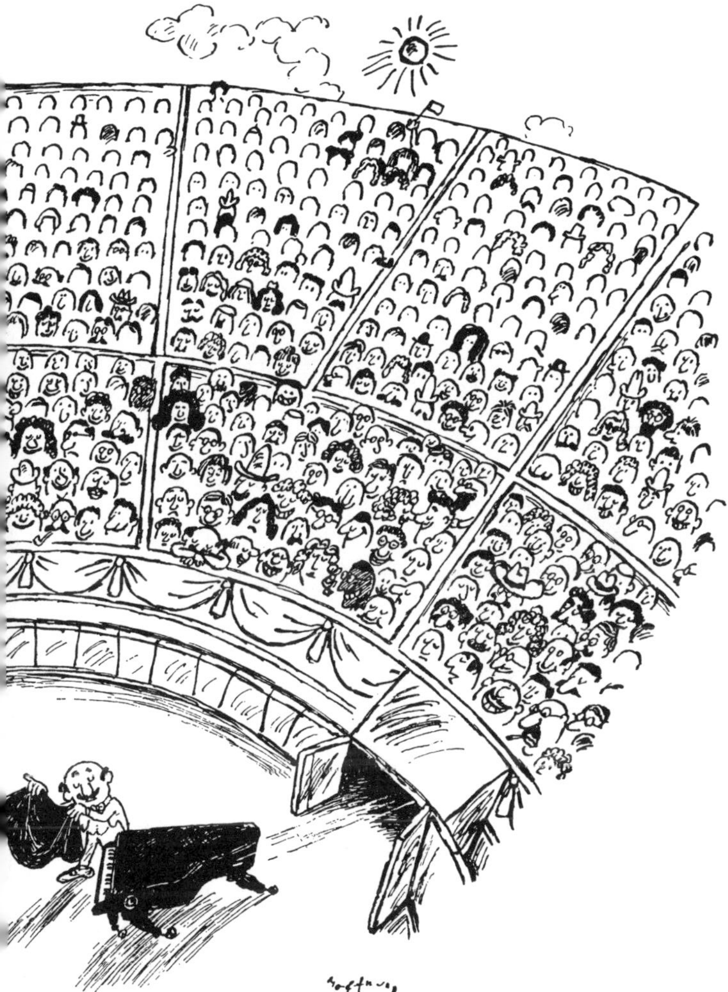

Boulez

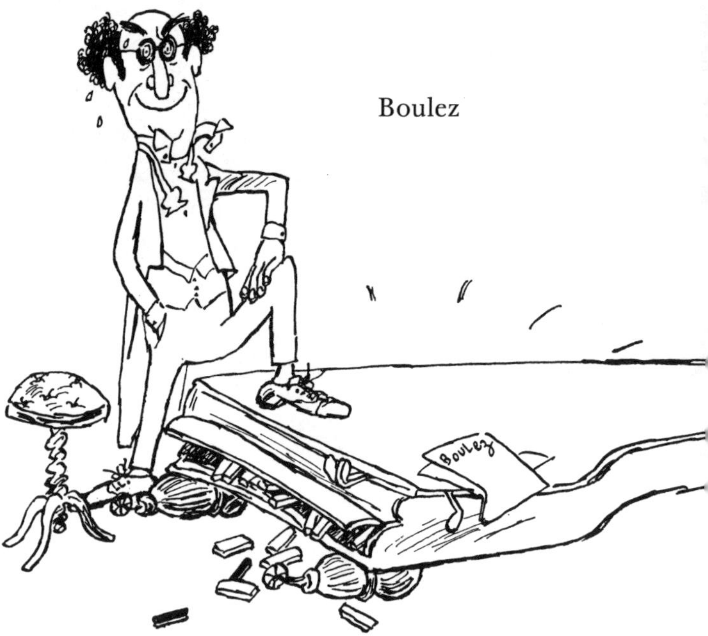

Webern

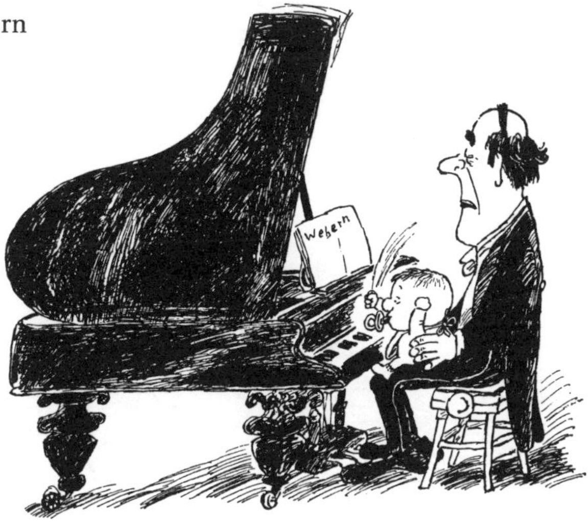

Die Kunst des Hörens

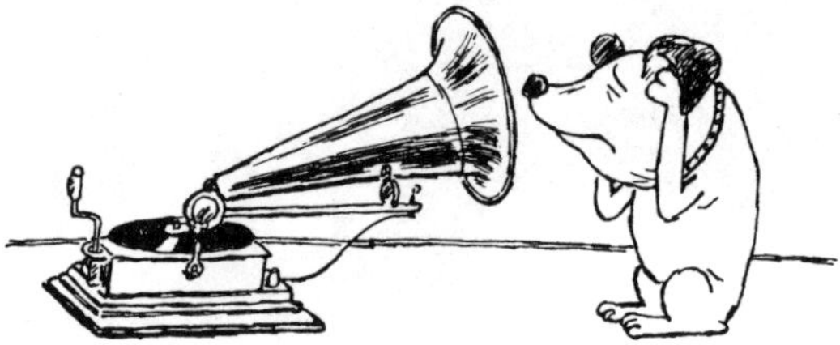

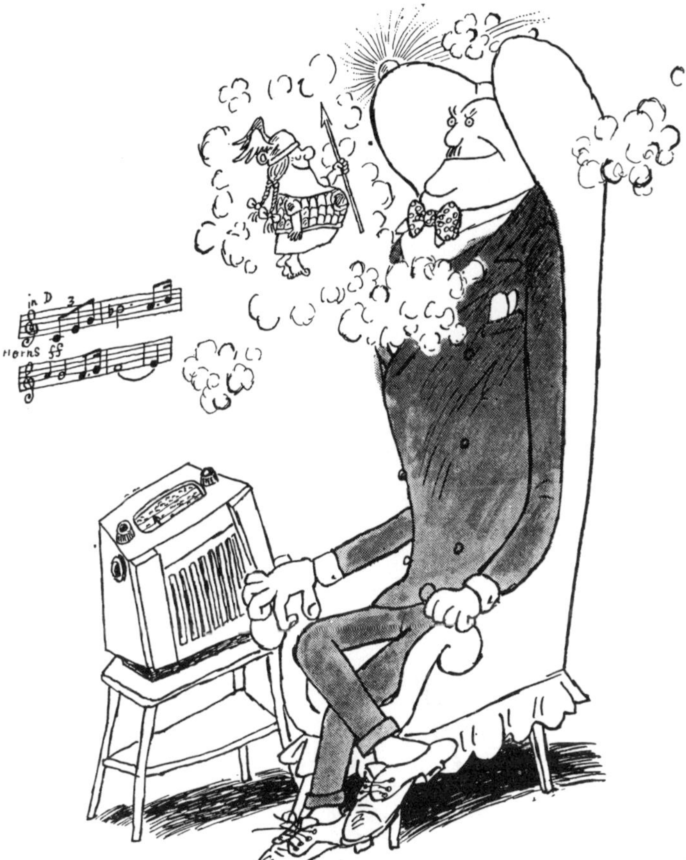
in D
Horns ff

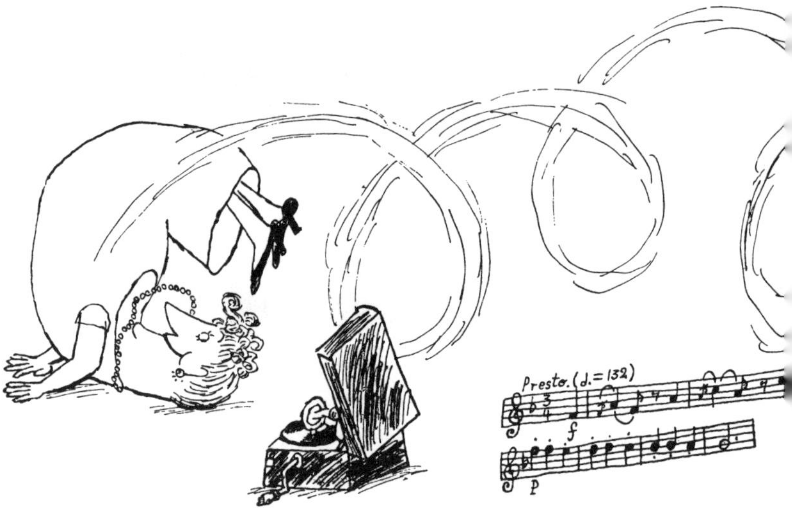
Presto. (𝅗𝅥. = 132)
f
p

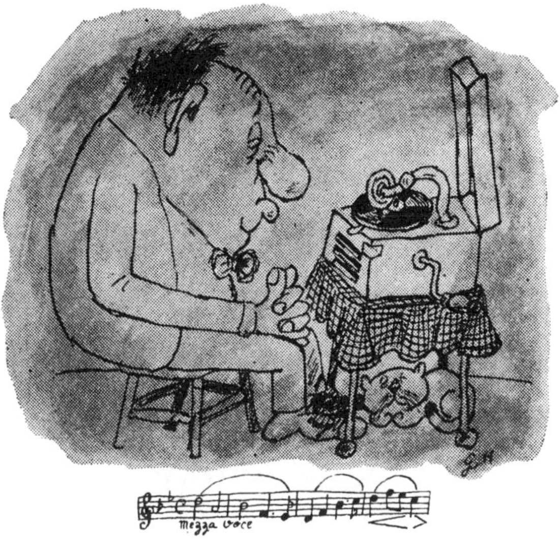
mezza voce

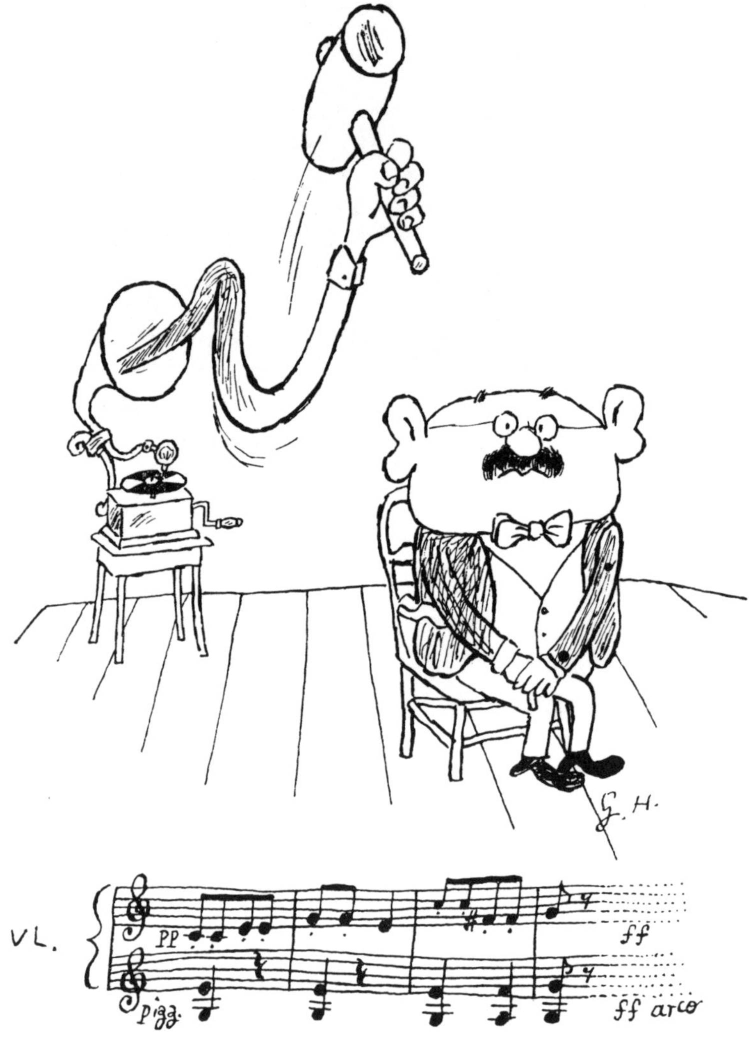
G. H.
VL.
pp
pizz.
ff
ff arco

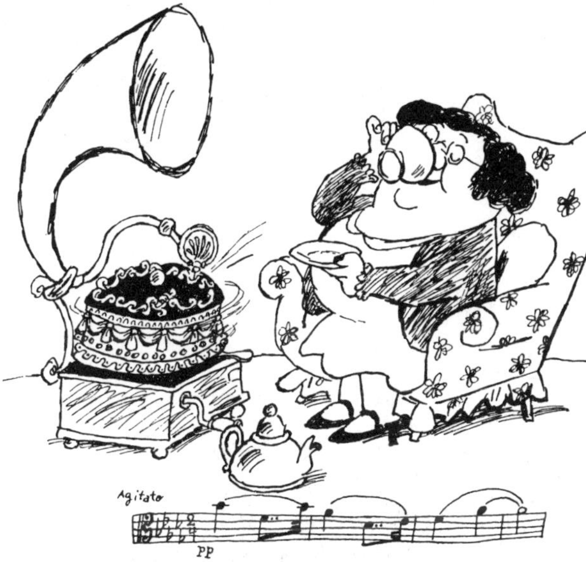

Agitato
pp

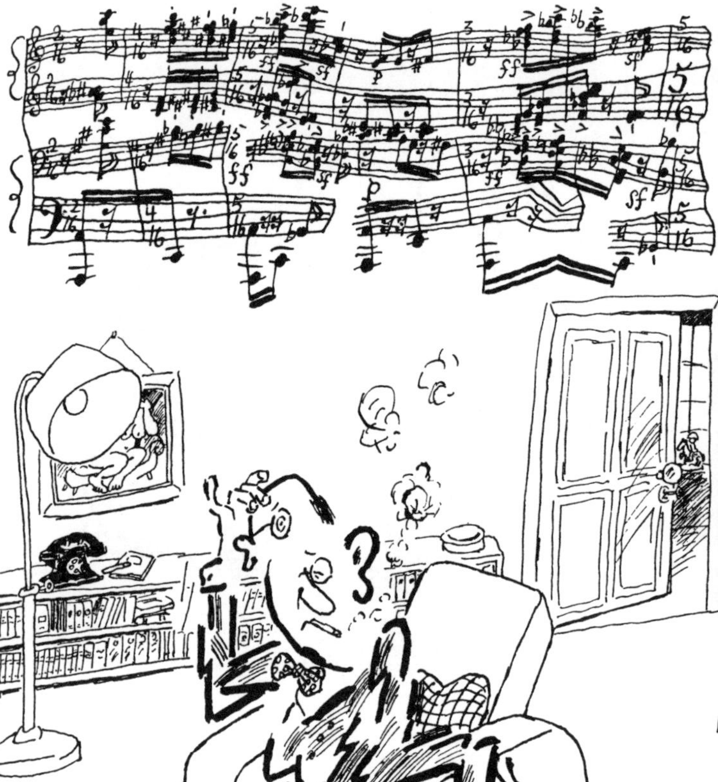

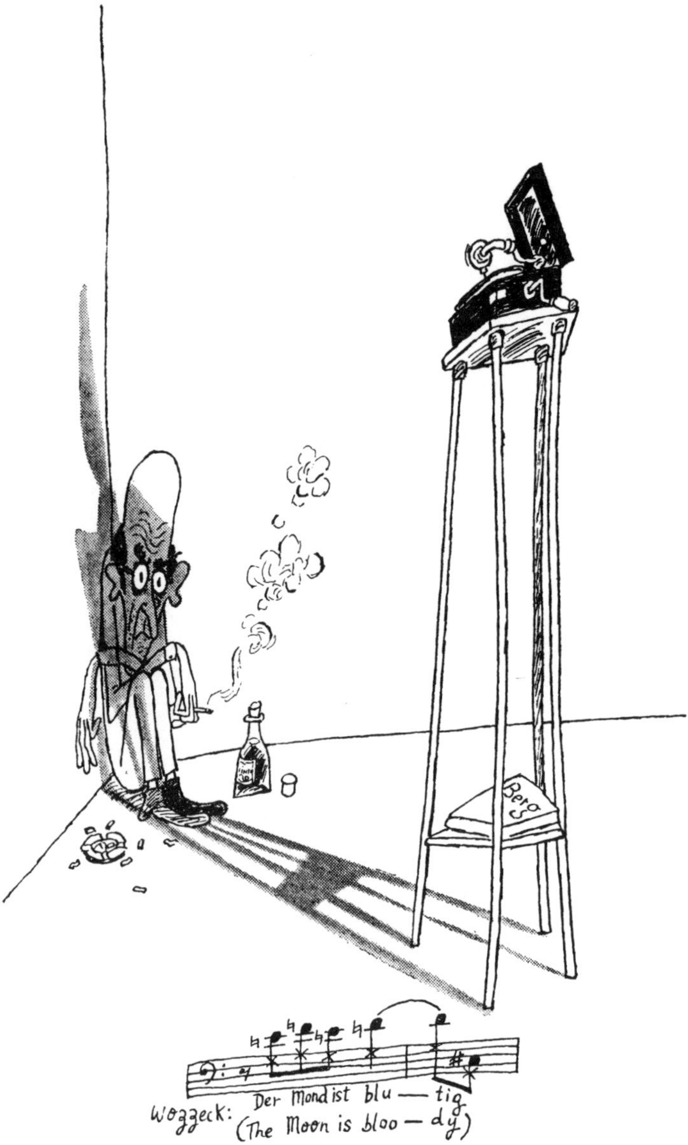
Wozzeck: Der Mond ist blu — tig
(The Moon is bloo — dy)

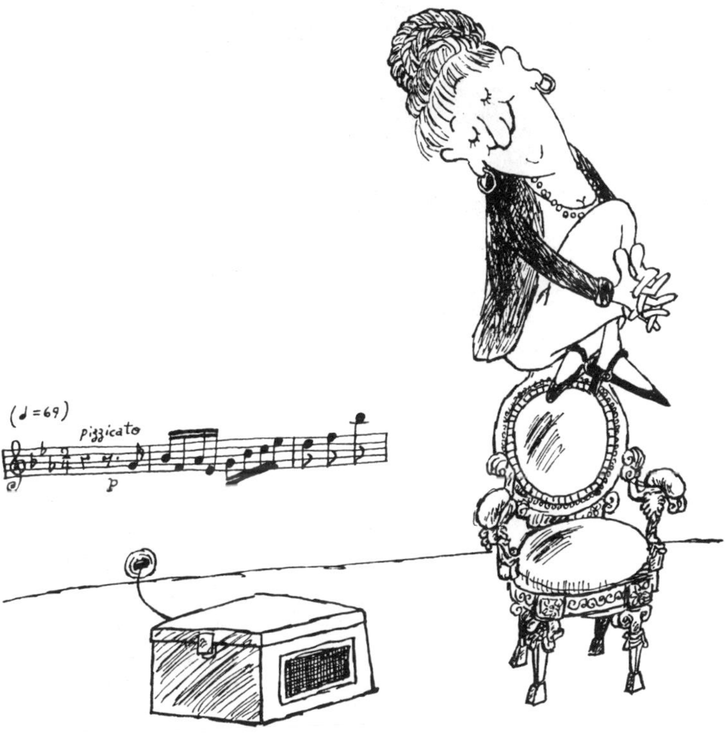
(♩=69)
pizzicato
p

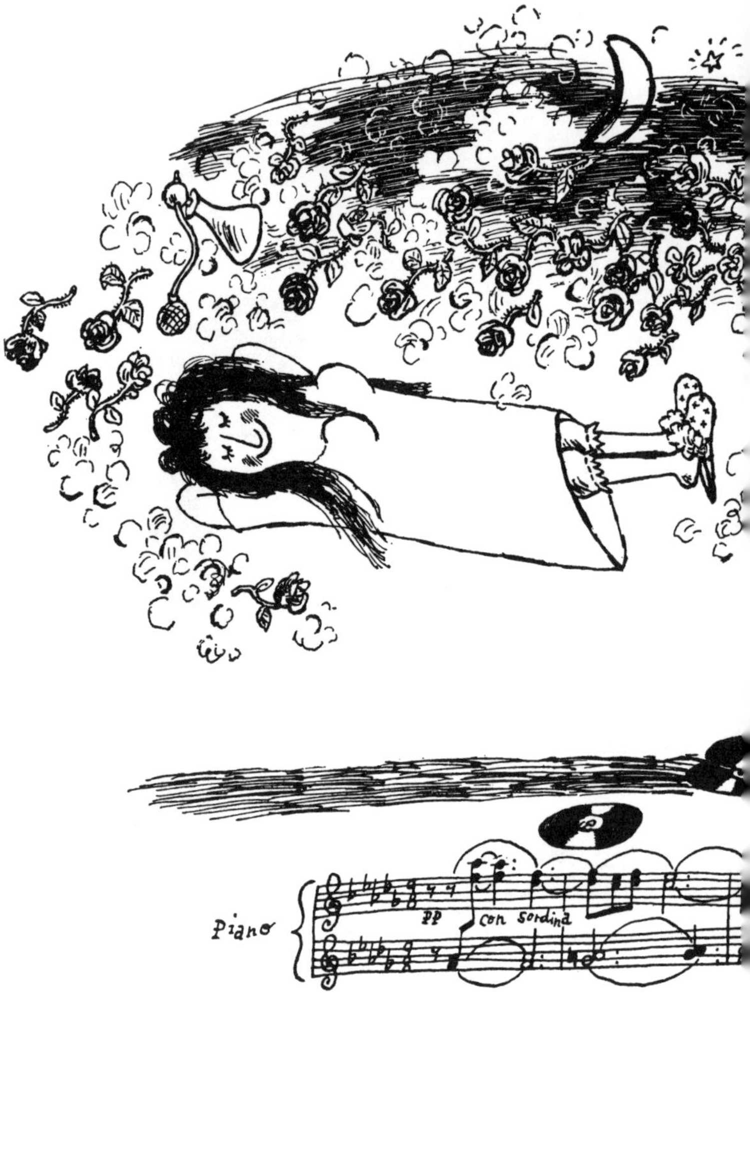
Piano
pp
con sordina

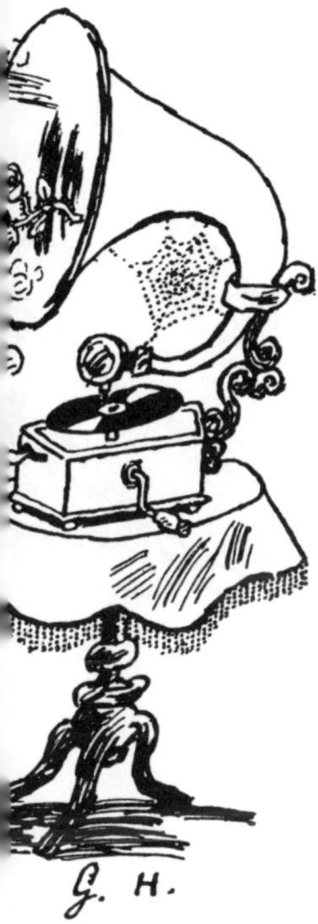
G. H.

Musique concrète

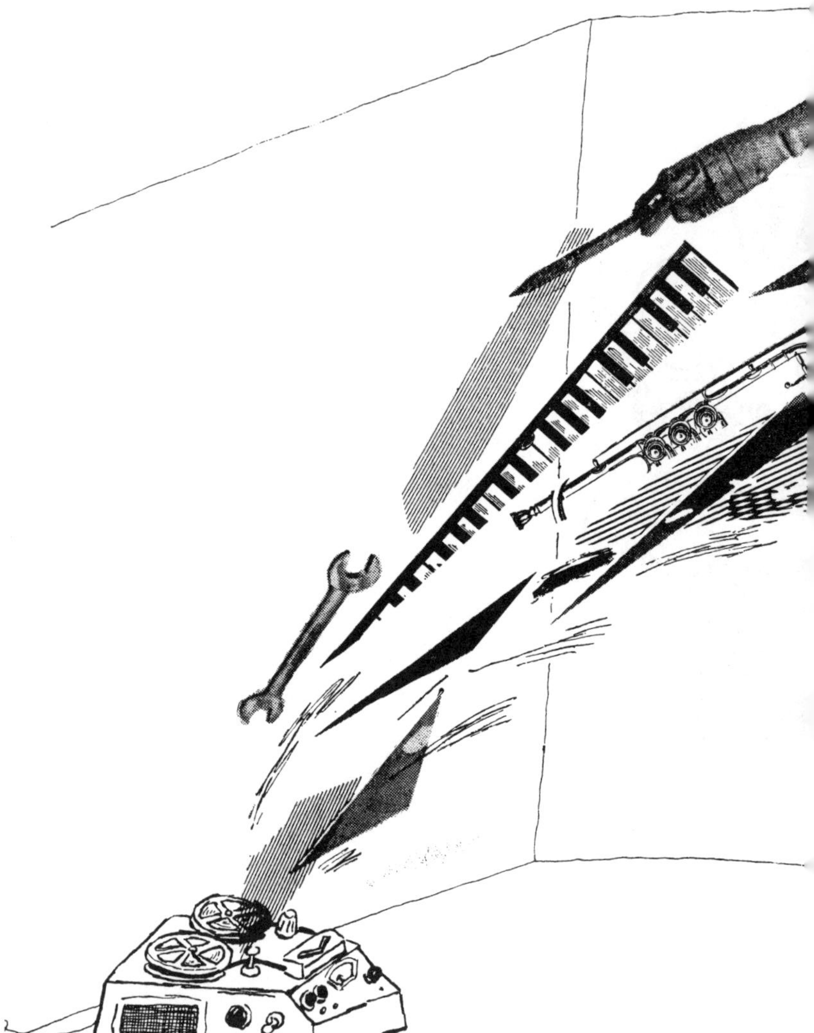

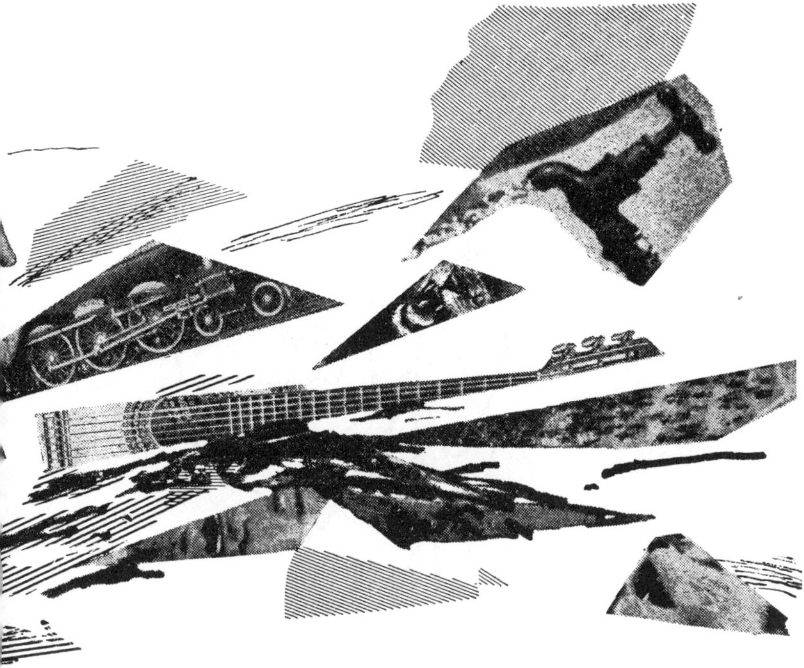

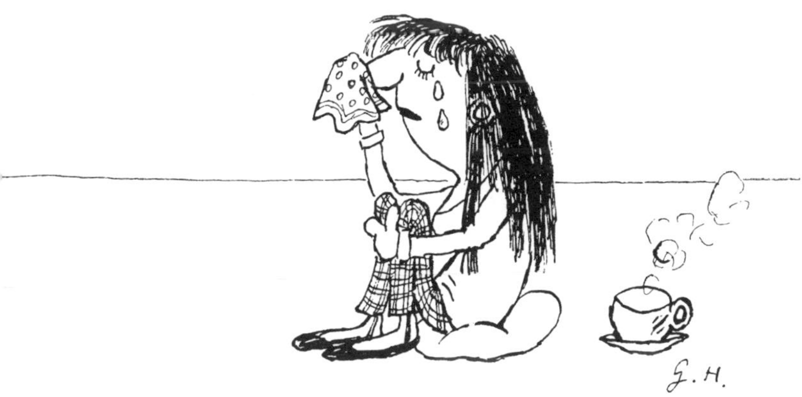
G.H.

Laute

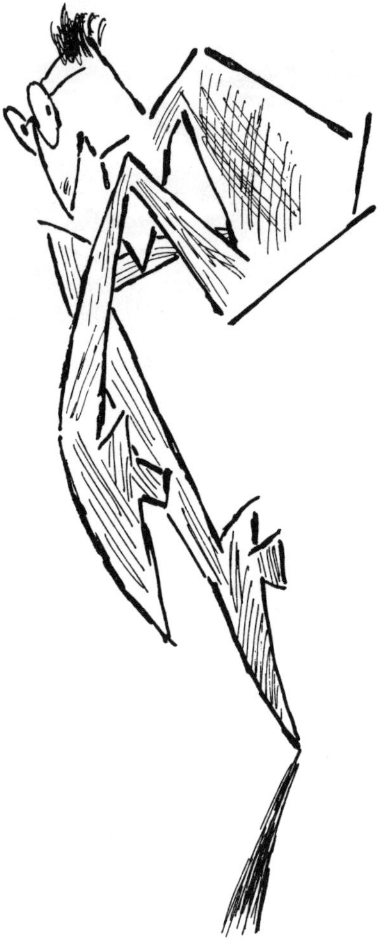

Ein Staccato

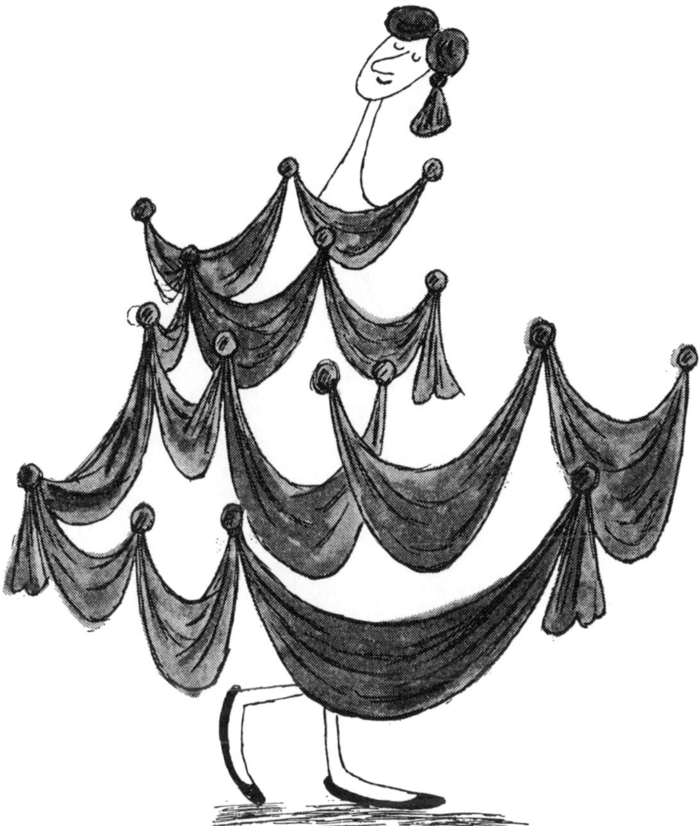

Ein Legato

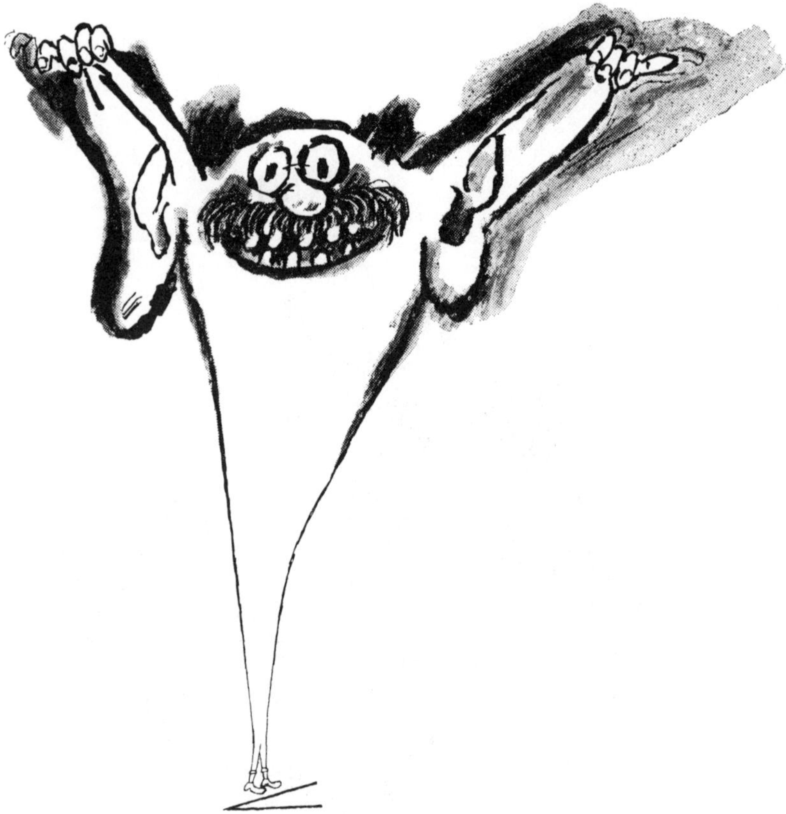

Ein Crescendo

Ein Diminuendo

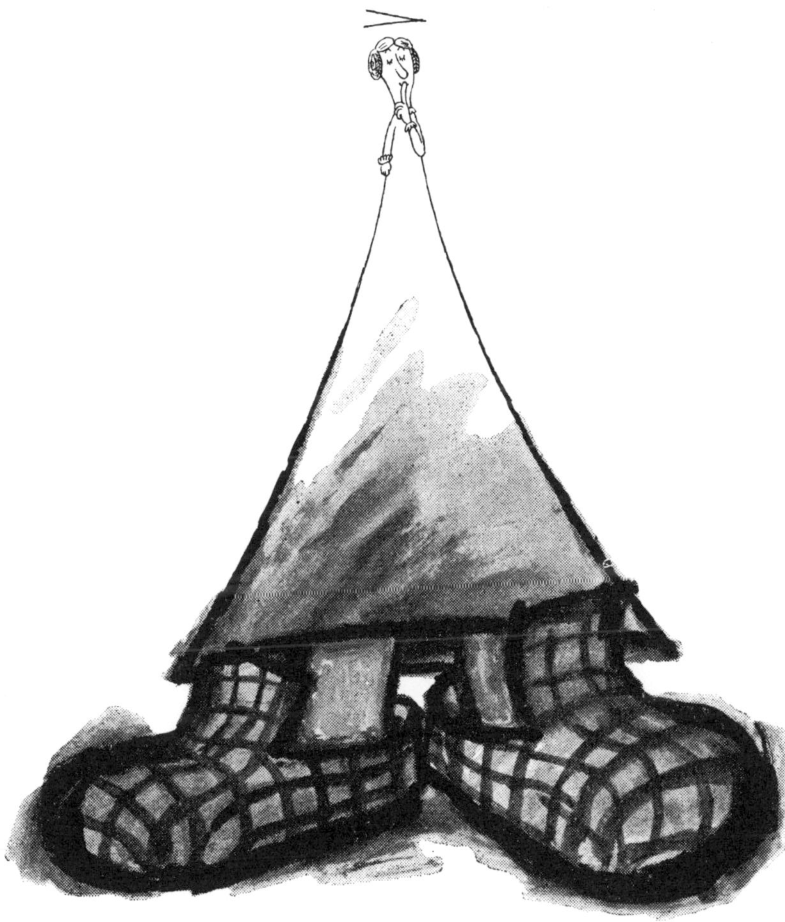

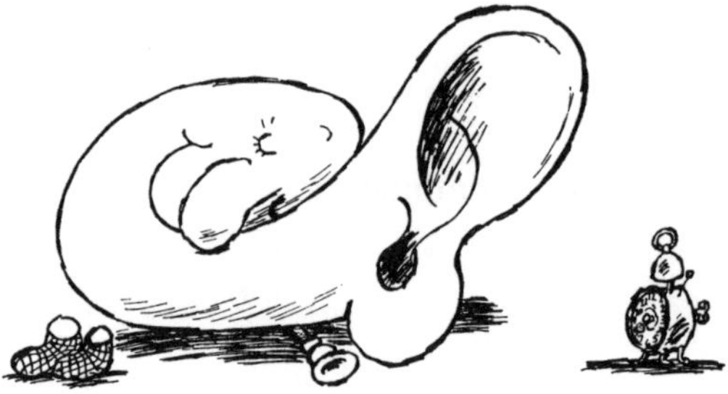

Eine Pause

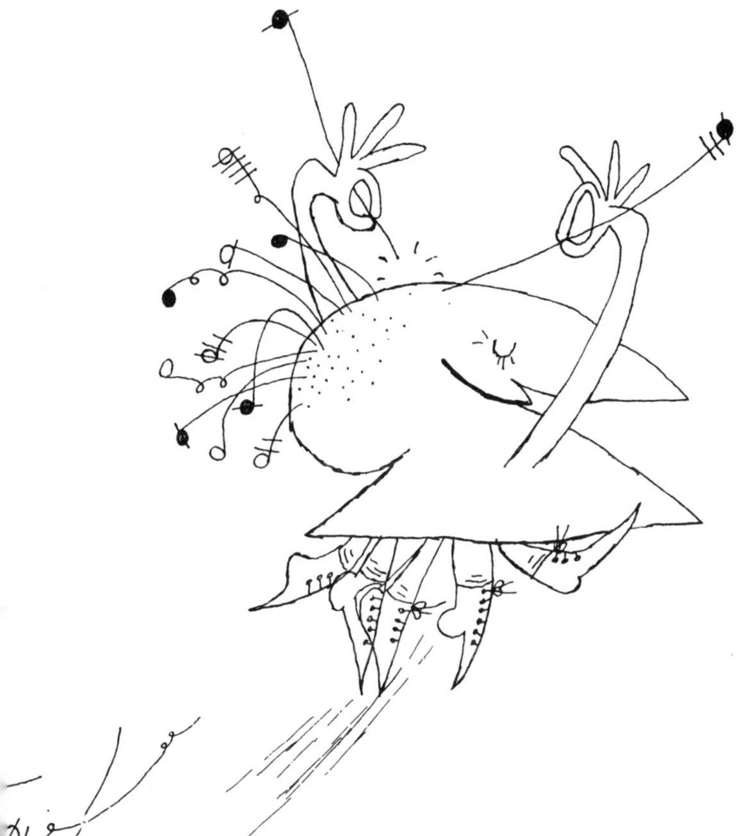

Ein Pizzicato

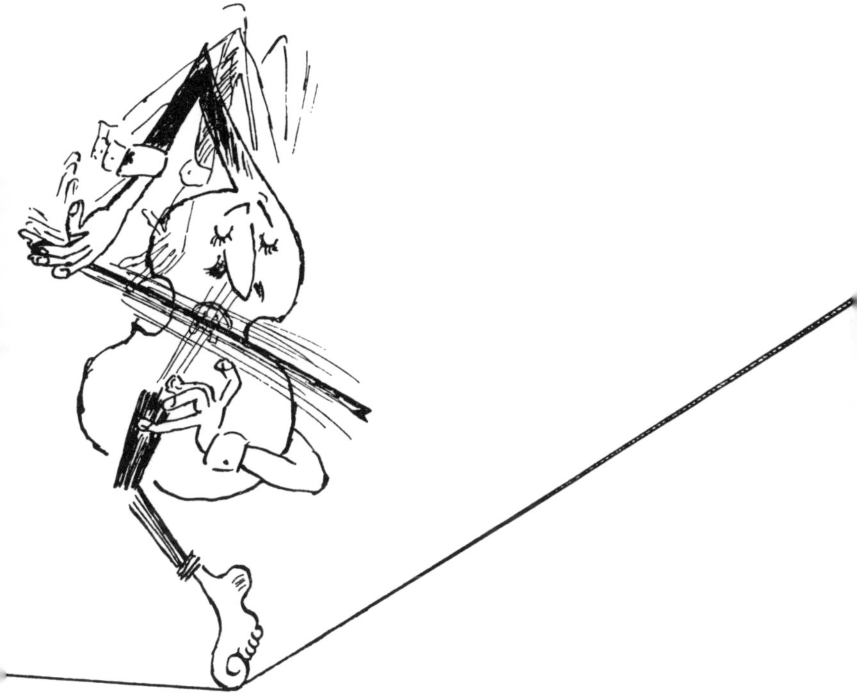

Eine Kadenz

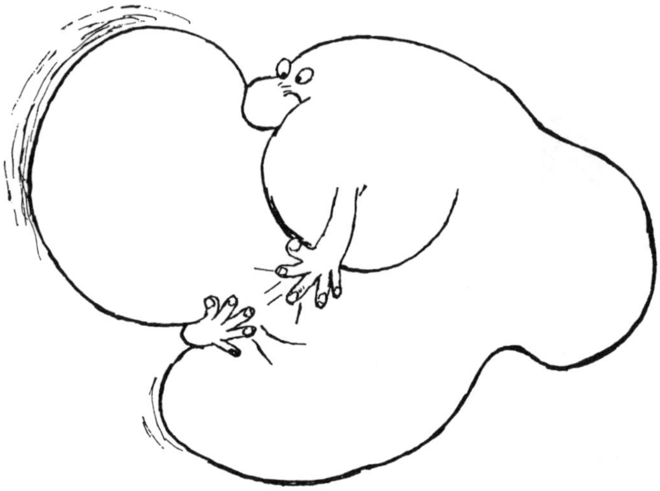

Ein gedämpfter Stoß

Ein Wummta

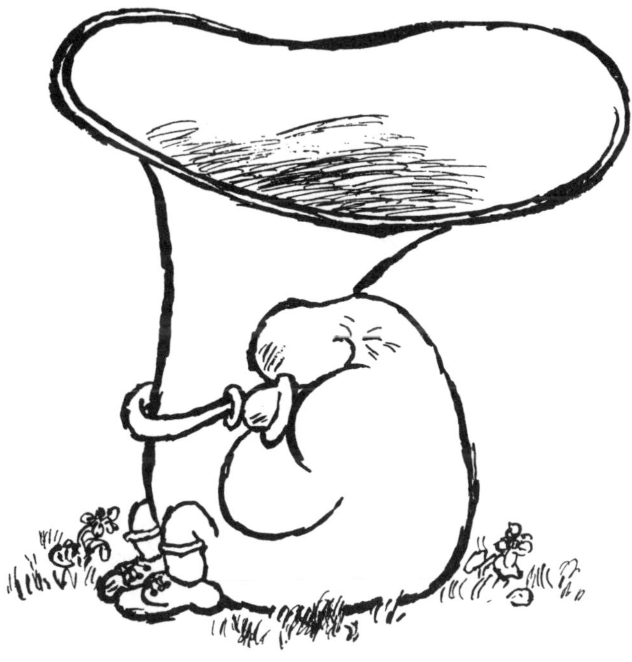

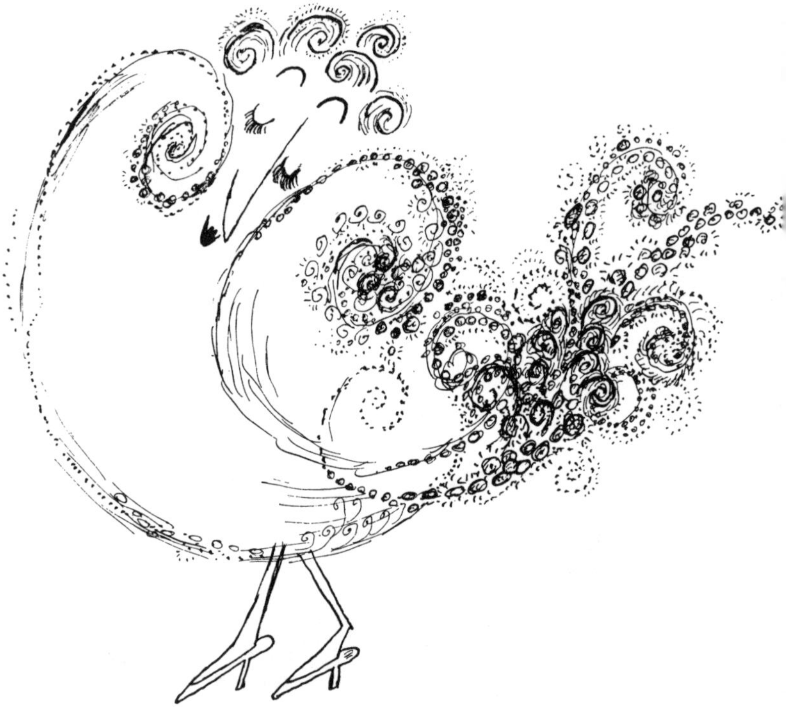

Ein Arpeggio

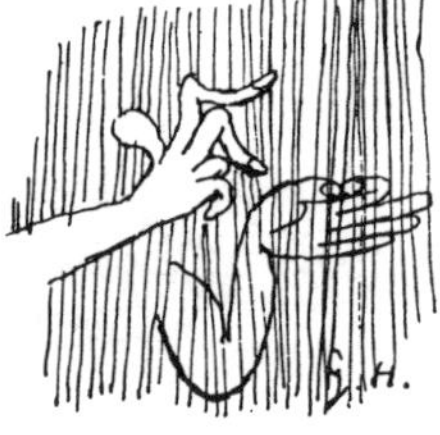

Ein Trommelwirbel

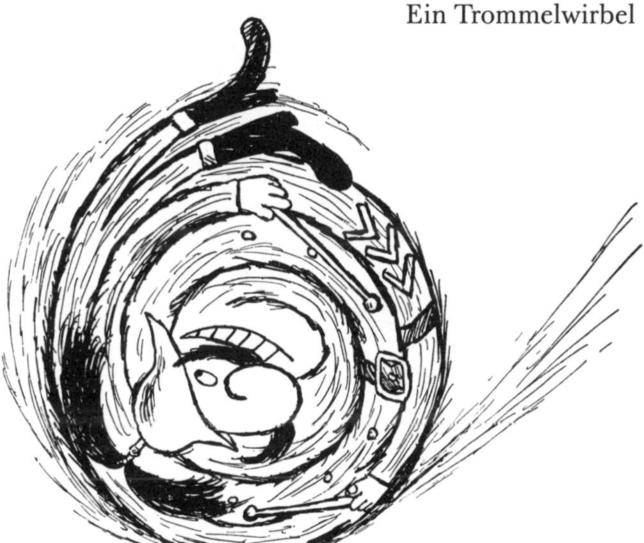

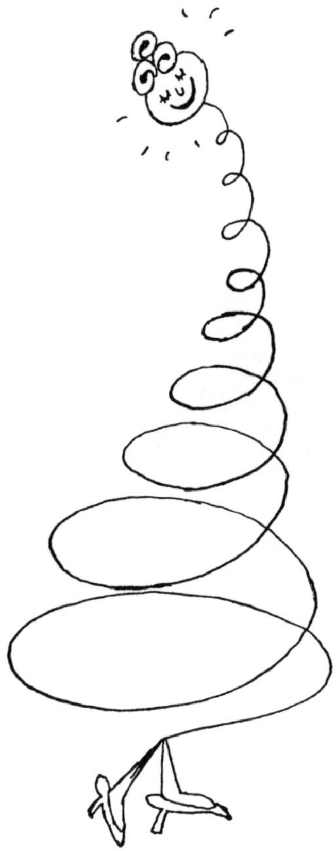

Ein Ping

Ein Schlag

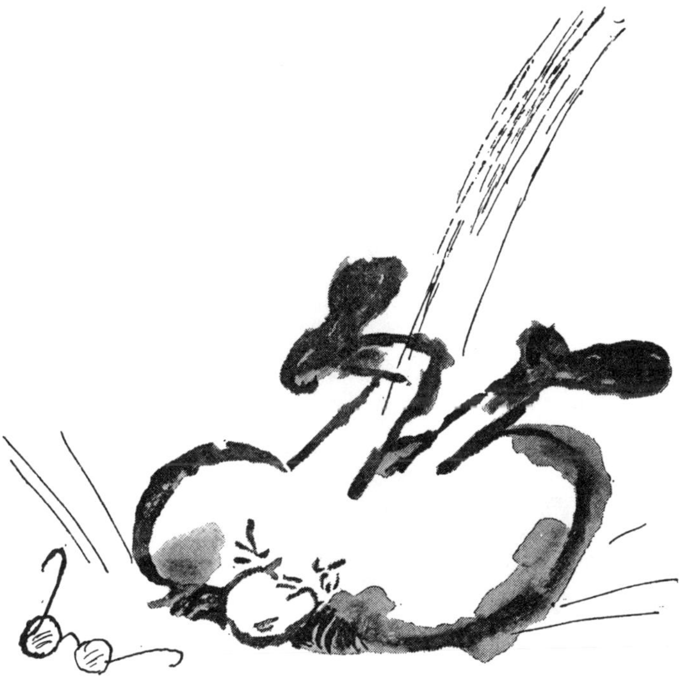

Ein Akkord

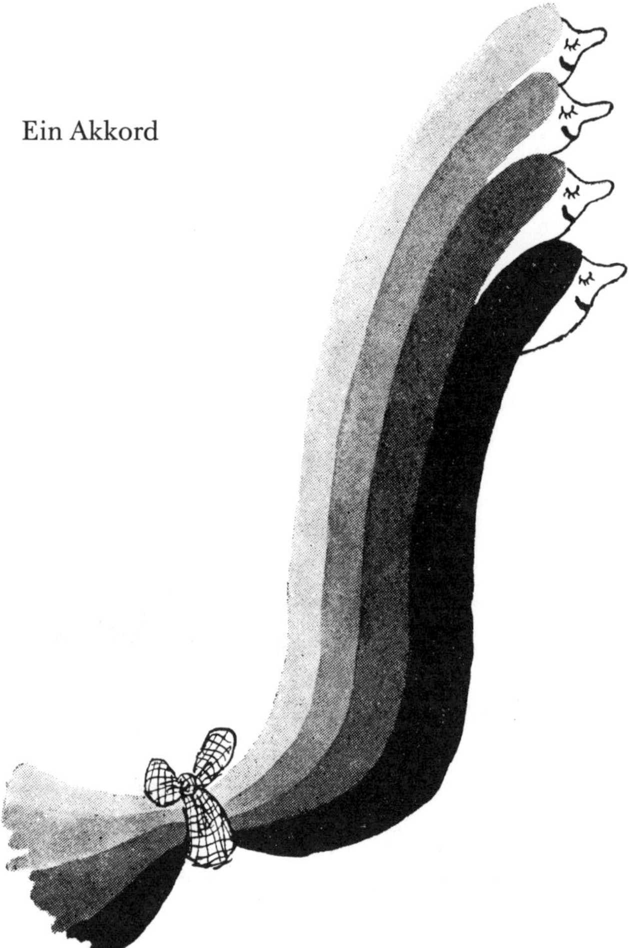

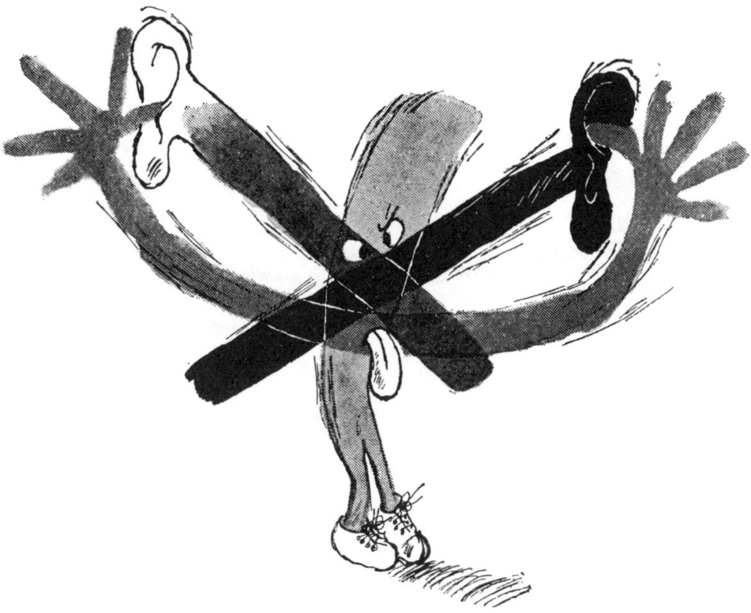

Eine Dissonanz

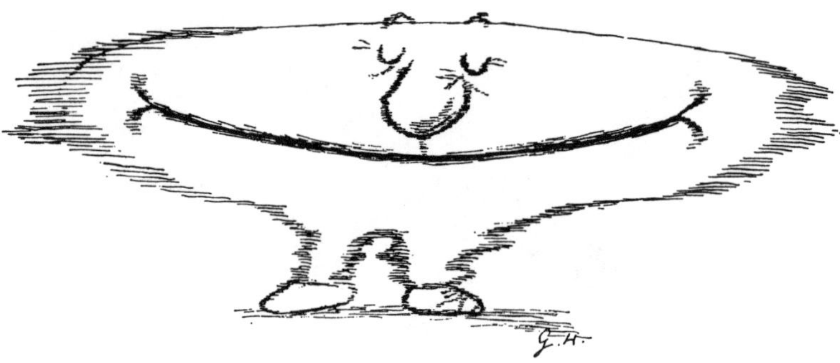

Ein Summer

Ein Glissando

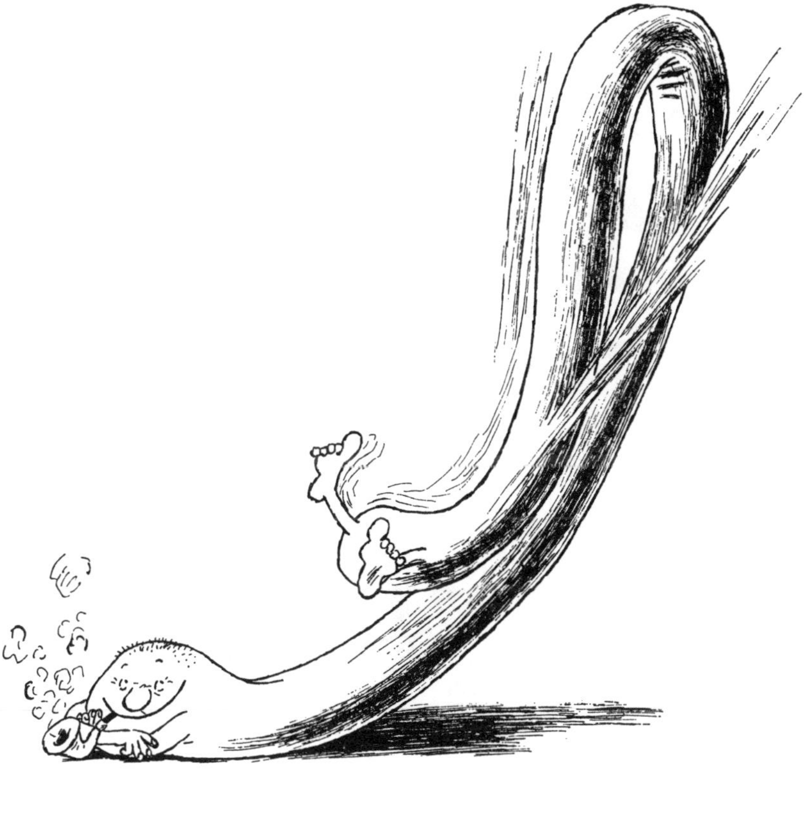

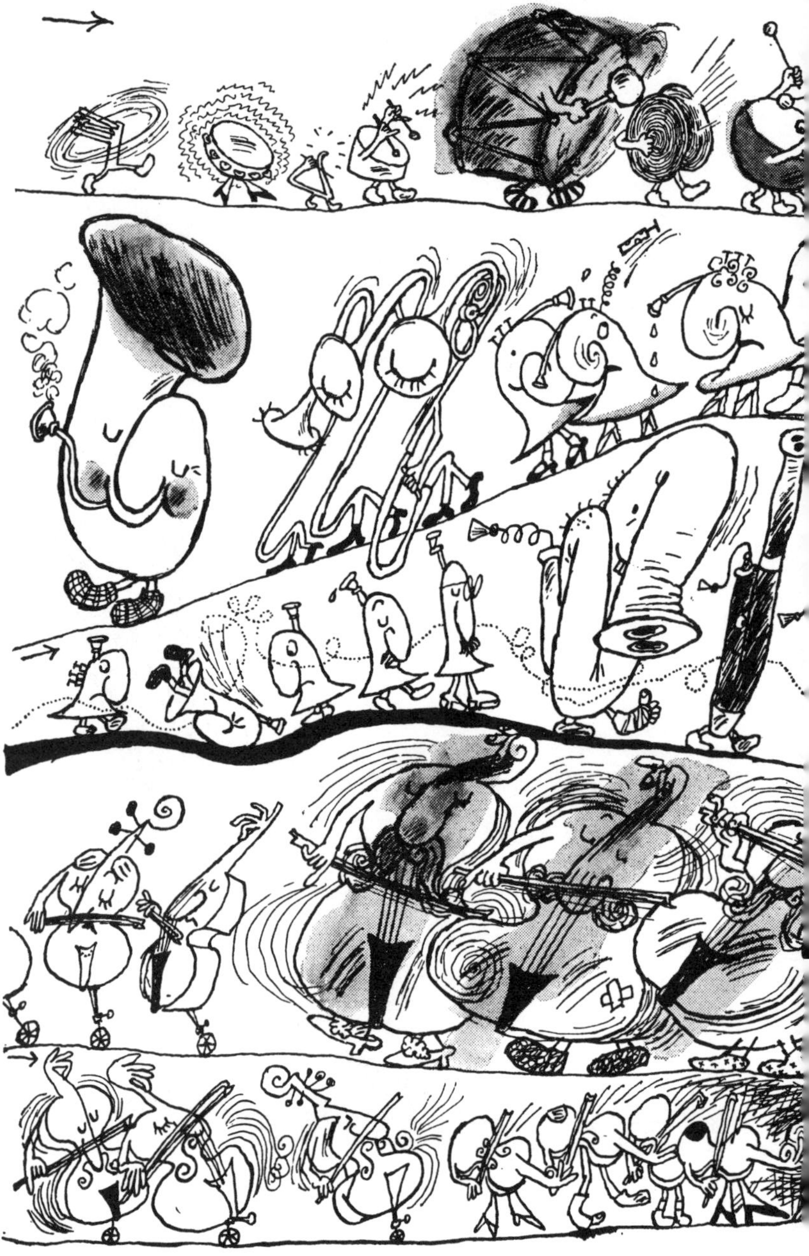

Ein Tutti

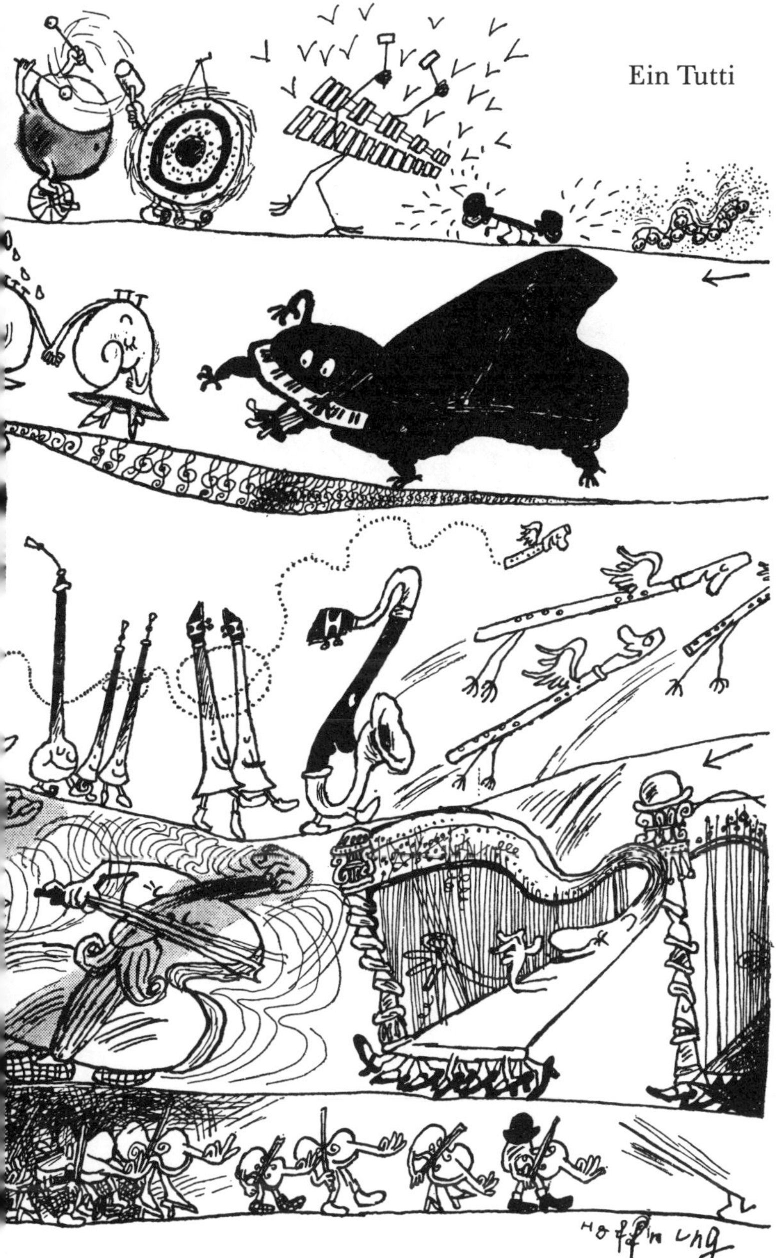

Tonkünstlerverein

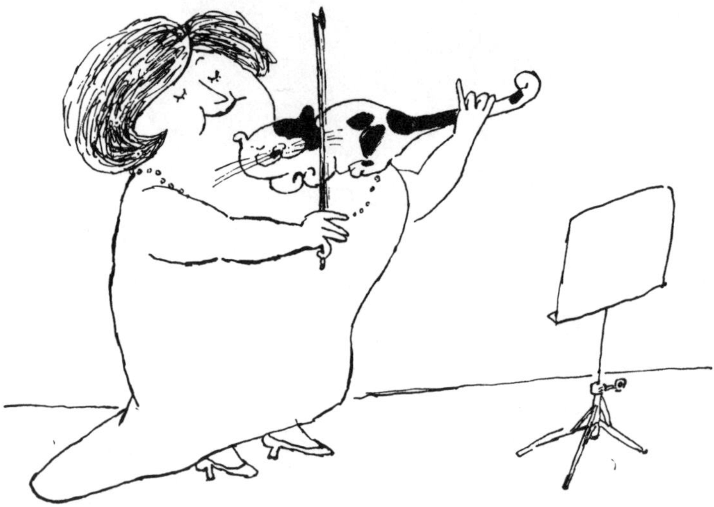

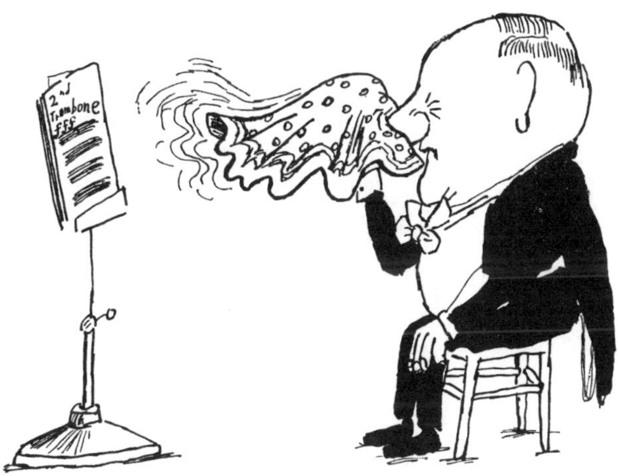
2nd Trombone
fff

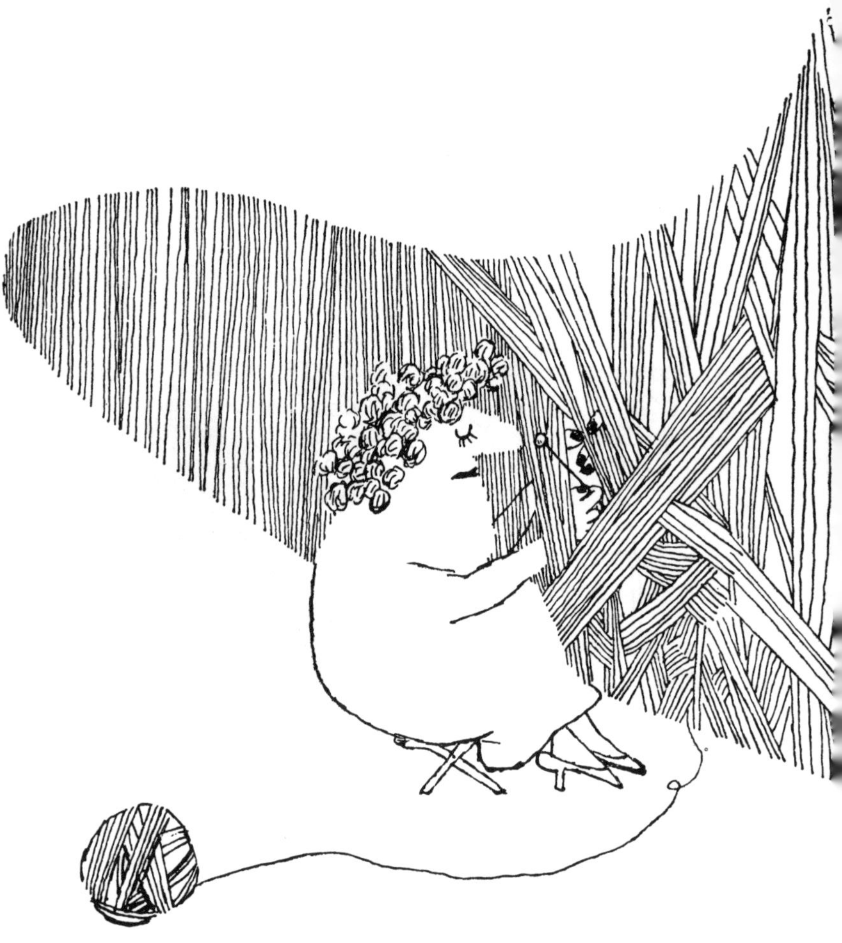

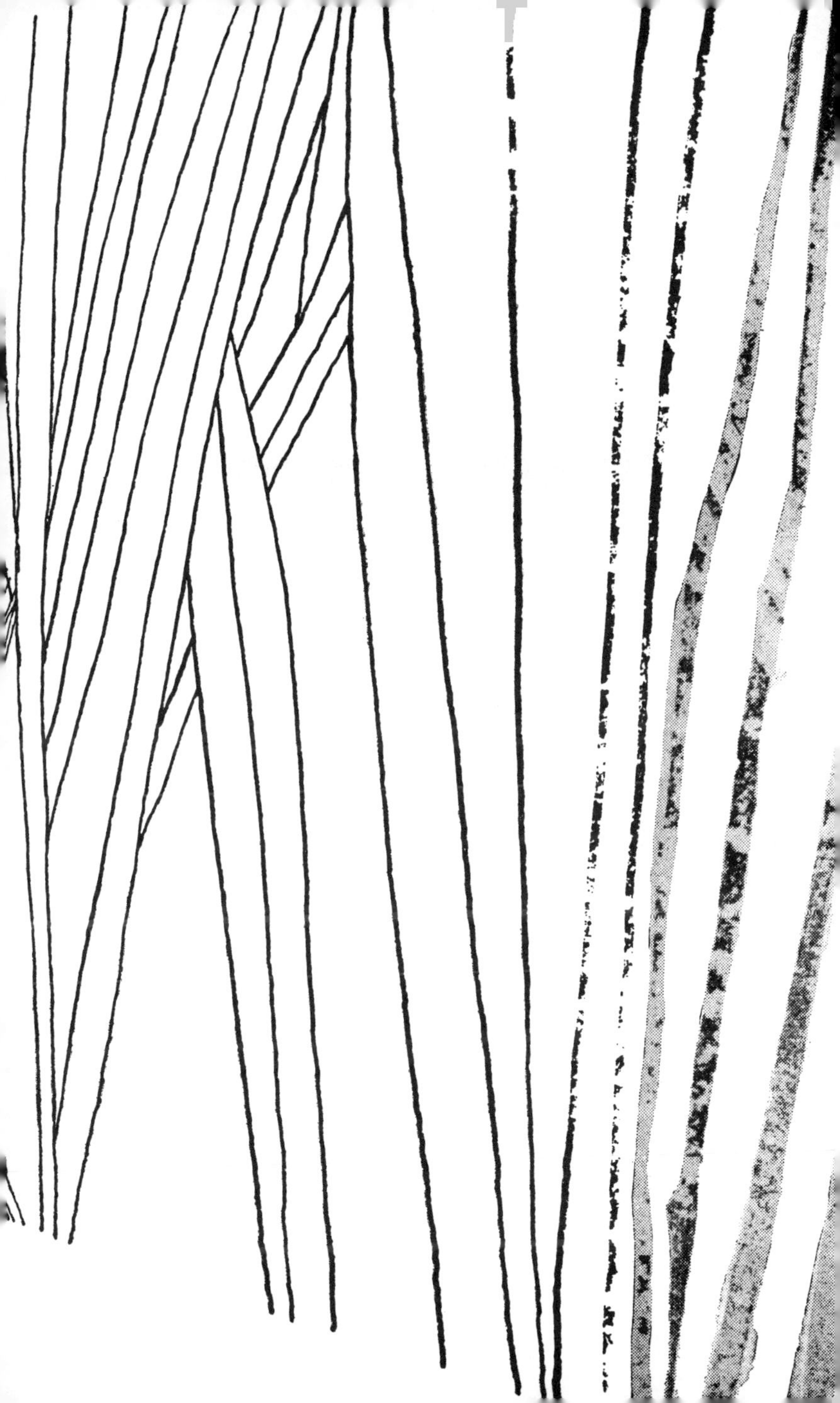

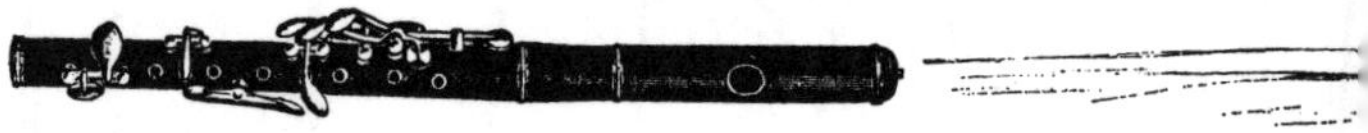

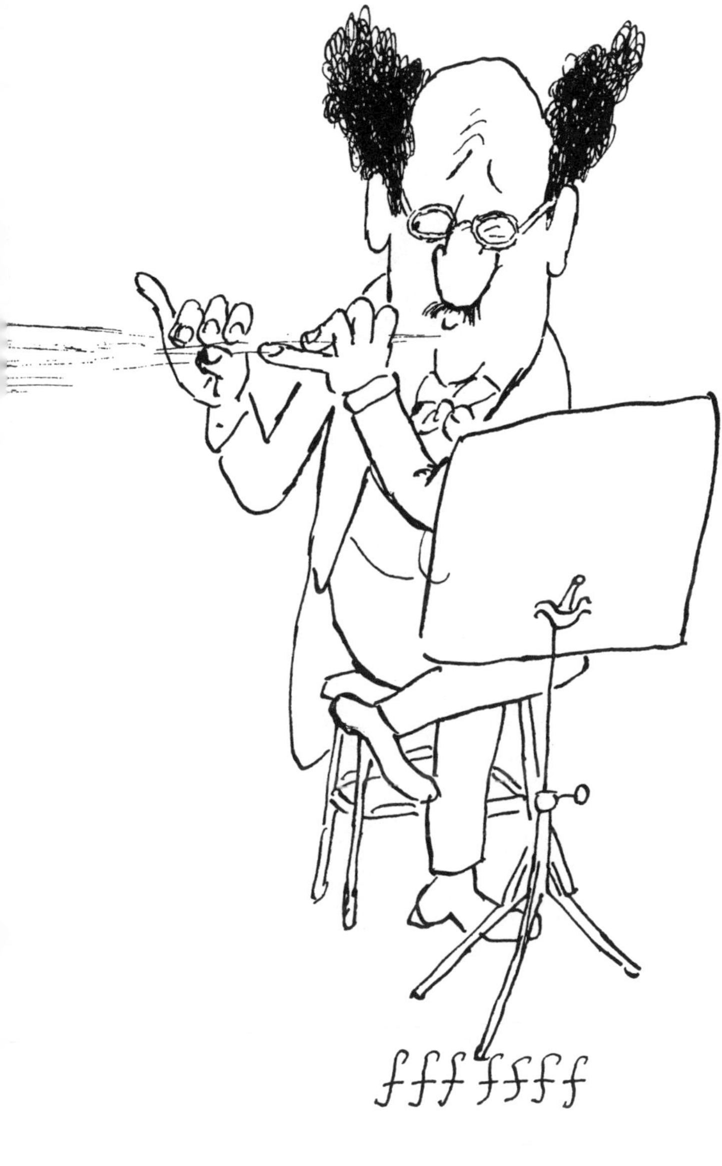
fff ffff

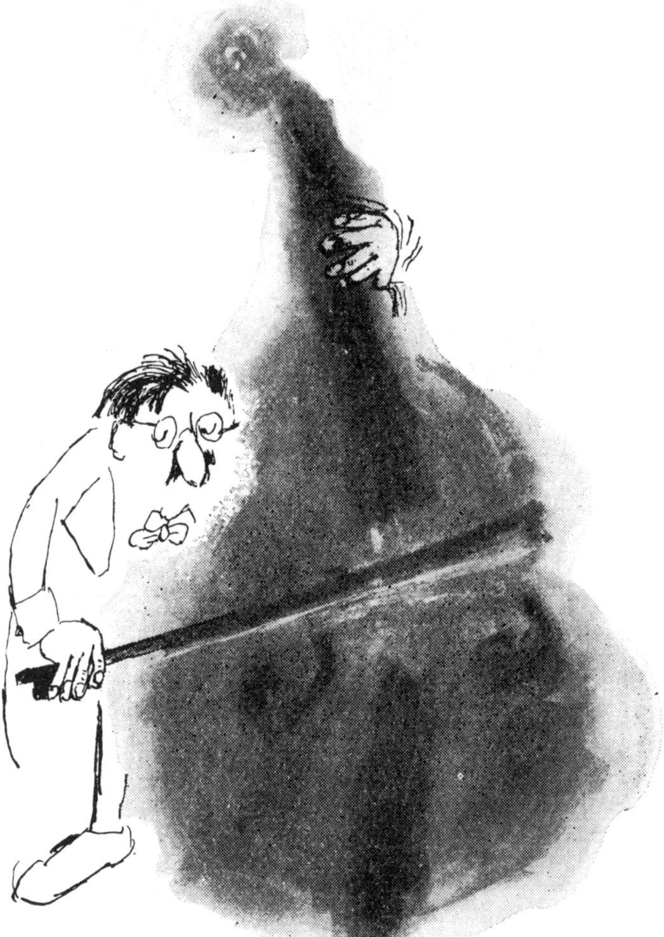

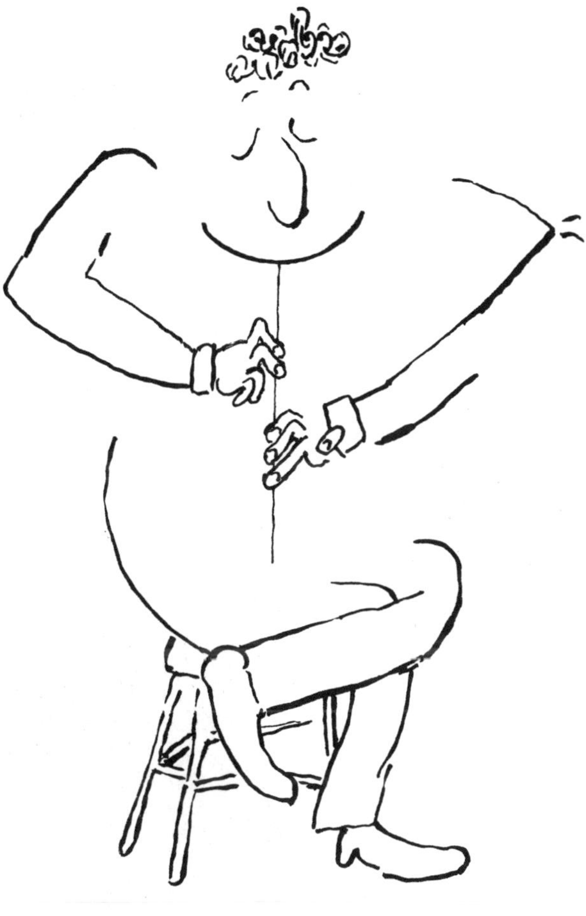

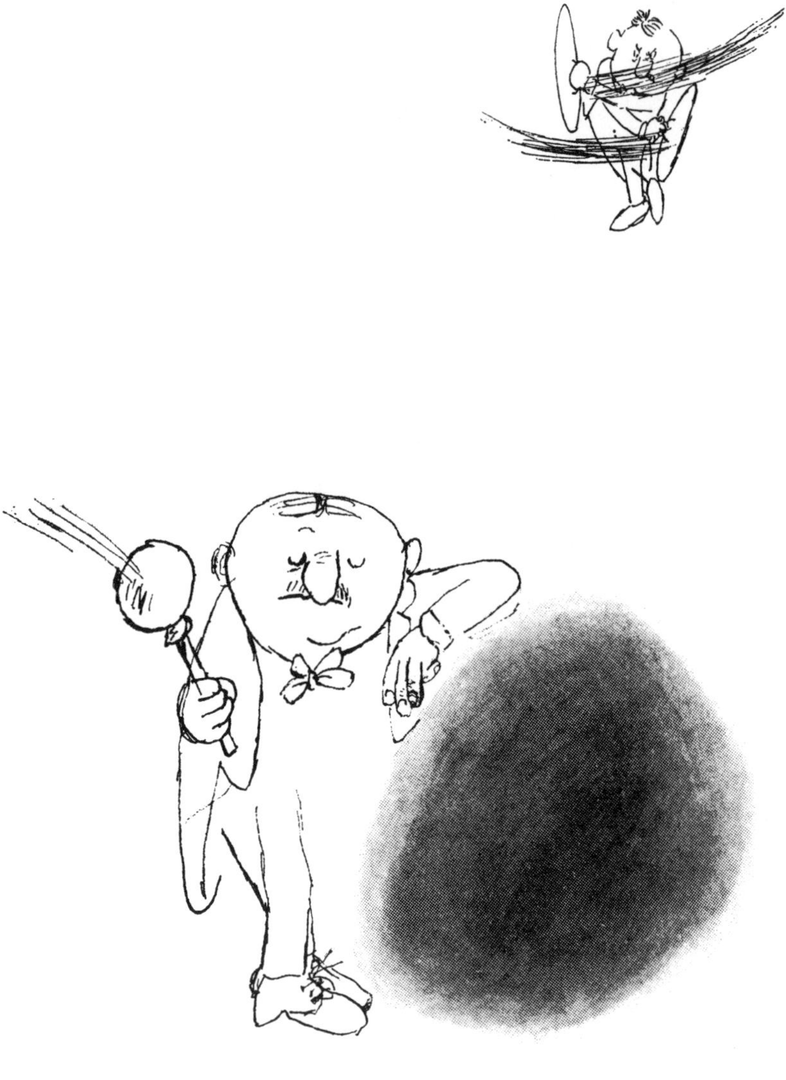

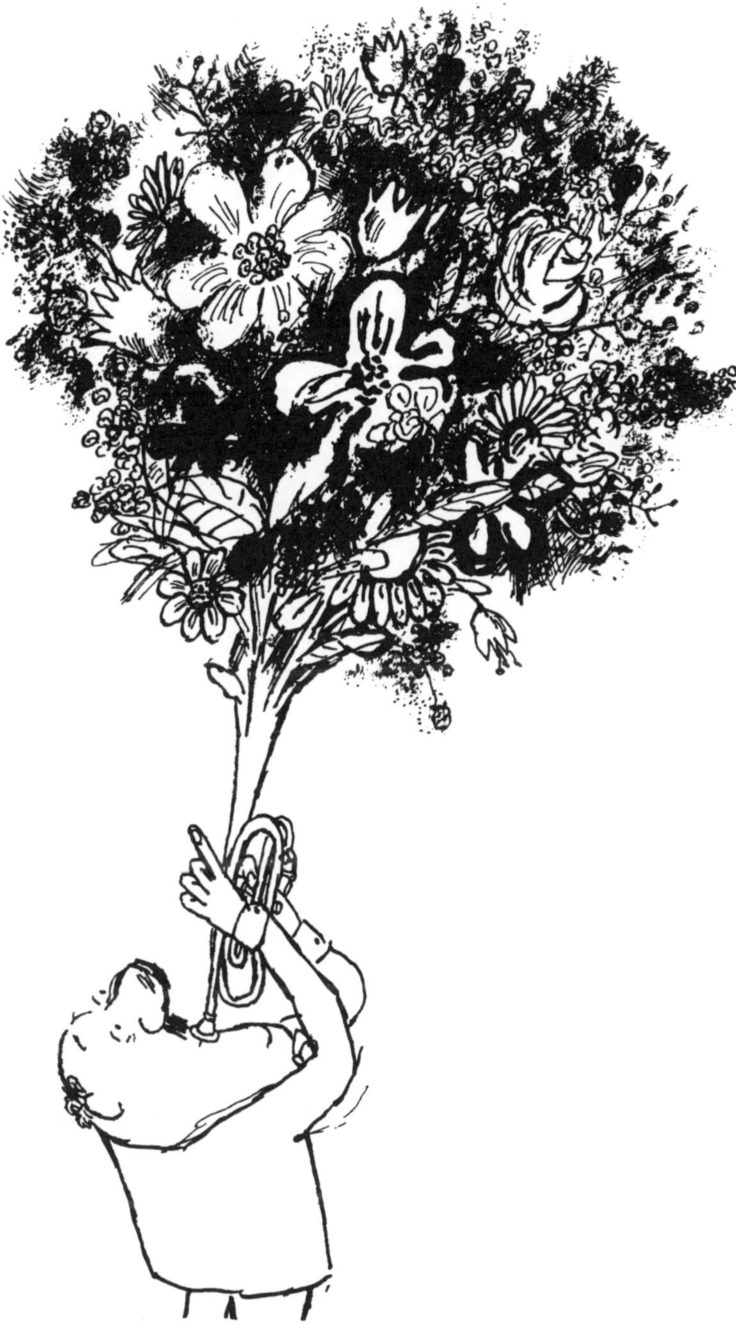

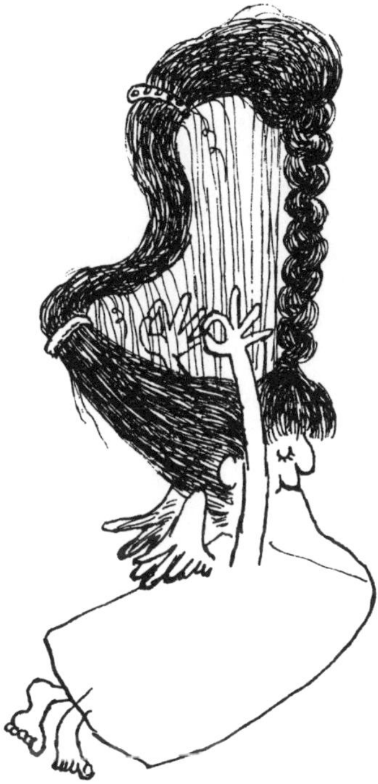

END

Gerard Hoffnung (1925–59) war Cartoonist, Geschichtenerzähler, Tubist und Humorist, dessen Arbeiten meist musikalische Themen parodierten. In Berlin geboren, wurde Hoffnung im Alter von zwölf Jahren nach London gebracht, wo er die Highgate School und später die Harrow School of Art besuchte. 1953 erschien *The Maestro*, das erste seiner sechs Bücher musikalischer Cartoons. 1956 hob er das Hoffnung Music Festival aus der Taufe, das mehrere Male in der Londoner Royal Festival Hall stattfand. Dabei machte er sich über die klassische Musik lustig und führte nichts Geringeres auf als eine Ouvertüre für Staubsauger, Bohnermaschine, Büchsen und Orchester. In den 1950ern arbeitete Hoffnung auch für den Rundfunk; seine brillante Redekunst fand ihren Höhepunkt in seiner berühmten Rede bei der Oxford Union im Jahre 1958.

Hoffnungs Cartoons erschienen in Magazinen, u.a. *Punch*, *Lilliput* und *The Tatler*, seine Zeichnungen außerdem in Büchern wie *Birds, Bees and Storks* (1960), *Little Ones* (1961) und *Constant Readers* (1962). In seiner Todesanzeige in *The Times* stand: »Es ist üblich, einem Menschen nachzusagen, er habe eine Lücke hinterlassen, die niemand füllen kann. Für Gerard Hoffnung bräuchte man eine ganze Handvoll Menschen, die alle außergewöhnlich begabt sind.«

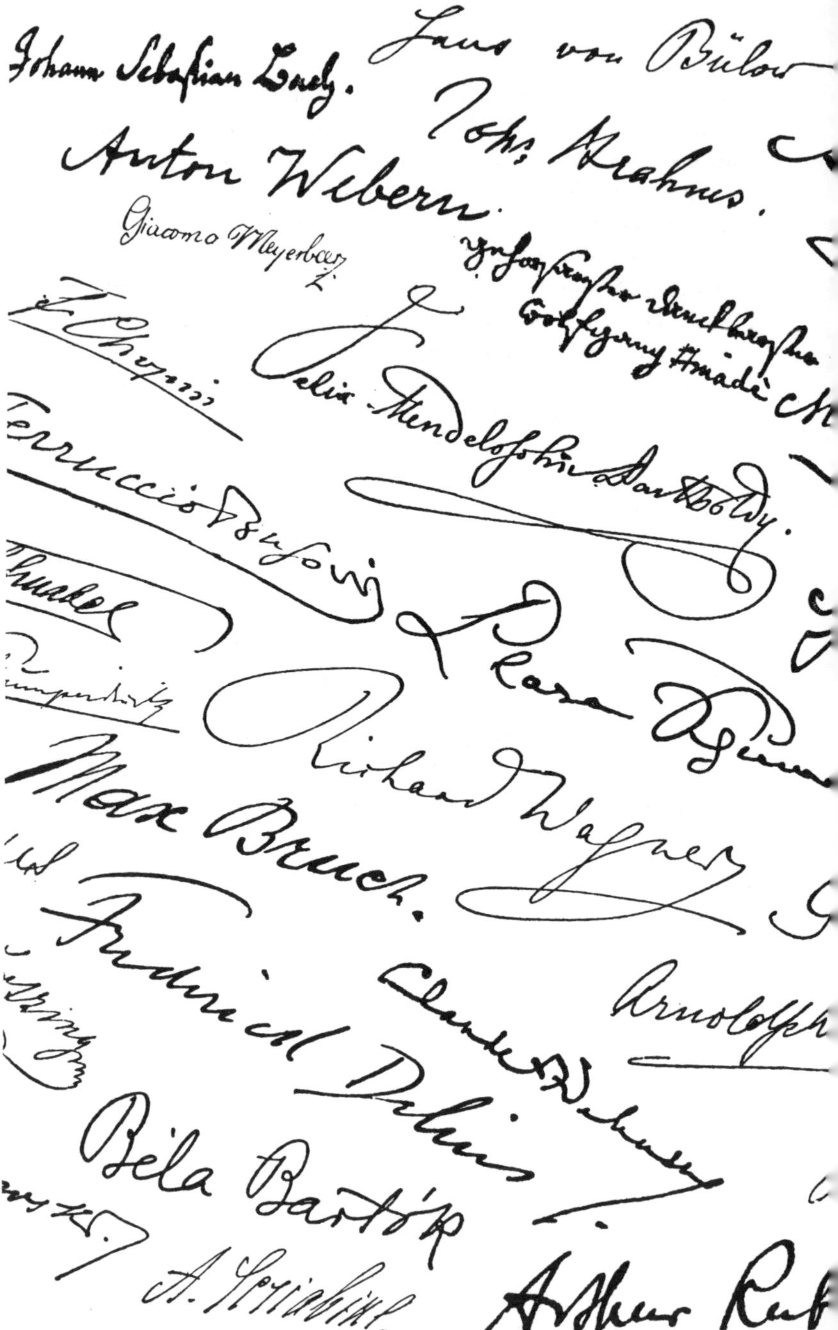
Johann Sebastian Bach.
Hans von Bülow
Johs. Brahms.
Anton Webern.
Giacomo Meyerbeer
Felix Mendelssohn Bartholdy.
Ferruccio Busoni
Richard Wagner
Max Bruch.
Béla Bartók
Arthur Rub

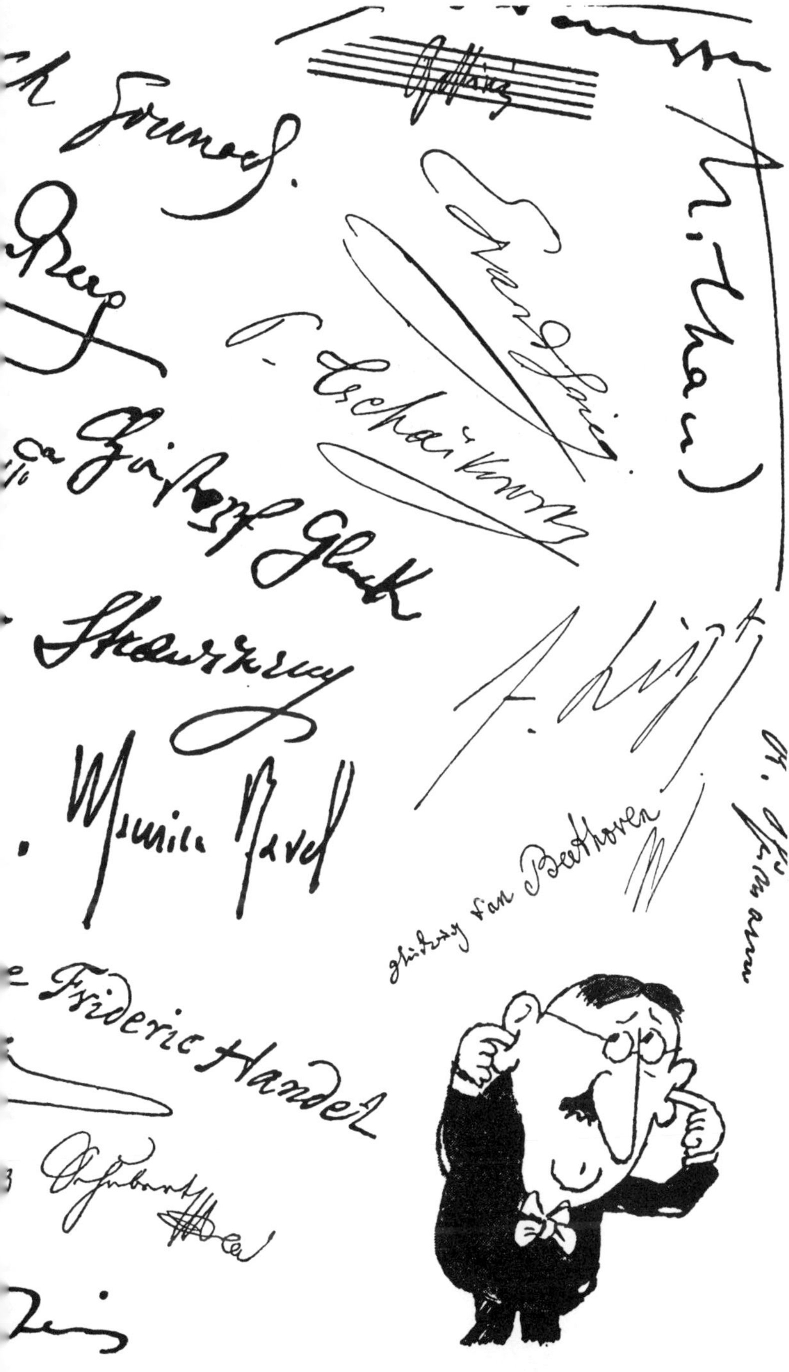
Gluck
Beethoven
Frideric Handel

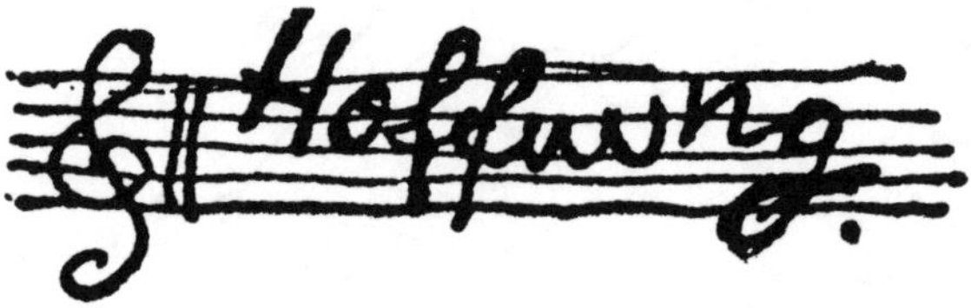
Hoffnung.

Gerard Hoffnungs Zeichnungen erscheinen mit freundlicher Genehmigung von The Hoffnung Partnership, London.

Titel der englischen Originalausgaben:

The Maestro (1953)
Dennis Dobson, London

The Hoffnung Symphony Orchestra (1955)
Dennis Dobson, London

The Hoffnung Music Festival (1956)
Dennis Dobson, London

The Hoffnung Companion to Music (1957)
Dennis Dobson, London

Hoffnung's Musical Chairs (1958)
Dobson-Putnam, London

Hoffnung's Acoustics (1959)
Dobson-Putnam, London

Die deutschen Erstausgaben erschienen zwischen 1955 und 1963 im Langen-Müller Verlag, München. Für die vorliegende Ausgabe wurde der Text auf neue deutsche Rechtschreibung umgestellt.

Steidl Pocket

1. Auflage 2020

Lektorat: Monte Packham
Buchgestaltung: Paloma Tarrío Alves,
Rahel Bünter / Steidl Design

Steidl
Düstere Str. 4 / 37073 Göttingen
Tel. +49 551 49 60 60 / Fax +49 551 49 60 649
mail@steidl.de
steidl.de

Printed in Germany by Steidl
ISBN 978-3-95829-768-5